심미적 다의성과 문화이해

月朗 문희주 著

| 저자의 말 |

또 한 번 散告 끝에 마침내 또 하나의 아이를 출산한 듯하다. 그동안 꾸준하게 집필해 온 책들이 벌써 28번째에 이른다. 그 중 評論集으로는 이번이 세 번째로 출판하는 책이다.

이번에 출판하는 책은 그동안 제주문협에서 발간하는 『제주문학』과 한국문인협회에서 발간하는 『월간문학』, 제주크리스천문학회가 발간하는 『제주크리스천문학』등에 발표했던 평론들을 한데 묶어서 『심미적 다의성과 문화이해』라는 제목으로 출판하게 되었다.

그동안 文友로서 출판에 도움을 주신 이어산, 장한라 두 분께 감사드린다. 그리고 한국문인협회와 제주문인협회, 크리스천 문학회원들과 '구좌와 함께하는 인문학강좌'에 동참하는 구좌문예대학 여러분들과 출판의 기쁨을 같이 나누고자 한다.

등화가친燈火可親의 계절이다. 우리가 다 경험하지 못하였을지라도 필자와 함께 이 책 속에서 더 넓고 깊은 곳으로 노 저어 가보자.

2021년 10월 22일

구좌읍 ᄀᆞ는 곳 ᄆᆞ슬에서 저자 **문희주**

| 차 례 |

제주&한국 문학평론

국제사회와 문화평론

미션 메시지와 논단

月朗 문희주 저서의 논찬

제주&한국 문학평론

제주바다, 그 숙명적 아픔 속에 피어난 삶의 꽃

– 제주시인과 한반도시인의 주제 분석적 관점에서

들어가는 말

필자의 『제주문학』과의 인연은 15년 전 일이다. 중국 YB대학에 재직 시 박재형 선배로부터 소개받고 시인으로 활동하고 있었다. 그러던 중 전화로 당시 제주문협 회장인 김순이 선배님과 통화 중 평론가로 활동을 권고 받고 평론작품을 투고하기 시작하였다.

금년은 필자가 평론가 등단 10년째가 되는 해이다. 외국에서 체류하며 메일과 홈페이지를 통하여 작품을 내거나 전화와 카톡 등으로 교제할 뿐이었다. 그러던 중 금년 1월 태국 체류 중 평론분과장을 제의받고 귀국하며 총회와 신구회장단 이·취임식까지 참석하게 되었다.

그동안은 현직 교수로 학장으로 외국에서만 생활하기에 활동에 제약을 받았다. 그러나 은퇴를 앞두고 바다 건너 몇 만리萬里에서 귀향을 꿈꾸던 날이 드디어 현실로 다가왔다. 이제 고향 문우들과 문학 활동을 하게 된 것이 더 없는 기쁨이요 행복이다.

태국 체류 중 『제주문학 76호』[1])를 받고 투고된 작품들을 정독하던 중 제주문인들은 한반도 문인들과 달리 유난히 지역 사랑이 깊다는 것을 알게 되었다. 그리고 한반도 타 지역 문인들 작품과 비교분석해본 결과 제주 시인들의 작품상 주제에 특이점도 발견되었다.

제주도와 한반도시인의 주제 분석

필자는『제주문학 76호』중 시 76편, 시조 6편 합하여 82편의 작품을 분류해 본 결과 '인생과 삶'을 주제로 한 작품은 28편/34.14%, '자연과 계절'을 주제로 한 작품은 25편/30.48%, '제주와 제주어'를 주제로 한 작품 19편/23.17%, '기타(여행, 종교 등)'을 주제로 한 작품 10편/12.19%이었다.

이에 비하여 한반도 전역을 대상으로 한 밀레니엄문학회 동인시집『잎새의 끈』[2])은 14명의 109편을 분류 해 본 결과 '자연과 계절' 49편/44.95%, '인생과 삶' 49편/44.95%, '지역' 5편/4.58%, '기타(여행, 종교 등)' 6편/5.50%였다.

시세상 동인시집『인터넷 시세상』[3])은 18명 중 72편 작품을 분류한 결과 '자연과 계절' 23편/31.94%, '인생과 삶' 28편/33.88%, '지역' 10편/13.88%, '기타(여행, 종교)' 11편/15.27%임을 아래와 같이 비교된다.

문 학 지 명	시인/ 작품	인생·삶	자연계절	지 역	여행종교등
제주문학 76호	42명/ 82편	34.14 %	30.48 %	23.17 %	12.19 %
밀레니엄문학회	14명/ 109편	44.95 %	44.95 %	4.58 %	5.50 %
시세상동인시회	18명/ 72편	33.88 %	31.94 %	13.88 %	15.27 %
합계 & 평균	74명/ 263편	37.65 %	35.79 %	13.87 %	10.98 %

위 분류는 제목과 내용을 참조하여 분류하였다. 분류 시의 복합적인 요소도

1) 제주문인협회: 제주, 2018 가을호

2) 문학과 현실사: 서울, 2004

3) 언어의 집: 서울 2003

있지만 한반도 전역을 대상으로 하는 동인시집인 『잎새의 끈』 이나 『인터넷 시세상』과 제주도를 대상으로 하는 『제주문학』은 그 주제와 표상의 특이점이 확연하였다.

위 표에서 한반도와 제주문학의 주제 중 '인생과 삶'의 평균은 37.65%인데 제주는 34.14%, '자연과 계절' 주제는 전국평균 35.79%, 제주는 30.48%이다. 이에 비해 '지역'을 주제로 한 전국평균은 13.87인데 비해 『제주문학』이 제주를 주제로 한 것은 23.17%로 전국평균의 갑절에 가깝다. 이로서 제주 시인들의 지역사랑과 애정을 알 수 있었다.

또한, 통계를 보면 제주 시인들의 주제는 한반도 시인들과 달리 순수문학의 주제를 다룸에 있어서 편차가 크지 않았다. 이는 제주 시인들은 다양한 주제를 다루고 있다는 말이기도 하다. 이런 점에서 제주 시인들은 한반도 시인들과는 달리 매우 건강하고 바람직하다. 그러면 제주 지역을 주제로 쓰인 시 중에 바다를 주제로 한 작품들을 살펴보자.

제주 바다, 그 숙명적 삶의 터전

『제주문학 76호』-이후 '76호'로 약칭함- 중 시인 이태수의 「들녘의 오름을 보다가」라는 시는 시의 '운율'이 "보다가 … , 보다가 … "라는 시어가 반복되는 '압운형식'이다. 압운 중에서도 시행의 끝에 시어가 되풀이되는 경우인 '각운형식'으로 어미에 통일된 시어를 채용함으로 인간의 감성을 자극하는 시이다.

푸른 숲을 바다처럼 보다가
가을 단풍 산을 꽃처럼 보다가
눈 덮인 산을 구름처럼 보다가
아득한 수평선을 하늘처럼 보다가
저 오름의 실루엣을 그림처럼 보다가 …

「들녘의 오름을 보다가」는 주제가 '들과 오름'인데도 바다가 등장한다. 시인은 '푸른 숲에서도 가을 단풍산에서도 눈 덮인 산에서도 아득한 수평선을 하늘처럼 본다'고 한다. 즉 바다는 4계절 언제, 어디서나 제주와 분리할 수 없는 숙명적 관계이다.

제주문학 부상호 시인의 「파도에게」라는 시를 보면 '파도야/ 바램으로 파도이니/ 네 잘 날 어느 때인고' 묻지만[4] 파도는 혹 잔잔할 날이 있어도 물질하는 해녀들은 시인의 시처럼 이·저곳(이승과 저승) 사이에서 살아야 하는 숙명적 동행관계임을 잘 말해주고 있다.

'76호' 중 시인 김병심의 「육지것」이란 시는 제주 해녀의 숙명적 삶의 현장인 제주는 난리와 난리 속에 살아왔다. 70년 전 4.3사건[5] 조선시대 을축년 사건[6], 고려 말 최영 장군이 이끄는 려명麗明연합군 토벌[7] 등 수천, 수만의 생명을 앗아갔다.

> 물때에는 물에 들어 생사를 내 던지고 … 소처럼 다시 일을 하려드는 할머니의 방은 낮고 초라하지만 … 해녀할머니를 기다리는 동안 계절은 춥고 인기척은 없고, 허투루 노는 객도 없어, 혼자 쓸쓸히 집 마당을 오고가다 뜨거운 눈물을 자꾸 흘려 부끄러움이 고이는 것인데 …

제주는 삼국시대는 탐라국, 고려시대는 부속국으로 고씨왕가는 내치內治하고 고려 정부가 파송한 목사는 외교·국방을 담당하는 총독이었다.[8] 이는

---

4) 부상호『이·저곳 사이에서』 제주, 제주콤: 2018.

5) 미국 존 메릴 교수의 『잠들지 않는 남도』 책 증언은 7~8만 명, 한국의 소나무사가 출판한 『4.3항쟁』 책은 10만 명이 사망하였다고 전해진다.

6) 천주교 교인들이 제주 사람들이 섬기는 당나무신목堂神木을 자른데 항의하여 천주교 신부를 죽이고 성당을 불태우게 되므로 프랑스 함대의 공격으로 수많은 도민이 죽고 그 배상금도 갚아야 했었다.

7) 당시 제주 인구 3만일 때(호적이 없는 사람이 갑절도 더 되었으리라 봄) 려명연합군은 몽골의 잔재를 없앤다는 명목으로 이미 제주에 이민 와서 정착하여 3~4대가 지난 그들을 학살하였다.

8) 예로서 필자의 선조인 제주 문씨(남평문씨 남제공파)는 800년 전에 제주목사로 파송 받아 온 '착'자를 쓰시는 할아버지로 고씨 왕가에 장가들어 본국으로 가지 않고 탐라국에 귀화하여 탐라

타지방[9]의 전권을 가진 관찰사와 다르다. 조선 태종 이후 제주왕가는 폐지되고 본국서 파송된 전권을 가진 목사는 육지서 온 보부상들에게 세금 수금을 대행시키며 행패가 자행됐다. 제주인은 이들을 '육지것'이라 하지 않고 도비상귀[10]라 불렀다. '육지것'이란 그들 스스로 자칭한 말이다.

제주 여인들이 물때를 맞춰 잠수하는 것은 '생사를 내 놓고 하는 일'이다. 잠수는 "저승에서 벌어 이승에서 산다"고 한다. 필자는 시인에게 "고향이 육지신가?" 물었더니 "제 고향은 제주도"라 한다. '그러면 시인이 거짓말하는 것인가?' 아니다. 서정시에서 이런 경우 '제2의 자아自我'라 한다. 이는 잠수 할 줄 모르는 소녀, 바다를 모르는 '뭍사람(육지것)' 입장에서 해녀 할머니를 바라보는 것이다.

바다가 낯선 소녀는 춥고 파도치는 바다로 잠수나간 할머니를 생각하면 몸과 마음이 얼마나 시릴까! 생활력 투철한 제주에 허투루 노는 사람은 없고 인기척도 객도 없으니 혼자인 소녀는 쓸쓸히 마당을 오가다 뜨거운 눈물을 흘린다. 그것은 '바다를 모르기에', '잠수할 줄 모르기에' 부끄러운 게 아니라 '파도 속에 숙명을 안고 사는 제주 여인의 삶'을 보는 심정이다.

'76호'에서 시인 문경훈은 이런 제주 여인의 한 서린 삶을 「해녀의 숨비소리」라는 시를 통하여 노래한다. 들이마신 숨을 참고 마치 활시위를 당기듯 깊은 바다로 내리쏘았다가 다시 하늘을 향하여 "호이~ " 하고 숨비소리를 쏘아낸다.

> 바다는 … 일렁이는 땀의 광장
> 수심을 풀었다가 풀어 놓는 숨비소리는
> 이생에서 저승 밭을 일구는 손길//
> 여든 넘는 해녀의
> 한숨 섞인 노을엔 서성이며 저무는데

국지에 고(고구려 고)씨, 양(양맥족 양)씨. 부(부여 부)씨에 이어 4번째로 등장하는 성씨다.

9) 예로서 전주감사-나주목사, 경주감사-상주목사, 충주감사-청주목사, 강릉감사-원주목사, 평양감사-안주목사 등

10) 도비상귀盜匪商鬼는 도적盜賊·비적匪賊·장사하는商人·귀신鬼神이란 말로서 제주인이 육지 사람을 부르던 속어이다.

바다와 하늘 사이에 숨을 비우면서
고통이 곧/ 보람인 줄 깨우쳤으니
… 테왁에 풍랑을 가늠하는
갈매기가 앉기도 한다.

시인은 바다를 삶터로 이승에서 저승 밭을 일구는 해녀의 삶을 그려준다. 그 '바다에서 흘리는 땀과 수심을 입으로 분출하는 것'을 숨비소리라 하였다. 그 속에는 못 다한 말들을 바다와 하늘 사이에 토해내는 것은 물질의 수고와 고통까지 보람으로 여기는 것이다. 또한 그 바다에 떠도는 '테왁'은 갈매기가 머물 듯 해녀를 이여도矣汝島로 인도하여 쉬게 하는 벗이요, 제주 여인의 숙명적 삶의 표현이기도 하다.

제주바다, 그 팔딱이는 비늘 속의 아픔

'76호' 중 김원옥의 시 「그 날이 멀지않다」라는 시는 물고기라 말하기도 부끄러운 한갓 작은 멸치 속에서 제주인의 삶과 바다를 잘 비유해 준다. 멸치, 그 작은 몸에서 발하는 찬란한 은빛 어린魚鱗 속에 숨겨진 건 무엇일까?

말린 멸치를 까다가/ 잘려진 머리와 시커먼 내장
비릿한 바다 냄새만 온 몸에 베어서 툴툴 털고 일어서려는데 지난
밤 폴짝폴짝/ 수면 위로 뛰어 오르던 빛나는 놈들…//
… 조그만 거라고 가벼이 여 길 수 없는 일
세파를 헤치느라 안까지 시커멓게 타버린, 큰 바다 … 까지
헤집고 다니다가
뒤 돌아보니 텅 빈
밴댕이 같이 검은 속을 누군가에게 내 보내는 날
그날이 멀지 않다

멸치는 청어목 중 제일 작다. 웃기는 얘기로 문어가 멸치에게 청혼 했더니 "우리는 뼈대 있는 가문이다"라는 말은 사실이다. 문어는 무등뼈無脊椎동물이나 멸치는 등뼈脊椎동물이다. 청어목 중 청어 20~30cm, 정어리 25cm, 준치는 50cm인데 큰멸은 13cm, 물멸은 3.6cm다. 필자가 어릴 적 후릿그물로 멸치 잡는 걸 보면 온 동네가 축제였다. 고등학교 때는 아르바이트로 멸치 배를 타기도 했으니 멸치와 인연이 깊다.

시인은 멸치 속을 따며 '썩어도 준치'라는 청어목 왕과 달리 제주는 작지만 독립국-부속국-특별자치도로 작으나 뼈대 있는 곳임을 비유한다. 제주인은 비린내 나는 바다를 툴툴 털고 폴짝 뛰어 숙명의 섬을 떠나고 싶어 한다. 필자 역시 그렇게 50년 넘게 대양과 대륙을 순례하였기에 동감하는 바이다. 시인이 본 제주는 큰 놈에게 잡혀 먹히는 멸치처럼 안간힘 쓰며 사느라 시커멓게 타 버렸다. 그러나 그 속을 내보일 날이 머지않다고 한다.

제주의 한 시인은 제주 남자의 힘 빠진 모습을 「각제기」로 시화하기도 하였다. 각제기는 제주에서 후릿그물로 많이 잡히는 값싼 생선으로 멸치처럼 흔하다. 제주에서 각재기국을 주문하는 사내는 50년 60년대에 각재기국을 먹어본 사람이다.

뚝배기 속에 담겨진 각재기국은 초원을 달리던 말도 각재기 잡던 그물도 잃어버린 제주남자와 같다. 이제는 좀처럼 각재기도 각재기 국을 끓여주시던 어머니도 계시지 않고 그 흔하던 각재기도 구할 수도 없으니 누가 있어 그 옛날 각재기국을 다시 끓인단 말인가?

맺히는 눈물은 깊은 곳에서 올라오는 어머니와 제주바다의 추억이리라. 각재기 가시에 묻어나는 거친 물살은 작은 몸으로 대양을 헤쳐 온 것처럼 그 잔가시는 제주인의 고통스러운 추억을 하나씩 뽑아내는 것 같다.

제주 남자의 굳은살이 박힌 손가락은 각재기의 가시 속에 낯익음처럼 물선 타향을 돌고 돌아 온 값싼 각재기와 같다. 제주 남자의 몸에는 험난한 세월의 빗살이 멸치처럼, 각제기처럼 박혀 있다. 이는 곧 제주 남자의 현실이요 숙명적으로-직접이던 간접이던-제주바다와 동행해온 제주남자의 서글픈 단상이다.

제주바다, 그 파도 속에 피어나는 꽃

'76호'에서 시인 강윤심은 제주인의 숙명을 노래한다. 제주도의 자연 현상은 여름 태풍과 겨울 폭풍의 길목에서 살아왔다.

> 세차게 바람이 몰아쳐 오다
> 깊은 순간 물결 위에 떠 있는
> 하얀 국화꽃 송이
> … 숨어 있는 숙명의 길 위에
> 한낮의 더위를 몰아세우고
> 하늘은 또 그렇게 진혼곡을 부른다

'세차게 몰아치는 물결 위에 하얀 국화꽃 송이'는 무엇일까? 깨어지는 포말 위에서 시인이 본 것은 한 많은 제주 여인의 삶이요, '유성의 별똥별'처럼 지금 잡을 수 없어도 그 숙명의 길 위에서 하늘도 도와주지 않아 넋을 굽히고 휘게 하려는 진혼곡鎭魂曲에도 결코, 굴하지 않고 삶을 개척해 온 제주 해녀의 끈질긴 모습이다.

제주 바람과 물결은 단순한 자연 현상만이 아니다. 시인의 숙명적 진혼곡은 70년 전 4.3사건[11], 조선시대 을축년 사건,[12] 고려 말 려명麗明 연합군은 제주 토벌 등으로 수많은 제주도민의 생명을 앗아갔다. 파도 위에 피어난 하얀 국화꽃 송이는 하늘에서 울리는 진혼곡으로 제주인의 숙명적 죽음 위에 드려지는 조화弔花일는지 모른다.

---

11) 미국 존 메릴 교수의 『잠들지 않는 남도』 책 증언은 7~8만 명, 한국의 소나무사가 출판한 『4.3항쟁』 책은 10만 명이 사망하였다고 전해진다.

12) 천주교 교인들이 제주 사람들이 섬기는 당나무를 자른데 항의하여 천주교 신부를 죽이고 성당을 불태우게 되므로 프랑스 함대의 공격으로 수많은 도민이 죽고 그 배상금도 갚아야 했었다.

'76호' 중 김종호 시인의 「붉은 꽃」은 강 시인의 파도 속에 피어나는 「하얀 꽃」과 비교된다. 「하얀 꽃」은 자연 속에 피어난 꽃이요, 낮인 데 반하여 김 시인의 「붉은 꽃」은 인생의 끝에 피어나는 꽃이요, 황혼에 피어난 꽃이다.

… 물 위에 출렁이는 이름
깊숙이 문을 닫고 앉아서
만지작거리며 몰래 웃고 있었지//
… 바다는 숨을 멈추고 적막은
붉게, 붉게 피어나고 있었지//
… 내 붉음, 내 붉음이여
빈 가슴에 피는 꽃이여

시인은 저무는 바다에 비끼는 저녁 햇살을 보았을 것이다. 그 출렁이는 바다 위에 피어나는 「붉은 꽃」은 이제 인생의 황혼을 맞는 시인의 자아이다 고희를 넘긴 시인은 일제의 겨울을 이기고 피어나던 백매화, 4.3의 꽃샘 속에 뚝뚝 떨어지던 제주 동백, 민족 동란의 태풍을 넘기고 다발다발 피어나던 제주수국도 보았을 것이다.

시인은 그 많은 꽃들이 피고 지는 세월 끝에 애월涯月 바다 앞에 서있다. 시인의 「붉은 꽃」은 '인생의 비애를 이겨낸 꽃이요, 달려갈 길을 다 가고 유종의 미를 바라보는 꽃'이요, '제주의 아픔을 녹이는 꽃'이다. 더 깊게는 시인이 깊숙이 문 닫고 만지작거리며 몰래 웃는 천상을 이끄는 '소망의 꽃'이며 제주의 한을 잠재우는 황혼의 꽃이기도 하다.

애월바다 앞에 선 시인은 숨을 멈춘 바다의 적막함에 붉게 피어나는 「붉은 꽃」을 바라본다. 그래서 「붉은 꽃」은 점점 시인의 가슴도 붉게 태워 적막함으로 끌고 간다. 그리고 마침내 타버린 빈 가슴에 피어나는 꽃은 공허할 수도 있지만 시인은 그 공허함 너머에 아름답게 물드는 천국을 바라본다.

제주바다, 그 조용한 어머니의 품

박동일 시인은 「물결」이란 시에서 '앞 물결은 뒷 물결을 끌어 오는가/ 뒷 물결은 앞 물결을 밀어내는가' 묻는다. 제주인의 아픔은 정치도 종교도 구원하지 못하고 TV와 인터넷은 해방과 자유를 외치나 '내일은 어떤 물결이 내게 다가와 무등을 내 보일까' 염려도 한다. 그러나 한희옥 시인은 「파도 한 잔 술 두잔」에서 '파도는 부서지고 또 부서져도/ 새 날은 밝아…' 온다고 하므로 세월이 약이라 하지만 그럼에도 아직 변하지 않는 게 있다.

제주는 한라산부터 해변까지 열두 폭 치마를 펼친 어머니 같다. 제주인들의 평안은 그 어머니의 품에 쌓여 있기 때문인지 모른다. 그러기에 제주를 찾는 이들에게도 평안을 주기에 한번 제주를 안 사람들이 다시 제주를 찾는 것이리라. '76호'에서 성대림 시인의 「해안도로에서」를 살펴보자.

하늘에는 바람개비 무리가
열 지어 날고 있었고
해안도로는 구불구불 펼쳐있다
큰엉 절벽 아래로는
비둘기 때가 낮게 날아 지나가면서
상심은 별빛처럼 차곡차곡 쌓여서 조용히 나를 감싸 안는다
… 휴식이 감귤원에 숨쉬고
여린 햇살은 벚꽃처럼 흩날린다
파도소리는 한탄하듯 춤추고 …

7백리 제주 해안은 어머니 치맛자락인 듯 구불구불 정답다. 차를 타고 해변을 지나노라면 해안과 바다에 솟아 오른 풍차들이 열 지어 나른다. 큰엉 절벽은 제주의 아픔과 눈물로 단절된 심상과 같다. 그러나 이제 70년, 평화를 위해 비둘기를 날려 보내야 할 때다. 상한 마음은 별빛처럼 차곡차곡 쌓이나 바다에 씻고 바람에 날려 보내려 한다. 시인은 그 때 우리가 한라의 품에 감싸여 조용한 쉼과

평안을 얻으리라 한다.

제주의 여린 햇살은 벚꽃처럼 흩날린다. 성난 바람은 몸을 가눌 수 없을 만큼 무섭다. 제주는 그렇게 바람 타는 섬이나 그 무서운 바람까지 쉬어가게 하는 게 감귤원이다. 한 차례 큰 바람이 자고 미풍이 불 때 제주의 평화는 별빛처럼 차곡차곡 쌓인다. 시인은 눈물겨웠던 제주의 아픔을 아름다운 서정으로 화해를 청한다.

'76호'에서 이재봉 시인은 「겨울 백사장」은 한 많은 제주 어머니들이 삭일 수 없는 아픔을 삭이고 평화에 대한 염려를 털어내는 모습을 보인다.

> 갯바위에 걸터앉아 …/ 하얀 침묵을 응시한다//
> 바다가 들려주는 비창을 들으며
> 나이테가 들어간 여인/
> … 한조각 생명이면 모두 절박한 기도라고
> 지심으로 천리를 삭여가는
> 아픔을 묻어놓고 조용해져버린 어머니의 깊은 계절이여

갯바위에 앉아서 백사장을 바라보면 침묵이지만 시인은 바다가 들려주는 어머니의 상하고 아픈 비창을 듣는다. 세파에 주름은 나이테처럼 어머니의 절박한 기도로 쌓여진 것이다. 그것은 지극한 어머니의 한없는 마음이 거스를 수 없는 숙명이었다.

침묵한다고 생각이 없는 것은 아니다. 이제 제주가 가져야 할 것은 무엇인가? 그것은 자는 듯 묻어 버린 겨울 백사장 같은 제주인의 마음을 깨닫는 것이다. 그들을 위로하는 것은 말이 아니라 눈을 맞추어 바라보는 것이요, 손을 잡아 주는 것이요, 그들의 말을 들어주는 것이다. 그것이 아픔을 묻어놓은 제주의 어머니들을 봄으로 이끄는 길이 될 것이다.

나가는 말

제주 시인들의 시의 주제를 분석해본 결과 제주시인들의 지역사랑은 특별하며 매우 긍정적이다. 왜냐하면 문학이 자신의 삶의 자리를 부인하거나 독자를 외면하는 것은 문학이 현실을 부인하는 것이기 때문이다.

시대의 아픔과 눈물 속에도 한라산은 아직도 불변하여 그 자리를 지키며 우리를 바라본다. 제주바다 또한 제주를 감싸며 때로는 파도치나 낮의 국화꽃과 황혼의 붉은 꽃으로 우리를 위로한다.

특히 제주 시인들의 시 주제 중 제주 자연의 아름다움과 제주의 서정, 제주바다와 어머니, 제주인의 아픔과 한, 그리고 그 한을 넘어 화해를 향해 나가는 진취성을 보게 된다. 그렇게 아픔과 한을 극복하려는 제주문학은 아주 건강해 보인다.

이런 점에서 제주적인 것이 가장 아름답고 제주적인 것이 가장 귀하다. 제주적인 것은 세계 어디에도 없는 제주만의 것이다. 그러기에 제주가 가진 것은 제주문학의 좋은 주제이며 제주적인 것이 또한 가장 세계적인 것이라 본다

제주인 정서 속에 박힌 심미적 다의성

– 정인수 시집 『섬과 섬 사이』를 중심으로 –

들어가는 말

필자는 일찍이 고향 제주의 큰 선배인 정인수(본명:정수환) 선생의 명성을 익히 들어오던 바이다. 그러나 그의 명성은 들었으나 정작 그의 작품집을 대한 것은 이번이 처음이다. 필자는 고향을 떠나 40년 넘게 대양을 항해하거나 계속 외국에서 생활해 왔기에 정시인과 작품을 나눌 기회가 없었다.

얼마 전 필자는 은퇴 후 고향 제주에서 살다가 묻히리란 생각에 거처를 마련하였다. 그런 중 정시인의 작품을 선물 받은 것이다. 최근 출판한 정시인의 시집 『섬과 섬 사이』를 받고 즐거운 마음으로 감상하는 중에 신선한 충격을 받았다. 역시 정시인의 명성이 헛되지 않음을 보았다. 여기서 필자는 정인수 선생의 작품을 찬찬히 음미해 보고자 하였다.1)

정형시를 한두 가지로 말하기는 어렵다. 그래서 필자는 본 평에서 한국의 정형시와 동서양의 정형시에 대하여 비교해 보고 한국 정형시인 한국 시조의 구조와

1) 정인수, 2018, 『섬과 섬 사이』고요아침: 서울

변화를 통하여 정인수 선생의 시조집인 『섬과 섬 사이』의 구조와 변화, 『섬과 섬 사이』의 서정적 묘미와 심미적 다의성을 살펴보고자 한다.[2)]

시의 요소를 제쳐 두고 시를 논할 수는 없을 것이다. 그래서 필자의 저서인 초보자를 위한 시문학 입문서인 『시론적 문예작업』에서는 시의 기본이 되는 4요소를 시의 서정성(예술) · 묘사성(미술) · 음율성(음악) · 사상성(철학)으로 보고 있는데 본 평에서는 이런 점을 눈여겨보고자 한다.

한국의 정형시와 동서양 정형시 형태의 비교론

한국의 정형시로는 시조가 있으며 중국 한시漢詩로는 오언절구나 칠언절구(율시)가 있으며 서양에는 소네트 등이 있다. 정형시는 전통적으로 시구의 수 · 배열 · 차례가 일정한 시형이다.[3)] 원래 노래로 불리던 것이 무용이나 음악과 일체적인 것으로 리듬과 운율을 지니게 되었다.

1) 중국의 정형시는 자수 · 행수와 압운押韻이 정연한 규칙에 따른다. 또한 a, 음성율音性律(음의 고저와 장단) b, 음수율音數律(글자 수) c, 음위율音位律(압운)이 균형과 조화를 이룬다. 당나라 때는 율시律詩 · 절구絶句의 시형이 완성됐고 압운押韻 · 평측平仄 등의 엄정규칙이 따랐다. 주나라 때 자유로 읊었던 고체시를 근체시라 하며 이백 · 왕유 · 두보 등의 대시인이 배출되었다.

정형시의 가장 큰 예술적 미덕은 '완결의 미학'이다. 그래서 어족語族의 역사 · 문화적 관습에 따라 독자적 미학을 지키는 곳이 많다.[4)] 19세기 이후 자유시 · 산문시가 등장하며 정형시로 불리기 시작했다. 원래 일정 수의 음보音步 · 악센트 · 소음절로 이루어진 시행詩行과 연聯, 구句를 반복하는 형식이다.[5)]

---

2) 문희주, 2018, 『시론적 문예작업』지식과 감성: 지식과 감성, p.63

3) 定型詩, rhymed verse

4) 브리태니커사전

2) 한국의 정형시는 조선조까지도 한자로 쓰인 오언절구, 칠언절구 등이 전해져 왔으나 이조 이후에 등장한 현대시로 하여서 그 명맥이 거의 사라진 것으로 보인다. 그 이유는 한국사회의 역사 발전에 따른 사상과 감정을 정형적 틀에 담기에는 부족하고 현대시의 발달로 지금은 퇴화되었다.

백록담유수白鹿潭流水 백록담 물 흘러내려
위연대해심爲淵大海尋 갯가에 못 이뤘으니
양안개취벽兩岸皆翠壁 기슭은 푸르른 절벽
귀객편주심歸客片舟尋 조각배 찾는 나그네

– 임관주「용연龍淵」[6]

세화촌리화천점細花村裡花千點 세화마을 가득히 꽃이 피었고
명월포변월일윤明月浦邊月一輪 명월포구에 달이 가득 찼는데
당전초동조월봉堂前草童眺月峰 서당앞 아이들 월랑봉 바라보며
청청홍안개만공靑靑紅顔開滿空 해맑은 얼굴들 하늘가득 열렸네

– 고흥준「세화리」[7]

용연은 영조 임금 때 제주도에 유배 온 선비인 임관주(1792~?)가 쓴 5언율시로 제주10경의 한 곳인 제주시 용연암벽에 새겨 놓은 시이다. 그리고 아래 7언율시의 세화리는 제주시 구좌읍 소재지인 세화리로 일찍이 한림읍 명월리와 함께 ᄀᆞ는곶(세화)서당과 '한동시사회漢東時寫會' 라는 시사모임이 있었던 학문의 중심지로 7언율시가 이렇게 전해지고 있다.

현대시는 서정시가 주류이며 정형시 · 자유시 · 산문시로 나누어 볼 수 있다. 정형시는 일정한 시적 약속 · 형식 · 규칙을 맞추며 원래 노래로 불리던 것이 무용이나 음악과 일체적 리듬과 운율을 지니고 있었다.

---

5) 브리태니커사전
6) 임관주(1792~?)『제주문학』72호, 2017.
7) 고흥준은 계문서당 훈장으로 세화리 방문 시에 쓴 시이다.

3) 서양의 정형시는 음률 · 압운의 다양한 기교의 수많은 정형시가 나왔다. ① 그리스 호메로스는 헥사미터[8], ② 단테 『신곡』은 테르차리마[9], ③ 프랑스 고전비극 시형은 알렉상드랭[10], ④ 셰익스피어는 블랭크버스[11]로 작품을 썼다. ⑤ 남부 프랑스 음유시인들의 발라드는 뒤에 샤를 도를레앙이나 F.비용 등이 계승하였다. 이탈리아 소네트 시형은 단테 · 페트라르카 이후 유럽 전역에 유행되었다. 아래 미켈란젤로의 소네트 한편을 살펴보자

폭풍우 치는 바다 위 연약한 쪽배를 타고
내 삶의 노정은 벌써 이르렀네,
우리 모두의 항구에, 우리의 온갖
좋고 나쁜 행실을 밝히고 결산하는 곳에.

나 이제야 알겠네, 예술을 나의 왕과
우상으로 만들었던 애정 어린 상상력이
얼마나 잘못된 것이었는가를,
그런데도 모든 사람이 갈망한다는 것을.
두 개의 죽음을 향해 다가가는 지금
즐겁지만 헛된, 사랑스런 생각들은 무엇인가?
한 죽음은 분명하고, 다른 죽음이 나를 위협하네.
내가 그리지 않고 조각하지도 않는다고,
우리를 받아들이려 두 팔을 십자가로 펼쳤던
하나님의 사랑을 향한 영혼이 위로를 받았으면··· [12]

---

8) hexameter: 6步格

9) terzarima: 3韻句法

10) alexandrin: 6脚 12音節

11) blank-verse: 弱强脚 5개로 이루어지는 無韻詩

12) Michelangelo Buonarroti(1475~1564)이탈리아문화원 추천 김윤찬 번역 "우리를 받아들이려 두 팔을 십자가로 펼쳤던/ 하나님의 사랑을 향한 영혼이 위로를 받았으면 ..." 이라는 詩구절은 영화 타이타닉에서 보는 남녀 주인공이 펼치는 한 장면을 연상케 한다.

한국의 정형시 중의 한국시조의 형태와 구조

정인수의 시조를 감상하며 '정형시들의 소멸에도 불구하고 한국 시조는 건제한가?' 라는 질문을 던지고 싶었다. 과거 한국 시조는 자수율에 지배되며 개화기 이후 창가, 가요 등의 정형시가 있었다. 한국시조는 한국어의 특성상 음수율이 있을 뿐 완벽한 정형시가 아니라는 주장을 논한 한시漢詩와 비교해 보면 알 것이다. 한국 현대시도 사회와 역사의 발전, 사상과 감정의 복합화로 정형적인 틀로는 방대한 문학적 내용을 담을 수 없어 자유시가 발전하게 되었다.[13]

청량산淸凉山 육육봉六六峰을 아는 이 나와 백구
백구야 헌사하랴 못 믿을손 도화桃花로다
도화야 떠나지 마라 어주자漁舟子 알까 하노라

– 퇴계 이황「청량산 육순봉」

퇴계 이황의 시조 '청량산 육육봉'은 경북도립공원(봉화)이다. '헌사하랴'는 '야단스러우랴', '못 믿을손'은 '못 믿을 것은', '어주자'는 '고기 잡는 사람', 즉 '어부'를 뜻한다. 퇴계가 복사꽃 때문에 청량산 육육봉이 세상에 알려질까 두려워 한다는 내용이다. 그러나 아래 율곡의 시는 이황과 반대적 입장이다.

이곡은 어드매오 화암花岩에 춘만春晩하다
벽파碧波에 꽃을 띄워 야외野外로 보내노라
사람이 승지勝地를 모르니 알게 한들 어떠리

– 율곡 이이「고산 구곡가」

율곡 이이의「고산 구곡가」중 제2곡인 '이곡'은 황해도 해주의 '고산 화암으로 꽃과 바위가 어우러진 한 곡'을 가리킨다. '춘만하다-봄이 저물도다' · '벽파-푸른

13) 네이버 백과사전, rhymed verse

물결'・'승지-경치가 빼어난 곳'을 율곡은 퇴계와 달리 "벽파에 꽃을 띄워 바깥세상으로 보내어 알게 하면 어떻겠느냐?"고 한다. 시조는 서로 다른 인생관・세계관・우주관에 따라 달리 표현됨을 살펴볼 수 있다.

시조의 정형 틀은 음수율・음보율을 기본적으로 밟는다.[14] 시조는 초장 3・4・3(4)・4자, 중장 3・4・3(4)・4자, 종장 3・5・4・3자로 45자 내외다. 그런데 한 자가 늘어도 줄어도 안 되는 종장 첫째 구는 꼭 3자여야 하나 고시조에는 종장 첫 구가 4자인 시조도 보인다. 요즘은 정형시인 시조도 현대적 감각을 위한 새로운 길을 모색하는데 정시인의 작품에서도 이러한 발전을 찾을 수 있다.[15]

정인수의 『섬과 섬 사이』 구조와 변화

정시인의 시조집『섬과 섬 사이』에서 볼 때 정시인의 시조 형태는 3가지로 나눠 볼 수 있을 것 같다. 그 중에 a, 전통적 구조와 바탕의 시조. b, 변형구조로서 외재율을 가진 시와 c, 내재율을 바탕으로 하는 산문시들로 나누어 보면,

1) 전통 시조를 바탕으로 외재율을 갖는 정형시들이 많다.

빗창을 손에 쥐고/ 물속에 들어가면// 초장 3・4・3・4자
소중이 바람으로/ 열두길 물속이다// **중장** 3・4・3・4자
전복을 따기도 전에/ 차오르는 물숨이여// **종장** 3・5・4・4자

– 「물질」전문[16]

---

14) 네이버 백과사전, rhymed verse
15) 박인수 님의 블로그
16) 제주어, 빗창-전복을 따는 칼 같은 기구, 소중의: 잠수 시에 입는 하얀 적삼과 까만 물 옷이다.

어머니 삼대 째가/ 해녀였던 시절에는 // **초장** 4 · 4 · 4 · 4자
따라만 다녔어도/ 반타작은 됐을 테고// **중장** 3 · 4 · 4 · 4자
놀이 반 물질 반으로/ 애기상군 되어간다// **종장** 3 · 5 · 4 · 4자

– 「애기상군」전문[17]

정시인의 시 「물질」이나 「애기상군」등은 전통적 시조가 지켜야 하는 초장, 중장은 대부분 변화범위 안에 있으며 종장의 첫 구는 꼭 3 · 5 · 4 · 3자로 45가 되어야 하는데 3 · 5 · 4 · 3자로 되기보다 3 · 5 · 4 · 4자로 이루어져 모두 허용변화 범위 안에 있는 전통적 구조들이라 본다. 그러나

2) 전통적 외재율 바탕의 내재율을 느끼는 자유시들도 있다.

음 3월 초파일은/ 동김녕리 줌수굿 날//
"바당에 나갔당 넉날 일은 웃일늣홉네다"
"아이고 고맙수다!"
"어떵ᄒᆞ단 넉날일이 이실거우다. 맹심홉서!"
"아이고 막아줍서!"//
명도칼 번뜩이는 점괘마다/ 두 손 모아 조아리는···

– 「줌수굿」전문[18]

위 시는 전통적 구조와 조금 다르다. 초장 3 · 4 · 4 · 4와 종장 3 · 4 · 4 · ...도 음수율을 맞추는 바다에 지성을 드리는 심방(무당)의 말 풀이를 더한 내재율을 느끼게 하는 시이다. 이 시의 중장은 정형을 벗어나지만 '줌수굿' 모습을 눈에 보는 듯하며 시적 내재율을 보인다.

---

17) 제주어, 상군: 먼 바다 깊은 물에서 잠수할 수 있는 베터랑 헤녀, 이보다 떨어지는 중군이 있고 초보 잠수인 하군 등으로 분류한다.

18) 제주어: 바당에-바다에 어떵ᄒᆞ단 넉날일이 이실거우다. 맹심홉서, 어떨 때는 넋이 나갈 일도 있으니 조심하세요.

어승생 수원지서/ 비를 만나 주춤 서면//
저만치 99곡이/ 저승처럼 //
골마다/ 굽이 서린 안개/ 구천에도/
못든 얼굴들 …

－「99곡산조 중 2.하夏」전문[19)]

「99곡 산조」는 초장과 중장이 각각 3 · 4 · 4 · 4자로 같다. 그러나 종장에서는 3 · 5 · 4 · 3이어야 하나 3 · 6 · 4 · 4를 이루어 2자가 초과된 비정형 시이다. 그러나 허용범위에서 2자를 초과하기에 큰 차이는 없다. 그러나 글자 배열상 종장에서 3 · 2/2 · 4/1 · 4...로 배열되었다, 이는 전통구조를 벗어난 자유시의 배열을 도입 하였고 '골마다/ 굽이서린 안개'는 펼쳐짐이 연상된다. '골마다'와 비교되는 '구천에도' 풀어쓰고 있으며 '못/ 든 얼굴들...'도 풀어쓰는 것은 많은 얼굴들이 있다는 것이며 ...으로 이어지는 것은 더 많은 얼굴들이 있음을 내포한다.

바람이 파도 끝에/ 파아란/ 불켜/ 기어올라//
소라 속/ 뒤틀린 세상 비비 틀어 올리다가,//
얽어맨/ 노란 띠 지붕 감돌아/ 밀감 잎에 스민다.

－「삼다도 2.바람」전문

「바람」의 초장은 3 · 3(4) · 4 · 4의 정형을 깨고 3 · 4 · 1/1 · 4로 정형을 파괴한다. 중장의 3 · 3(4) · 4 · 4도 정형을 깨고 3 · 3 · 4 · 6으로 정형을 파괴한다. 또 종장 3 · 5 · 4 · 3도 정형을 깨고 3 · 3 · 5 · 4 · 3자로 자유시 구조이나 나름의 내재율을 보인다. 이러한 시형은 「삼다도 1~4」, 「성산포 사모곡」, 「99곡산조 1~4」, 「서귀포 3제」, 「탐라국 3제」 등에서도 찾아 볼 수 있다. 또한

19) 어승생 수원지: 1960년대 한라산 중턱에 만들어진 제주시 수원지

3) 전통적 정형에서 벗어난 산문율을 가진 산문시들도 있다.

서불님 저녁놀 헤치며 노 저어간 포구였네/삼신산 불로초 캐러 왔다가 그만 산수에 취하여 정방석벽에 서불과처 넉자만 새겨놓고 넋을 잃고 떠났다네...(중략)...아침 태양에서 캐낸 등불 바자니는 소복의 비바리들 고운 눈에 아롱다롱 매달려 밀감꽃이 하야니 피는 걸…/ 그 아랠 은하빛 꽃떨기로 흐느히 젖는 개울물.

– 「칠십리 사설」일부[20]

선잠을 깬 이아침/ 콩잎 쌈이 먹고 싶다// 어릴 때 할머니 따라 조팥 검질 매러 가서, 땡볕에 이마가 짜개져도 점심 기다리며 잘도 버텼지...(중략)...나도 따라 먹으면서 풀냄새 비릿하여 상을 찌푸리면 된장 발라 주시면서,/ "에이구 불쌍혼거 어멍도 어시"/ 아아! 콩잎에 된장, 그 비릿하면서 코시롱한 맛!/ 할머니께선 평생을 콩잎에 된장 바르듯, 손바닥만 한 예닐곱 장의 가난을 꼬깃꼬깃 펴시다가 콩밭에 묻히셨지,// 이아침 콩잎 쌈이 먹고 싶다./ 코시롱혼 된장맛…

– 「콩잎쌈」일부

찌든 아내의 눈두덩을 보다 못해/ 억새꽃 한 아름 꺾어다 오지동이에 꽂아놓았다. 할머님이 물려주신 마음 비운지 오랜 오지동이. 아가리가 커서 궁상맞더니만 인제야 임자를 만났구나...(중략).../ 찌든 아내의 눈두덩이에 주름이 퍼지는 구나!

– 「억새꽃」일부

정시인의 산문시에서는 제주의 서정을 시화 · 묘사함에서 시행을 나누지 않아서 "율동과 압운이 없지만 음악적이며 영혼의 서정적 억양과 환상의 파도와 의식의 도약을 가져다준다. 그래서 정시인의 산문시는 유연성 · 융통성을 겸비하므로 전통적 양식에서 출발했으나 발전적 특성을 보여주고 있다.

---

20) 서불님: 진시왕이 불로초를 캐기 위하여 제주에 보내진 사람

『섬과 섬 사이』의 서정적 묘미

정시인은 태생의 섬 제주를 본섬本島으로 한 그 부속 섬들의 아름다움을 목가적으로 잘 그려주고 있다. 정시인의 시어 속에는 제주 본섬에 박혀 있는 작은 섬들의 아름다움이 손에 잡힐 듯 아른거린다. 이는 제주 섬에서 낳고 자란 정시인의 서정적 시심의 표상이리라.

창조여신 설문대할망/ 남해안에 나들이 때//
다도해에 투망하여/ 한 자락을 끌고 오다//
제주해 거친 풍랑에/ 흘려버린 추자군도 … 하략.

–「추자도楸子島」중 일부

정시인의 『섬과 섬 사이』의 첫 시를 설문대 할망에서 시작하는 것은 설문대할망이 제주 섬의 창조신이기 때문일 것이다. 그리고 제주 본섬의 부속도들 역시 별개의 섬들이 아니라 제주에 속하기에 어우러져 함께 살아야 할 제주도濟州島임을 말해 주는 시집을 이끄는 서론적 시이다.

바다엔 섬이 있어/ 외롭지 않아라!//
노을진 사자바위/ 멀어지는 추자군도//
어느덧 마중 나와/ 반겨주는 갓 하나/ … 하략.

–「관 탈도冠脫島」중 일부

섬 속에 섬 추자도, 바위섬 사자바위는 외로울 법도 하나 작은 섬 바위까지도 외롭지 않은 것은 왜일까? 정시인은 수평선 넘어 회귀하는 황혼빛이 사자머리를 타고 사그라짐을 감지한다. 그리고 이윽고 다가오는 관탈도 마저도 나그네를 반겨준다고 한다. 사진작가가 찰나를 찍어내듯 시인에게 포착된 황혼의 빛들이 아름답다.

파도가 넘나드는/ 아담한 섬 다려도//
밭둑도 없는 섬에/ 원두막만 졸고 있다//
이따금 낚시꾼 배가/ 섬 해안을 가른다 … 하략.

–「섬과 섬 사이 1.」중 일부

다려도 역시 섬 사이에 작은 섬이다. 밭둑도 없는 그 작은 섬에 원두막만 조는 듯싶어 한가롭다. 그러나 시인은 그 뒤에 숨겨진 4.3의 진실을 보고 있다. 현기영 작가의 『순이 삼촌』속에 '옴팡 밭 이야기'가 그 한가로움 속에 숨겨져 있음을 지적한다. 정시인의 서정은 마치 잠 드려는 섬을 깨우는 파도처럼 아픔이 박혀 있다.

해마다 7,8월엔 토끼섬에 가 보아라//
문주란 꽃으로만/ 온 섬이 덮였으니//
죽어서 관 없이 묻혀도// 덜 서러울 도끼섬 …

–「토끼섬」중 일부

시인의 그러한 아픔의 노래는 문주란 섬 속에도 녹아들어 있다. 한 여름 하얀 웃음으로 환희를 노래하는 주란꽃 속에 시인이 그려내는 하얀 꽃은 비록 죽어서 관 없이 묻혀도 서럽지 않으리라 함은 주란꽃 웃음과 섬바위를 파고드는 파도소리까지 그를 위로해 줄 것이기 때문일까?

종달바다 수평선엔/ 소한마리 누워있다//
눈썰미 어림잡아/ 가슴 쪽에 내려오면//
섬마을 해변에 밀리는/ 파도가 눈부시다// … 하략.

–「우도牛島」중 일부

문주란 꽃 피는 토끼섬에서 바라보는 우도는 또 어떤가? 성산포를 향한 머리가 하도리 토끼섬 앞에서 종달리 해변에 걸쳐 누워 있다. 북풍을 마주한 섬은 어미섬 제주를 향하여 가슴을 내밀어 다가오지 않던가! 홀로 견디기 어려운 북풍의 바다를 등진 섬, 그 해변에 부서지는 파도가 눈부신 까닭은 본섬을 향하던 산호들의 꿈이 하얗게 부서져 앞바다를 비추기 때문이리라!

정시인의 이러한 서정은 과연 어디서 오는가? 그는 제주인으로 제주를 아끼고 사랑할 뿐 아니라 섬에서 섬을 바다 건너로만 바라보지 않는다. 그는 그 섬들을 가슴에 품으므로 비로소 남들이 들을 수 없는 섬들이 전해주는 소리를 듣기 때문이다. 마치 '장곽도'가 소라껍질이 되어 바다의 소리를 듣는 것처럼.

정인수의 『섬과 섬 사이』의 심미적 다의성

시는 글로서 그리는 그림과 같은 것이다. 그렇다면 시는 어떻게 묘사-그려지는 것일까? 시는 비유와 상징을 통하여 그려지는 글이다. 그래서 필자의 저서 『시론적 문예작업』에서 "시는 비유와 상징으로 생명을 얻는다"고 말한다.21)

빗창을 손에 쥐고/ 물속에 들어가면//
소중이 바람으로/ 열두길 물속이다//
전복을 따기도 전에/ 차오르는 물숨이여//

– 「물질」전문

정시인의 시들은 상징시로서 「물질」뿐 아니라 제주 좀녀들의 힘든 삶을 그리고 있다. 정시인의 '물질'은 좀녀로서, 여자로서의 힘든 삶의 현장이다. 그러나 이것은 서류 가방을 들고 회사로 가는 회사원, 물건을 싣고 시장으로 향하는 상인, 쟁기를 지고 밭으로 가는 농군의 삶이기도 하다. 그들은 열 두길 물속 같은 세상에 전복을 따듯이 행복을 따려고 차오르는 물숨에 허덕이며 까닥거린다, 개구리처럼.22)

---

21) 위에 책 문희주 『시론적 문예작업』

22) 좀녀-제주어로 잠수질 하는 여성을 일컫는다.

칠성판 등에 지고/ 명정포 머리에 이고//
오락가락 저승길에/ 온 몸을 내던지는//
함부로 흉내 낼 수없는/ 저 바당의 숨비소리··· 하략.

– 「숨비소리」전문

좀녀는 칠성판을 등에 지고 명전포를 머리에 이는 것 같다. 수십 번 물속을 들고 나는 저승과 지옥을 오르내린다. 그 숨비소리는 곰새기(돌고래)나 흉내 낼까 흉내 낼 수 없는 좀녀들 만의 소리다. 그러나 살펴보면 3D적인 삶을 사는 이들이 얼마나 많은가? 풍랑 중에 항해하는 선원들, 고층빌딩을 짓는 공사장 인부들, 4000m 고산에 짐 지는 포터들. 숨비소리는 힘들고 어렵게 살아가는 사람들이 살아 있음에 대한 생명의 소리다. 정시인은 휴머니스트로 바로 그 소리를 전하는 것이다.

모여들면 언제든지/ 시끄러워 좋은 불턱//
왁자지껄 짖어대면/ 속이 다 후련하다.//
쌓였던 근심걱정들이// 불꽃 속에 사라진다

– 「불턱 1」전문[23)]

그러나 불턱은 힘들고 어려운 삶 중에 잠시 쉬어가는 곳이다. 생사 중에 살아온 이들의 환희가 잠시 머무는 곳이다. 시장판같이 시끌벅적 짖어대는 소리로 잠시 스트레스를 날려 보낸다. 그러나 타고나면 그뿐 숨비소리도, 전복 따던 순간의 행복도 잠시다. 그러나 제주인들에게는 숨겨진 이여도로 가는 길이 있다.

새해 들어 첫 물질날/ 해녀들은 바당 속에//
한 해 물질 무사안녕/ 지를 바쳐 빌고 빈다.//
"요왕지, 몸지 드렴수다/ 열아홉 살 제주 고씨"

– 「지드림」전문[24)]

---

23) 제주어, 불턱-잠수 전에 탈의 하거나 물질 후 몸을 녹히기 위하여 불을 쬐는 곳으로 돌을 쌓아 막았다.

파라다이스(저승)길에 불턱의 행복은 잠시 사라지나 줌녀는 「몽조」를 꾸고 씨를 드리며 풍어를 빌지만, 제주의 한은 말할 수 없는 아픔이다.「할망해녀」나 상군 바라는 「애기상군」해녀가 살아가는 「물질마당」은 한반도, 일본열도, 동북아 「난바르」의「바깥물질」이나 연해주 블라디보스토크-「물질마당」이나 「마라도 해녀」나 울릉도「할망해녀」나 눈물 없는 이가 없다. 그러나 그들이 찾은 파라다이스는 어디인가?

돈벌이 곱빼기를/ 얹혀준다 어르어도//
바다가 더 좋은 걸/ 해녀가 더 좋은 걸//
육지로 시집갔다가/ 도망쳐온 할망해녀…//

「할망해녀 1」전문

더 좋은 곳일까 육지로 시집을 갈다가도 결국 제주를 찾게 된 까닭은 무엇일까? 그것은 비록 제주의 바다에 사는 것이 고생이요, 위험이요, 눈물이요 한 일 지라도 제주의 그 바다가 행복이요, 어쩌면 시인은 '그 섬 바다를 건너 또 다른 섬(이여도)에 이를까 싶어도 그 낙원은 곧 제주도가 아닐까?'라고 말하고 싶은 것이다.

나가는 말

정인수선생의 『섬과 섬 사이』는 제주 본섬과 그 부속 섬들의 아름다움을 손에 잡듯이 그려준다. 또한 본래 타고난 그의 음률성은 전통적 구조에서 자유시로 진화하고 산문시로 발전해 가는 것을 보게 된다. 선생의 시의 바탕에는 제주의 서정이 시 깊숙이 스며있다. 마치 바닷가에 용천수처럼 솟아 나오는 듯하다.

정형시의 예술적 미덕은 '완결의 미학'으로 어족語族의 역사와 문화적 관습에 따라 독자적 미학을 지키게 되었다고 한다. 정시인의 시 속에는 그러한 제주인의

24) 제주어, 지드림-지성至聖을 드리다. 요왕지-용왕 앞에 드리는 지성, 몸지-몸을 드리는 지성

애환과 슬픈 역사가 내재되어 있다. 그러나 시인은 결코 그 아픔을 다 말하지 않는다. 그러나 그의 시를 가만히 읊어보면 곶자왈을 걸을 때 솟아나는 습기처럼 질펀하다.

제주도는 10경十景이 아니라 백경, 천경을 세어도 부족할 다미다경多美多景이요, 삼다三多를 넘어 10다, 100다를 세어도 부족한 자연과 전설과 아픔과 꿈이 있다. 그러나 제주도는 그 너머 희망을 바라는 곳이다, 해녀의 노랫소리에 간장을 에이는 숨비소리, 거기에 정시인의 『섬과 섬 사이』의 노래가 있어 제주는 더욱 아름답게 빛날 것이다.

제주 팡-돌의 의미와 여행

제주문학과 한국문학의 여행시의 비교와 분석

들어가는 말
여행의 시 주제를 분석하다
제주에서 시작하는 여행의 팡-돌
역사 속에 나타난 팡-돌의 의미
팡-돌을 딛고 떠나는 실크로드 길
여행, 그 한없는 매력적魅力 삶의 향기

들어가는 말

이제 고희를 앞 둔 필자의 인생여정 중 50년 넘는 세월을 선원으로 선교사로 살아왔다. 오랜 날들 동안 고국을 떠나 나그네로, 순례자로 살아 온 것이다. 필자의 8권의 시집이 모두 외국에서 체류할 때에 출판되었고, 2권의 수필집도 그렇다. 최희준의 노래 '하숙생'이 생각난다.

1. 인생은 나그네길 어디~서 왔다가/ 어~디로 가는가
   구름이 흘러가듯 떠~돌다 가는 길에/ 정~일랑 두지말자
   미련일랑 두지말자
   인생은 나그네길 구름이 흘러가듯/ 정처 없이 흘러서 간다.
2. 인생은 벌거숭이 빈손으로 왔다가/ 빈손으로 가~는가
   강물이 흘러가듯 여~울져 가는 길에/ 정~일랑 두지말자
   미련일랑 두지말자
   인생은 벌거숭이 강물이 흘러가듯/ 소리 없이 흘러서 간다.

옛 어른들이 말하기는 '복 있는 사람은 10리 밖에 나갈 일이 없는 사람'이라고 들은 바 있다. 그래서 싸돌아다니는 사람에게는 '역마살'이 붙었다고 말하곤 하였다. 어쩌면 한국 민요인 '아리랑'에서도 '나를 버리고 가시는 님은 10리도 못가서 발병난다'고 했을까. 물론 발병 나기를 바라서가 아니라 발병이 나서라도 못가고 돌아오기를 바라는 마음이라는 것은 두말할 필요가 없겠지만.

이런 말은 농경사회적 말이라 할지 몰라도 오늘날도 이 말은 유효하다. '고향을 지키고 사는 사람이야 말로 복 있는 사람'이라는 것은 먹고살 만하니 싸돌아다닐 필요가 없기 때문에 복되다는 말이다. 그러나 시대가 변하여 너나없이 직장으로 공장으로 취직하고 뛰어다녀야 사는 세상이 되었으니 산업사회는 우리의 몸과 마음을 갈라놓아 버렸다. 그렇게 다람쥐 쳇바퀴 돌 듯이 묶여 살게 되니 '딸을 낳아야 비행기 탄다'는 말이 생기게 된 게 아닐까!

이제는 외국물이나 먹어야 대단한 것처럼 말하나 실상, 대사관이나 대기업 지사장, 국립대학 교환교수쯤이나 되면 모를까 '내가 너를 버리고 돈 벌러 가는 길'에 피눈물 나는 그 어려움을 누가 알까? 얼마 전 히트한 '국제시장' 영화라도 봐야 그나마 쪼끔 이해할까? 그 시절 자신의 꿈보다 가족의 삶을 위해 6.25전쟁 이후 어려웠던 시절을 알기나 할까? 3등 국민으로 세계를 떠돌던 이들이 있었기에 오늘날 이 나라가 요만큼이라도 산다는 것을.

여행의 시 주제를 분석하다

어떤 상황에서도 여행은 꿈과 낭만이 깃들어 있다. 비록 그 삶이 힘들고 어렵다 하여도 새로운 문화를 접하며 낭만을 느끼게 된다. 또한 여행 도상이 아니더라도 시인과 작가는 여행을 꿈꾸기에 여행은 문학의 좋은 주제 중 하나이다. 필자가 관여하는 문학지들 중 여행에 대하여 얼마나 비중을 차지하는지 파악해 보았다. 많은 사람들이 통계를 평균하면 훨씬 객관적이겠으나 쉬운 일이 아니기에 필자의 관점에서 아래와 같이 조사, 분석하여 보았다.

문학잡지 명칭	전체 시작품 수	여행 주제시편	100분 율%
[제주문학] 78호	73 편	13 편	17.80
[한국문인] 32호	32 편 (통일시 68)	12 편 (68편 전편)	37.50
[문학 21] 147호	90 편	54 편	60.00
[생활문학] 84호	44 편	15 편	34.09
[국제문학] 20호	42 편	22 편	52.38
전국 문학지 합계와 평균	281 편	116 편	40.35

위 통계에서 보듯이 전국적 문학지에서는 여행에 대한 동경이나 여행지에서의 문학, 현실에서 탈출하고자 하는 경향이 엄청 많다는 것이다. 그러나 필자가 지난번 [제주문학] 76호에서 분석했던 주제를 보면 ①인생과 삶 34.14% ②자연과 계절 30.48% ③지역 23.17% ④여행.종교, 기타가 12.19%로 가장 적었다.

그 결과만 다시 보면 ①제주문학 76호의 82편/12.19%, ②밀레니엄문학회 109/5.50%, ③시세상동인시 72/15.27%, 평균 10.98%였다. 그런데 이번 제주문학78호에서는 지난번보다는 다소 높아 보이나(12.19→17.80%) 제주도를 포함한 전국 평균(40.35%)에 비추어 보면 엄청 작은 수치임을 알 수 있다. 이는 제주가 곧 여행지이고, 제주를 너무 사랑하기에 구태여 여행에 대한 동경이 없는 듯하다.

다른 말로 말하면 제주인은 제주에 대한 행복감이 충만하다고 할까? 제주도에 비하여 육지부에서는 치열한 생존경쟁에 내 몰려 살기에 거기에서 탈출하고 싶은 욕망이 여행심리로 나타나는 것이라 말 할 수 있을 것이다. 이처럼 떠나고 싶은 마음들이 시작품을 통하여 나타나고 있다고 볼 것이다.

제주에서 시작하는 여행의 팡-돌

제주바다가 봄을 깨우는 2월이면 갯바위 빌레들이 깨어나며 색이 변한다. 푸른빛 참파래, 붉은빛 가시리, 검붉은 넙패, 검은빛 늣이 솟아오른다. 소년은 어머니와 누나가 해초 캐는 것을 보며 꿈을 꾼다. “저 바다 건너에는 무엇이 있을까?, 나는 언제쯤 저 바다를 떠가는 배를 타고 그곳에 가볼까?” 갯바위를 타고 올라온 봄은 배추꽃을 피우고 울타리를 타고 올라 동백꽃을 피운다. 소년은 꿈꾼다. 바닷가 언덕에 앉아서도 우영팟을 거닐면서도...

소년의 꿈은 마도로스가 되어서 세계의 항구를 찾아 대양을 항해하였다. 그러던 어느 날 각혈을 하고 하선을 하며 꿈을 접는 듯했다. 그러나 꿈을 먹는 사람은 하늘도 막지 못하는가 싶다. 결혼 후 두 아이의 아비가 되어서 다시 대륙으로 길을 떠난다. 중국대륙과 내몽골, 외몽골, 그리고 천산을 타고 중앙아시아의 실크로드로 순례 길은 계속되었다. 그 순례의 길에 찾은 의미 중 하나는 나그네 인생길에 신과 인간, 인간과 인간의 인연이었다.

섬 소년이 어떻게 눈을 뜨고 제주를 벗어났을까? 김정파의 스토리텔링에서 보자. “인간의 길, 인류가 공생하며 다 함께 가야 할 숭엄한 그 길을 제시함과 아울러 그 뜻을 영원히, 영원을 향하여 그 어딘가에 각인해 놓고자 하였다. -그래 땅에다 새기자. 섬을 만들자. 인간의 길을 섬의 지형 형상 자체에 형상화 시켜놓자. 그래서 하늘의 뜻을 영원히 증거 하게 하자. -저 회오리치는 소용돌이를 누르고 아울러 세상을 소통케 하리라”1)

“인간으로 하여금 길을 잃지 않게 하라. 그리고 함께 가게 하라. 인간으로 하여금 타인과 함께 가고, 배움과 함께 가게 하라. 그들이 함께 할 수 있게 소통의 물코를 트게 하라. 여신 설문대는 하느님이 당부하신 말씀들을 되뇌며 골똘히 새로운 구상에 들어갔다” 그러면서 “지상계의 순환이자 그 상징인 팡을 놓아주자.

---

1) 김정파, 『스토리텔링 인간계의 이정표 창조여신 설문대』 제주, 디딘돌, 2011. p.53

인간이 길과 길을 연결하는 연결고리, 그 영원한 교차로의 상징인 팡-돌을 견고하게 놓아주자.

김정파는 제주의 팡을 이렇게 설명한다. "팡이란 고유한 제주어로 돌이나 나무로 만든 인간 활동의 보조적 설치물이다. 팡의 역할은 발 디딤을 높여주어 키를 높여 주거나 개울이나 물 웅덩이를 건너가게 해주는 징검다리 역할을 하며 제주에서는 주로 현무암을 넓적하게 다듬은 디딤돌이 대표적이다."고 한다.[2] 그러나 세계적으로 볼 때 팡-돌은 세 가지의 형태를 보인다. 그 중 첫째는 선돌, 둘째는 고인돌, 셋째는 돌무더기이다. 그러나 공통점은 신과 인간, 인간과 인간이 '맺음'과 '기념'의 뜻을 내포하고 있었다.

역사 속에 나타난 팡-돌의 의미

선돌은 대체로 기념비적인 의미를 띄고 있다. 구약성경 첫 번째 기록은 믿음의 조상 아브라함의 손자 야곱이 그 쌍둥이 형에게 팥죽 한 그릇에 장자의 명분을 산다. 그 아비는 "네 활을 가지고 들에 가서 나를 위하여 사냥하여 내가 즐기는 별미를 만들어…먹게 하여…네게 축복하게 하라"[3] 그런데 약삭빠른 야곱은 양을 잡아서 그 고기로 음식을 만들어 형이 받을 축복을 가로챈다. 이 일로 형 에서에게 쫓겨 달아나던 야곱은 들판에서 밤을 맞는다.

야곱은 돌을 베게삼고 하늘을 이불 삼고 들판을 자리 삼아 잠 든다. 그런데 꿈속에서 하늘에 닿는 사닥다리가 땅위에 서고 천사들이 오르락내리락하는 것을 보게 된다. 그리고 하나님이 그 위에서 "네가 누워있는 땅을 내가 너와 네 자손에게 주리라."는 약속을 받게 된다. 아침이 되자 야곱은 베게 삼았던 돌을 기둥 세우고 그 위에 기름을 붓고 '벧엘'이라 이름 지었으니 이는 '하나님의 전'이란 뜻이다.[4]

---

2) 김정파의 위의 책 p.55

3) 구약성경 창세기 27장 1~4절의 내용

4) 구약성경 창세기 28장 10절 이하의 내용

세계 유산인 고인돌은 한민족 역사를 통하여 찾을 수 있다. 고인돌은 이제껏 족장의 무덤으로 인식되기도 하였지만 지금은 하늘에 제사를 올렸던 천제단祭天壇이라는 견해가 거의 확고한 지지를 받고 있다. 즉 고인돌은 지상에서 하늘의 뜻을 받들고 나가는 팡-돌의 의미를 띄고 있다.

돌단은 '돌로 쌓아 만든 제단'으로 한반도를 중심으로 3천 년~6천 년 전에 만들어진 걸로 측정된다. 그 부장품들을 〈방사성탄소연대측정〉한 결과 .BC 20~15세기로 측정된다. 이는 고대 한민족이 천일지이天一地二에 따라 땅에 두 개와 큰 돌을 위에 덮는 제단으로 하늘에 제사를 지내는 천제단祭天壇으로 만들어졌다고 전해진다.[5)]

고인돌은 동이족문화권에서 주축으로 나타나고 있는데 한반도 일대와 황해에서 한반도를 바라보는 중국의 산둥성 일대, 발해에서 랴오동성과 만주일대, 제주도와 일본의 구마모토 등에서만 존재한다.

이는 원래 아담 때부터 하느님께 희생제물을 드리던 제단 형태로 하나님을 공경하던 우리 조상들이 '제천의식'을 거행하기 위해 축조된 것이다. 가인과 아벨 역시 하느님께 제사를 지낼 때 맨땅에 제물을 놓고 제사하지는 않았을 것으로 보인다. 거룩한 제물에 흙이 묻거나 벌레가 기어 다니는 것을 방지하기 위해서, 불에 타지 않는 돌로 제단을 축조했을 것으로 추측한다면 가인과 아벨은 인류 최초로 고인돌을 축조한 사람으로 볼 수 있을 것이다.

돌무더기는 하나님과 인간, 인간과 인간의 약속을 의미한다. 우리 민족과 같은 셈족인 유대인들은 유독 팡-돌의 개념이 뚜렷이 나타난다. 이스라엘 백성들이 이집트에서 400년간 종살이하다가 모세의 인도로 홍해를 건너 출애굽하고 광야를 헤매다 요단강을 건너서 가나안 입경 시 모세는 이스라엘의 12지파에게 명하여 각각 돌을 취하여 건너게 한다.

모세는 "이것이 너희 중에 표징이 되리라 너희 자손들이 이 돌들은 무슨 뜻이냐

---

5) http://cafe.daum.net/JESUSLIFE/TGin

하거든 ...하나님이 요단을 건널 때에 요단 물이 끊어졌으므로 이 돌들이 이스라엘 자손에게 영원히 기념되리라"고 말한다. 이 역시 돌은 고생스런 광야를 벗어나 젓과 꿀이 흐르는 가나안 땅에 입성하게 됨을 기념하는 것이다.6)

이스라엘은 한때 블레셋(현재 팔레스타인, 다윗이 싸웠던 거인 골리앗의 민족, 삼손이 사랑하다가 눈알이 뽑힌 미인 드릴라의 민족으로 유대인 앞서 그 땅에 살고 있던 민족)에게 십계명이 안치된 법궤를 뺏겼다가 찾게 될 때에 선지자 사무엘은 미스바와 센 사이에 돌을 세워서 이를 '에벤에셀'이라 하였는데 이는 '도움의 돌'이라는 뜻이다.7)

본래 선돌의 의미는 신본주의적인 것으로 인간이 신을 향한 숭고한 뜻을 기리기 위한 것이다. 그러나 후에 인위적으로 변화를 보이게 되었다. 즉 신을 향한 기념비적인 뜻이 아니라 제왕과 국가를 위한 인위적인 기념비가 되어 버렸다. 고구려 광개토대왕의 비석, 또는 신라 진흥왕이 세웠던 순수비처럼 기록 된 비석으로 발전하였다.

제주어로 오름이라는 말은 필자는 "〈오르다〉라는 말의 명사형이 아닐까?" 생각해 왔지만 그 말은 몽골어였다. 몽골초원에 솟아올라 제주 오름을 연상하는 곳을 〈오르, 오름〉이라고 한다. 그 위에는 마치 서낭당을 지나는 길손들이 돌을 쌓듯하다. 그리고 깃발을 꽂거나 목발을 던져 놓기도 한다. '이제 내 발은 다 나았다'. '아픈 것은 멀리가라', '다시는 다치지 마라'고 던져 놓는다. 이는 새 출발을 의미하는 팡-돌의 의미가 담겨진 것이다.

야곱은 외삼촌댁에서 피난살이를 하는 중에 외삼촌의 딸과 결혼을 하여 살다가 귀향하는데 외삼촌이 쫓아온다. 그러나 외삼촌을 속여서 떠난 것이 아님을 확인하고 두 사람은 돌을 모은다. 외삼촌 라반은 조카 야곱에게 말한다. "이제 오라 나와 네가 언약을 맺고 그것으로 너와 나 사이에 증거를 삼을 것이라." 야곱이 돌을 가져다가 기둥을 세우고 형제들에게 돌을 모으라하고 무더기를 이루자 그

---

6) 구약성경 여호수아서 4장 1절 이하의 내용

7) 구약성경 사무엘상서 7장 1절 이하의 내용

곁에서 먹고 '피차 해하지 않는다.' 약속하고 함께 먹고 헤어졌는데 이 돌 무더기를 미스바라 하였다.8)

팡-돌은 인간과 인간, 자연과 인간계를 뛰어넘어 천상계에 이르려는 인간의 징표다. 더 나가서 제주도 설문대할망의 팡-돌은 자연과 인간을 이어준다. 설문대할망이 한라산에서 앉아 우도에 발을 걸치고 일출봉을 빨래판으로 빨래를 하는데 궁둥이가 걸리적거려서 뽑아 버렸는데 그것이 산방산이 되었다는 전설이다. 그래서 백록담의 깊이와 산방산의 높이가 같고 백록담의 둘레와 산방산의 둘레가 같다는 말이 있다.

이 전설에서 보듯이 설문대 할망은 전설적 인물이나 실재하는 한라산과 산방산, 우도와 일출봉은 실제로 존재하는 제주도 자연계의 일부다. 이로써 설문대할망의 전설은 인간계와 자연계를 어우르는 사람으로 산을 뽑아 던질 수 있는 신적 존재로 나타난다. 그러나 여기서 말하고 싶은 것은 설문대할망에게는 한라산도 우도도 팡-돌의 의미를 내포하고 있다.

그래서 제주도민은 제주도를 팡-돌 삼아서 한반도와 일본과 대륙으로 나가는데 두려움이 없었는지도 모른다. 그리고 이를 어려서부터 각인시켜온 것이 '애기구덕'이다. 결코, 부모에게 예속되지 않는 독립된 개체로 자라며, 좌우로 흔들리며 자라서 로링roll·ing에 대한 훈련이 되어져 제주인은 결코, 멀미하지 않고 대양을 항해할 사람으로 만들어진다.

제주도의 애기구덕은 이런 의미에서 진정한 제주 아이들의 팡-돌의 역할을 다 해 온 것이다. 필자는 그래서 20대에 마도로스로 대양을 항해해 왔고 30대에 이르러서도 대륙을 꿈꾸며 준비하고 40대에 이르러 또다시 대륙으로 떠날 수 있었는지 모른다. 그것은 제주라는 팡-돌을 집고 실크로드로 나가는 순례자가 되었다.

---

8) 구약성경 창세기 31장 43절 이하의 내용

팡-돌을 딛고 떠나는 실크로드 길

실크로드Silk Road는 중국의 장안(당시 당나라 서울, 오늘 날 서안)을 출발하여 로마까지 가는 길이다. 알렉산더 대왕은 그의 사후에 큰아들에게는 동로마를 주었고 둘째 아들에게는 서로마를 주었다. 서로마는 오늘날 이태리 로마이고 동로마는 콘스탄틴노플인데 후에 오스만 튀르크Osman Türk에 함락 되어 '이스탄불'이라고 개칭된 곳이며, 현재는 터키 땅이 되어버렸다.

실크로드라는 말은 '비단 길'이나 단지 비단무역 길만은 아니다. 중국에서는 비단이 서쪽으로 전해졌고, 탈라스 전투 이후에는 중국의 종이도 이 길을 따라서 서쪽으로 갔고 화약과 지남철도 이 길을 따라서 서쪽으로 전해졌다. 그런가하며 유리와 도자기, 카펫, 점성술 등이 동쪽으로 전해졌다. 또한, 이 길은 무역과 더불어 문명과 문화, 종교와 사상도 전해졌다.

필자는 1995년부터 2013년까지 20년 가까이 중국에 머물렀다. 그동안 내몽골 지경을 여러 차례 왕래 하였다. 내몽골은 중국의 5개 자치성 중 하나로 면적이 1,183,000㎢ 이고 인구 25,050,000이다. 그러나 외몽골 면적은 1,564,116㎢로 조금 더 큰데 인구 3,121,772명으로 부산시 인구보다도 작다.

필자는 20년 동안 중국에 머물며 언제쯤 천산산맥을 넘어서 천산북로의 중앙아시아로 가 볼까 꿈꾸고 있었다. 2018년 8월 8일 드디어 천산남로 탐사 이후 14년, 알타이남로 탐사 이후 10년 만에 중아아시아에 이르렀다. 이번 탐사 중에는 타지크스탄, 키르기스스탄, 카자흐스탄, 우즈베키스탄을 방문하게 되었다.

중국의 천산남로는 정말로 황량하다. 불모지와 모래사막, 돌짝 길을 따라가는 길은 순례자를 곤욕困辱스럽게 하였다. 그러나 카자크에서 사역하는 친구는 내게 말해 주었다. '천산남로가 곤욕의 길이라면 천산북로는 천상의 길'이라 하여서 나를 유혹에 빠지게 하였다. 그것을 확인하기라도 하듯이 필자는 석 달간 천산북로 길에 도전하게 되었다.

천산북로 길은 아름답고 풍요로웠다. 천산북로 길에 사막이 없는 건 아니지만 건조한 기후임에도 곳곳에 호수와 강이 흘러서 관계시설을 만들어 손쉽게 농사를 짓고 있었다. 그래서 도시는 푸르고 포도와 뽕나무와 살구나무 과수원도 많았다. 천산에는 노랗게 단풍이 드는 자작나무와 푸른 백향목, 붉게 타는 풀들이 어우러져 천상 길인 듯하다. 그래서 시인 이태백은 이렇게 노래하였다.

> 변방에 사는 사내/ 평생 글 한 줄 읽은 적 없지만
> 사냥할 때는 날래고 민첩하기 그지없네
> 가을이 되어 오랑캐 말 살찌는 건 백초를 먹는 덕분
> 말달려 그림자 밟는 재주 어찌 자랑치 않으리요
> 쇠 채찍 휘두르며 말 달리니
> 초원에 쌓인 눈 흩어지고 칼집이 울린다
> 마유주 한 잔에 얼른 취한 채/ 매 불러 멀리 들판으로 날리고
> 활 당기니 그 모양 보름달 같고 화살은 목표를 놓치지 않는다
> 두루미 한 쌍 날다 떨어지고/ 명적을 연달아 나는데
> 호숫가에서 바라보던 이 모두 가벼이 몸을 피한다
> 용맹한 기상 빼어난 풍모 모래펄 떨치니
> 글 읽는 선비가 유목인만 못하다
> 흰 머리 늘어지도록 열심히 공부한들/ 무슨 소용 있으랴[9]

순례자의 입장에서 바라 본 중앙아시아는 거칠지만 부드럽고 황무하지만 풍요로운 곳이다. 그러나 그 땅에서 살아가는 입장에서 보면 이제껏 쌓아 온 학문보다 마술馬術과 매를 다루는 솜씨, 사냥의 날렵함과 활을 당기는 사력射力이 필요하다는 것이다. 이태백은 "글 읽는 선비가 광야를 달리는 유목민만 못하여 흰 머리가 늘어지도록 열심히 공부한들 무슨 소용 있겠는가!" 자책하는 것을 보게 된다.

---

9) 연호탁, 『중앙아시아 인문학 기행』, 글항아리, 2016, p.90~91

여행, 그 한없는 매력적魅力的 삶의 향기

거칠고 황무한 땅에서 살아가는 이들에게 생존을 위한 힘과 지혜와 기술이 필요한 게 사실이었겠지만 전 세계가 분업화된 오늘 날에 마술馬術과 사냥술術이 없고 매와 활을 다룰 줄 모르고도 떠날 수 있는 여행이니 이 얼마나 행복이랴!

오늘 우리에게 필요한 건 설문대할망이 우리에게 놓아준 팡-돌을 딛고 뛰어 넘으려는 용기와 낯 서른 사람과 함께 웃고 그들이 먹는 음식을 즐기고 그들과 함께 춤출 수 있다면 그것으로 족하다. 우리의 몸과 손짓과 웃음이 모두 언어가 될 것이다.

우리의 계획이 팡-돌이 되고 여행 책자가 마치 바둑의 포석을 깔아놓는 것 같다. 필자는 초등학교를 입학하기 전부터 꿈꾸어 왔다. 꿈은 이루어진다. 문제는 꿈꾸지 못하는 나의 일상과 꿈꾸지 않는 나의 인간적 목표가 문제일 뿐이다.

이제 내려놓고 멀리 보자. 호연지기浩然之氣! 하늘과 땅 사이에 가득 찬 넓고 큰 ①원기元氣, 도의에 뿌리를 박고 공명정대하여 조금도 부끄러울 바 없는 도덕적 ②용기勇氣, 사물에서 해방되어 자유스럽고 유쾌한 마음의 ③호기浩氣, 이 세 가지 기운만이 필요할 뿐이다. 여행, 그 한없는 매력적 향기를 찾아보자.

애잔하나 아름다운 소시민의 삶의 노래

- 월간문학 607호 시편 다시읽기 -

Prologue: 한을 안고 살아온 한국의 소시민들
한국 소시민의 애잔한 삶의 자리들
애잔한 삶의 자리에 피어난 아름다움
아름다운 것들은 소시민의 것이다.
소시민이기에 찾을 수 있는 희망
Epilogue: 희망의 나라로 나를 찾아서!

Prologue: 한을 안고 살아온 한국의 소시민들

월간문학은 한국문인협회에서 매월 발행되는 기관지이다. 필자는 월간문학 607호(2019. 9월)와 지방지인 우리 제주문학(계간지)을 비교하여 보았다. 아래 표에서 보듯이 제주문학(시)인들의 주제는 인생과 삶, 자연과 계절, 제주지역에 대한 주제가 고른 분포를 보이나 월간문학에서는 인생과 삶에 대한 주제가 거의 60여%에 이른다는 점에서 제주도 시인들의 시의 주제와 큰 차이를 보이고 있다는 점이다.

잡지 책명	시 작품 수	인생·삶	자연·계절	지역地域	여행·종교등
제주문학 76호	42명/82편	34.14%	30.48%	23.17%	12.19%
월간문학 607호	39명/39편	58.97%	23.07%	5.12%	12.82%
78호는 607호보다	3명이 더 많다	24.83% 적다	7.41% 많다	18.05% 많다	-0.63% 적다

월간문학을 통하여서 본 한국 시인들의 시 주제主題는 인생과 삶의 스토리를 가진 아름다운 시들이었다. 그뿐 아니라 서정적인 면에서도 마치 동트기 전 초가을 들판에서 내려다보는 얕은 안개 속에 펼쳐지는 아름다운 한 장의 수채화

같은 작품들로서 제주도 시인들과는 다른 모습이었다.

월간문학의 시작詩作들은 반짝이는 진주처럼 아름다운 서정이 마치 풀잎에 맺힌 이슬방울처럼 신선하였다. 그래서 필자는 다시 한번 이 시편들을 읽으며 명상에 잠겼다. 그것은 마치 가을날 어머니가 꿰매시던 옷깃의 바늘처럼 평론가의 눈으로 시편 하나하나를 고리에 꿰어보게 되었다.

필자는 그 고리의 제목을 이렇게 이름 붙여보았다. '애잔하나 아름다운 소시민의 삶의 노래'라고. 이 시편들은 곧 이 시대를 살아가는 한국인 소시민들의 삶의 모습들이요, 그래서 우리는 이 시편들 속에서 한국인의 저변을 이루는 소시민들의 저마다 한 서린 모습들을 보게 되는데 이는 제주와는 색다른 삶의 모습들이다.

한국 소시민의 애잔한 삶의 자리들

한 가닥 줄을 잡고/ 벽을 타는 사내가 있다
거미처럼 외벽에 붙어/ 이 창에서 저창으로 옮겨 다니며/
창이란 창은 모두 묻혀 오는 사내//
지상으로부터 도망치듯/ 달아나는 빌딩들
정복해 보는 것이 꿈이었기에
한 발 한 발 벽을 짚고/ 숨을 고른다//
얼마나 더 올라가야 황금피켓상을 받을 수 있나?
오를수록 숨 가쁜 고독
허공에 뜬 작은 섬 하나 . . . 그가 내려 온 자리엔
하루 종일 루미나리의 빛이 찬란하다.

- 한정원의 「유리창을 닦는 사내」 중에서

「유리창을 닦는 사내」는 우리 사회 3D 중의 3D 업종일 것이다. 그는 '지상으로부터 도망치듯 달아나는 빌딩들을' 정복해 보는 일이 꿈이었을까? 결코 그렇지는 않을 것이다. 목숨을 담보로 오늘의 양식을 위하여 살아가는 소시민, 그러나 그의 삶은 지상에서 천상을 오르는 목사의 설교 못지않게 몸으로 거룩한 삶을

살아내고 있다.

황금피켓을 바라는 프로도, 영화 「스파이더 맨」과 같이 명예나 재미를 바라는 건 더욱 아니다. 그것은 단지 일상의 삶이나 황금면류관을 바라는 성도의 신앙보다 더 숭고한 신앙을 몸으로 보여준다. 그에게는 부동산을 투자하고 환희를 즐기는 복부인이 아니라 오를수록 세상과 유리된 허공 속에 뜬 작은 섬으로 다만 3D 속에 자신을 볼 뿐이다.

세상은 그들이 닦아 놓은 창들로 인하여 아름다운 루미나리-빛의 세계를 보지만 그 뒤에 숨겨진 이들의 위기와 땀은 기억하지 못한다, 그저 석양에 비치는 황홀함을 즐길 뿐. 그렇게 잊혀진 또 다른 소시민의 「공허의 스케치」를 보자.

> . . . 몇 십 년 떠돌던 거리 혜화동 로터리, 둥치 큰 플라타너스 곁에 서서 나부끼다. 표표히 날리는 심정, 부서진 의미로 부스럭거리는 정경. 건너편 성당 벽돌집 배경으로 계절이 우는 일상의 갈증 지대, 고개 꺾어 선 로터리 가로등, 낮 붉게 어둠을 밝히던 기억을 잊은 채 한낮에 어둑하게 서 있는 풍경.
>
> 윤강로의 「공허의 스케치」 중에서

비록 혜화동일지라도 몇 십 년 전에 말목을 박아두었다면 플라타너스 낙엽처럼 부스럭거리거나 표표히 깃발처럼 나부끼지 않고 빌딩이 되어 솟구쳤거나 붉은 벽돌로 담장을 친 주택 하나쯤은 소유할 수도 있지 않았을까? 「공허의 스케치」는 화려한 국제도시 서울의 뒷골목, 소시민들의 삶을 연상케 하는 상징시이다.

나부끼고, 부스럭거리고, 고개 꺾어 선 가로등, 낮 붉게 어둠을 밝히는 술집들도 을씨년스러운 모습들이다. 소시민들에게는 산업화시대를 지나서 5G 정보화시대 속에는 낯 서른 모습이다. 자가용을 타고 휘~익 질주해 버리면 볼 수도 느낄 수도 없을 가을날, 이런 류類의 서정은 오히려 소시민이기에 볼 수 있는 게 아닐까?

김세영의 「유통기한 잡생각」 역시 아직껏 아날로그 시대를 살아 온 소시민을 보게 된다. 디지털 시대에 적응하지 못하고, 건강문제를 안고 도시자녀들 집에

얹혀살아야 하는 농민이었다가 지금은 도시 속에 소시민으로 전락한 해 지난 노인을 보게 된다.

> 조류 독감의 연좌제에 걸린 오리들 같다
> 처녀로 늙어버린 여자처럼 한 번도 몸을 열지 않은 것도 있다//
> ~ 작년부터 왼손잡이 자식 집에 산다는 노인이 내원했다 칠순 잔치상도
> 받지 못했다고 서운해 하는 그는
> 한 평생 시장을 신봉한 시골장터 상인이다
> 불경기의 유통기한이 너무 길어져서, 돈 맛을 잃었다고 투덜대는 그에게
> . . . 가슴 아픈 유통마감 . . . 어름사니가 공중 줄타기를 하다가 떨어지
> 는 날이겠지
> 번지점프의 끈이 느닷없이 끊어지는 날이겠지 . . .

- 김세영의 「유통기한이라는 잡생각」 중에서

예약된 병실에 누워있거나 스마트폰으로 연결된 의사로부터 진단과 처방을 받는 부자라면 구태여 유통기한을 살펴야 하거나 약을 쌓아둘 필요도 없을 것이다. 시인의 유통기한은 잡생각이 아니라 바로 오늘을 살아가는 소시민의 현실이다.

그들의 삶인즉 '어름사니가 공중에서 줄을 타다 떨어지듯, 번지점프 줄이 끊어지듯, 청룡열차가 추락하는 듯하다'는 것이다. 자신의 생의 유통기한을 살아 온 소시민들은 최원 시인의 시처럼 「건강진단」을 받는 것은 또 어떤가?

> 요즘은 감기 끝에 중심잡기까지 비틀댄다 어찌하리오 옛날에도 바르
> 게 걷겠다고 바둥댔지만 그것이 뜻대로 되던가 가는 길까지 설혹 비틀
> 대더라도 폐 끼치지 않고 당도하기만을 기도할 뿐이다

- 최원 「건강진단」 중에서

어쩌면 이것은 5060시대를 살아 온 소시민의 종말인지 모른다. 농경시대와 산업화시대를 두루 거치며 살아온 우리들 아버지와 어머니의 한恨 어린 소시민 삶의 단상이 아니겠는가? 아래 두 편의 시 「아버지」와 「어머니」를 살펴보자.

아버지는 걸핏하면 내 이름을 부른다
물 한 잔 가져와라
막걸리 한 주전자 받아와라
잔심부름을 도맡아 하지만 거역해 본 적이 없다. . . .
겉으로는 태연한 척하다 시계를 또 올려다본다
어릴 적에는 아버지를 기다리며 별이 되었고
지금은 아이들의 바라지가 되었다

- 양상구의 「아버지」 중에서

변치 않음이 신비다
. . . 그 많은 세월의 물량 속에서 한결같은 사랑
슬픔은 포장하고 스스로를 벗어나지 않는다
얼마나 연습하면 천사가 될까 . . . 죽음에 인사하고 자식 먼저 챙긴다.
. . . 어머니는 신인지 몰라
사랑의 비가 내 영혼까지 적시게 하다가
피를 말려 더 철들게 만든다. . . .

- 송양의의 「어머니」 중에서

그 옛날 필자의 아버지도 술을 무척 즐기셨다. 술이 취해 집에 돌아오실 때면 온 집안이 난리였다. 어린 여름날 나는 평상 밑에 들어가 평상 사이로 비치는 별을 보며 다짐하였다. "나는 사람을 미치게 만드는 술은 평생 마시지 않을 거야!" 그런 나의 다짐은 고희를 바라는 지금까지도 변함이 없다. 그래도 나는 그런 아버지가 밉지만은 않았다. 어쩌면 '아버지를 미치게 하는 무엇인가가 있을 거라는 아련한 생각 . . .'

'옛날 부모님과 요즘 부모님이 다르냐?' 반박할 사람도 있지만 실제로 그렇다. 젊은 부부가 갓난이를 놔두고 전자게임을 하다가 아이가 죽는가 하면 부모를 관광지에다 버리고 오는 자식들도 있지 않던가? 자녀들도 옛날과 다르다. '학력이 높으면 높을수록 부모를 대하는 자식들의 효는 오히려 반비례反比例한다고 한다.

"나는 아니다!"라고 반박하는 이가 많기를 바라는 마음이다.

가난했기에 몸으로 때워야 했던 그 옛날, 한 많던 우리 부모님들이야 말로 얼마나 정직하고 아름다웠던가. 별을 바라는 마음으로 아버지를 기다리고 어머니를 보며 신神일까? 천사일까? 생각하던 그 때야 말로 가난했지만 행복했었다. 그러나 오늘 날 인심을 보며 '그건 철지난 이야기'라고 치부해 버리지 않는가?

가냘픈 시내의 흐름과 내 어머니의 가녀린 함성에서
무진한 희망과 무한한 에너지를 받아
가슴속으로 수락골 시냇물 별빛으로 부른다.

- 윤연모의 「가냘픈 것은 아름답다」 중에서

윤연모의 시편처럼 나는 위암 걸린 가녀린 가슴으로 그윽이 나를 바라보시던 어머니를 잊을 수 없다. "고향의 작은 교회에서 시무하더라도 나와 같이 살면 안 되겠니?" 그러나 하나님의 부름을 받고 선교사를 준비하던 나에게 가녀린 어머니의 소원을 답하지 못하고 깊은 회의에 빠졌었다. '어머니의 청보다는 하나님의 명이 더 준엄하다'고 . . . 이제 선교사로 성역 40주년을 맞으며 귀향하였다. 그러나 부모님은 이미 선산에 묻혀서 말이 없으시다.

애잔한 삶의 자리에 피어난 아름다움

가진 자에게 하루는 짧지만 일당을 바라고 월급을 기다리는 소시민의 하루가 어찌 짧겠는가! 그들에게는 윤사월 봄날만큼 길어 보일 것이다. 윤사림의 시편 「긴 하루」가 그렇다. 그의 시편은 마치 전쟁터로 나가는 군인처럼 오늘날 한국 젊은이들의 출근을 보며 도시 속에 살아가는 피곤한 소시민의 단상을 보게 된다.

낚시 바늘에 걸려 펄떡이는 붕어처럼
넥타이 매듭을 맺다 풀었다
그렇게 숨통을 조이고/ 전쟁터로 나간다

. . . 밤새워 아군쓰레기장을 뒤지면서
세상 밖으로 버려지는 나를 본다
해고되면 거리를 헤매겠지
아들딸은 바다에 둥둥 떠 있겠지
. . . 돈의 무게에 끌려 다닌 긴 하루
내일 아침/ 넥타이는 또 멜 수 있겠지만
날개 없는 새처럼 구름에 갇혀 있던 긴 긴 시간

– 윤사림의 「긴 하루」 중에서

낚시바늘에 걸려 퍼덕이는 붕어처럼, 날개 없는 새처럼 구름에 갇혀 사는 월급쟁이 신세의 소시민. 줄에 걸려, 구름에 갇혀 좀처럼 벗어날 수 없는 그의 인생은 어제도 오늘도 넥타이를 맨다. 가족을 위해 다시 또 넥타이를 매야할지, 자신의 자유를 위해 넥타이를 풀어야 할지 고민해야 하는 게 오늘의 소시민이다.

"오늘은 낚시줄을 끊고 자유하리라!" 하지만 한갓 꿈에 불가하다. 그러나 그에게 자녀들은 삶의 무게이기도 하지만 또한 희망이기에 애잔하지만 아름답다. 비록 금수저를 물려받지는 못하였으나 당당히 일어나 세상을 맞서 자수성가自手成家 하려는 그들의 젊음이 있어 애잔하나 아름답다.

밤새 눈이 내렸다
천근 어둠을 깨고 눈이 내렸다
. . . 아프리카 아이들
옥수수죽도 못 먹어 뼈만 남은 그 아이들 . . .
TV채널이나 돌리는 나의 후두부에
우 우 우 우 우 우
함성치며 내렸다.

– 서양원의 「우 우 우, 눈이 내렸다」 중에서

소시민에게도 눈은 내린다. 천근 무거운 삶의 무게를 깨고 눈이 내린다. 눈을 기다리며 스키장을 꿈꾸는 이들은 즐겁겠지만 고작 방콕에 묻혀 사는 소시민들에게는 그림의 떡이다. 옥수수죽도 못 먹어 뼈만 앙상한 모습에 짠한 생각을 하지만 후원 전화번호는 누르지 못한다.

비록 그들을 돕지 못하고 채널을 돌려야 하는 애잔함이 있을지라도 우 우 우, 눈송이에 자책을 느껴야 하는 소시민, 그러나 오늘 그들이 있어서 원조 받던 나라에서 원조를 주기에 이르지 않았던가? 따뜻한 방에 누워 TV를 보는 것만으로도 눈 내리는 겨울은 우리의 죄를 덮어주는 듯하여 애잔하지만 아름답다.

「국수, 따뜻한 이야기」야 말로 가슴을 짠하게 하는 한 편의 시이다. 한 많은 노모의 삶을 복으로 바꿔준 아름다운 스토리다.

일백년 가까이 사신 고모의 남편이
딴 살림을 차렸을 적에 낳아 온
미움 덩어리 딸도 휘휘 저어 한 젓가락 잡고
얼굴 한번 보기 힘든 아들 며느리 대신해
구박만 하던 그 딸의 손 빌려 여생을 의지한 것도
휘휘 저어 한 젓가락 잡아
꽁꽁 언 것도 모자라 비어 있는 속에
가닥가닥 하얗게 물어지면
맛있게 사라질 수 있는
따뜻한 이야기 한 그릇 비웠다

- 이의해의 「국수, 따뜻한 이야기」 중에서

젊은 시절 청상처럼 사는 것도 한이 서린데 거기다 딴 살림 차려서 낳은 딸까지 얹혔다니! 노모의 마음이 어찌 꽁꽁 얼지 않을까. 그러나 또한 편 그렇게 낳아져 계모의 손에 키워진 그 딸인들 마음 편했을까? 그러나 옛말 그른 것 없다더니 "굽은 솔 선산 지키고 병신 아들 효도한다"더니 제 속으로 낳은 아들과 며느리는 얼굴 한번 보기 힘든데 구박 속에 자란 딸이 오히려 구박하던 노모를 모시지 않던가!

우리 동네도 100살을 석 달 앞두고 돌아가신 노모 역시 남편이 딴 살림하여 낳은 딸을 키웠는데 그 딸이 죽을 때까지 노모를 모시던 걸 보았다. 무정세월 한 허리를 칭칭 동여매지 못할지라도 함께 끓여지고 풀어져 휘휘 저으면 노모의 세월도 의붓딸의 삼동三冬 같던 한도 술술 풀어져 한 젓가락에 잡히는 것을. 누가 이 따뜻한 이야기를 아름답다 않으랴! 이것이야말로 한국 소시민들의 애잔하지만 아름다운 삶의 이야기가 아닌가!

하늘인들 어쩌랴? 인간의 마음을 모르고 눈을 감을까? 그렇지 않을 것이다. 하늘도 그들을 보고 울지 않을까? 그런 하늘에 내리는 「비도 울고 싶을 때가 있다」라고 시인 이의희는 노래한다.

> 가끔은 비도 울고 싶을 때가 있다
> 아무도 모르게 눈물의 흔적을 지우고 싶어
> 호수로 자맥질을 한다//
> 호수의 품은 단단하고 깊어서
> 숨겨놓은 눈물을 들킬 염려가 없다
> 엄마가 때리던 회초리가 메웠던 때가 있었다
> . . . 그 품에선 달큰하니 젓 냄새가 났다//
> 어른이 되면 울지 말아야 한다고 . . . 참다가 병이 들었다
> 가슴에 커다란 호수가 생겼다
> 비가 내린다 . . . 빗속에서 달근하니 엄마 냄새가 난다
>
> – 이의희의 「비도 울고 싶을 때가 있다」 중에서

하늘도 때로는 노하여 번개 치고 천둥 울고 바람불고 비 내리지 않던가! 하물며 선생도 모르고 때리지 않는다면 어쩌겠는가? 어린 것의 종아리를 쳐서라도 고치려는 부모의 마음인걸. 그래도 아프다고 우는 아이를 다시 끌어안고 울더라도 그렇게 자라온 우리 시대에는 효도하고 봉양했는데. 요즘 세월이면 어림도 없을 얘기가 아닌가!

비가 오는 날이면 그러던 엄마가 그립고 생각날 수밖에, 어른이 돼선 울어서

안 된다기에 울지 못해 참다가 병이 들었다. 한이요! 원이요! 외상 후 스트레스다. 필자 역시 그렇게 간암으로 40% 간을 자르고 나서 비로소 강제로 울었더니 이제 그 울음 끝에 어머니가 생각났다. 애잔한 삶의 자리에서 피어난 아름다운 것들이여!

아름다운 것들은 소시민의 것이다.

"아름다움에 가진 자와 못 가진 자가 어디 있겠는가?" 하지만 다르다. 가진 자의 아름다움은 금반지에 있을지 모르나 자연은 소시민의 것이라면 억지일까? 비록 클로버 풀꽃반지라 하여도 소시민이기에 자연에서 더 많은 아름다움을 찾을 수 있다. 가진 자는 비단옷에도 웃음이 없지만, 소시민은 무명옷을 입어도 부끄러울 게 없다. 부자가 어찌 나물 먹고 물 마시고 벌판에 누워서 보는 푸른 하늘의 그 깊이를 어찌 알까?

늦녘 땅거미에 물들어
휘청 이는 거리가 우중충 합니다//
예상치 못한 찬바람에 갈잎이 흩날립니다
. . . 어두운 겨울 그는 . . . 나무그늘도 없는 횅한 자리에 님은 오셨습니다//
고이 씻은 해맑은 얼굴
환한 미소가 떠오릅니다

– 박일동의 「님의 미소」 중에서

부자는 땅거미 진 늦은 저녁에 휘청이지 않지요. 대리운전을 해서라도 돌아갈 테니까. 그러면 찬바람도 어둡고 추운 겨울도 맞대할 필요가 없겠지요. 그러나 소시민은 낙엽이 흩날리는 그 횅한 자리에 낙엽처럼 나타납니다. 그럼에도 고이 씻은 해처럼 맑은 얼굴 환한 미소가 떠오를 수 있는 건 그가 소시민이기에 누구도 헤칠 자가 없지요. 그러기에 맑은 얼굴, 환한 미소가 아름답습니다.

늙었다고 누가 말하며
낙엽이 떨어진다고 누가 탓하랴
물 먹고 바람 맞아 천리 길을 가더라도
해는 떨어지지 않으련만
. . . 동산에서 시작한 나날
사계가 춤추고 노래 불러도
멈출 수 없이 해맑은 것을 . . .

– 정인관의 「노을」 중에서

진시황은 늙는 것이 아쉬워 제주 한라산까지 동남동녀童男童女 3천을 보내어 불로초를 캐오라고 하였었지. 그래서 그들이 불로초를 캐고 서西쪽으로 귀歸환한 포浦구라 하여서 서귀포西歸浦라는 지명이 유래한 것이다. 그러나 소시민은 늙어지고 낙엽이 진들 탓하지 않는다. 그러기에 해지는 것도 탓하지 않으며 숙명으로 받을 뿐이다. 소시민은 사계四季가 춤출 때 노래 부를 수 있으니 그 어찌 해맑고 아름답지 않으랴!

별들은 너나없이 훌쭉한데
달은 만월이다//
달빛 때문에 감출 수도 없는 가난한 아내가
둥근 달을 전등 삼아
평상에서 차리는 저녁상//
둥근 소반에는 젓가락과 사기대접 뿐
하얀 대접에는 은하물결이 찰랑찰랑 . . .

– 이은재의 「달빛 저녁」 중에서

갑남을녀甲男乙女가 훌쭉한데 어쩌면 시인의 아내만 배가 불러 만삭일까? 그런 아내는 돈이 없어, 가난해서, 배가 불러서, 시장에 갈 수 없으니 차릴 게 무엇이랴! 그런 소반에 차린 것이란 사기 대접에 맑은 물 한 그릇, 그러기에 은하물결이 찰랑이는 것을 볼 수 있는 게 아닐까? 그것이 고깃국이라면 찰랑거리는 물결을 어찌 볼 것이며, 물그릇에 뜬 달빛을 떡국인양 첨벙하며 건질 수 있을까?

우륵이 만든 12곡이 번거롭기만 하고 바르지 못하다 하여서 5곡으로 줄여 버렸다. 우륵은 처음에는 화를 내었지만 그 곡을 다 듣고 난 다음에는 "즐거우면서 음란하지 않고, 슬프면서도 비통하지 않다…." 하였듯이 이은재의 달빛 저녁이 그러하다.

어릴 적/ 누나를 따라 뒷동산에 올라가면
누나는 나물보다/ 꽃을 더 좋아했다. //
. . . 활짝 웃는 누나가/살구꽃처럼 고왔다//
. . . 누나 웃음소리가/ 하얗게 날리곤 했는데
바구니엔/ 꽃 반, 나물 반/ 나는 괜히 누나를 졸라
산을 내려오고//
뒷산엔 누나대신 꽃바람이
웃음꽃을 펄펄 날리고 있었다

– 박영배의 시 「꽃은 바람을 좋아한다」 중에서

필자는 1995년부터 만주에서 20여 년을 살았었다. 만주에 봄은 눈 속에 피어나는 살구꽃으로 다가온다. 늦게 오는 만주의 봄을 제일 처음 깨우는 것이 살구꽃이다. 소매에 스치는 바람이 아직도 찬 3월, 기인 봄 한나절에 꽃구름 피어나 듯 낮은 언덕에 살구꽃이 피어나면 때늦은 만주에도 봄이 오나 싶었다.

이제는 건강상 찾는 산나물이지만 6.25를 치루고 휴전이 된 뒤에만 하여도 산나물은 보릿고개를 넘기게 해주던 고마운 것들이었다. 어머니와 누나가 들에서 캔 나물들이 쑥버무리가 되거나 범벅이 되거나 때론 국으로 반찬으로 올라올 때만 하여도 우리는 반찬을 투정하곤 하였다. 시절도 모르고.

그런 시대에도 로맨스가 있었다. 총각들이 바람을 날리고 아가씨들이 그 바람에 꽃잎을 날리던 때. 그러나 산업화 시절을 보내며 공돌이가 되고 공순이가 되어 떠나간 이들은 바람결에 '장가갔더라!', '시집갔더라!', 소식만 들릴 뿐 바람이 불어도 향기를 날릴 꽃들은 이제 이 땅에 없다. 박영배의 시편이 그렇다. 가난했지만 그땐 아름다운 추억이 있었는데. 그걸 어찌 돈으로 따질까!

소시민이기에 찾을 수 있는 희망

노을이 스며드는 이파리
짧아진 호흡으로 빛을 익혀
하늘로 향하던 손짓 거두고
. . . 저물어 촉각 세운 밤
소리를 베고 누워
시간을 센다.

- 한주운의 「가을 길목에서」

시인 한주운은 노래한다. 가을의 길목에 노을이 스며들어 단풍든 이파리는 짧아진 호흡으로 빛을 익히는데, 저물어 촉각 세운 밤, 소리를 베고 누워 시간을 헤어야 한다면 인생은 얼마나 슬플까? 그러나 '인제는 돌아와 거울 앞에 선 내 누이님같이' 자기의 내면을 살필 때이다. 그리고 나를 찾아 떠날 때이다.

'그때는 아름다웠지….'라고 그리워만 하기에는 우리의 날들이 너무 짧지 않은가? 소 키우는 건 농부에게 맡기고, 고기 잡는 건 어부에게 맡기고 이제는 '국제시장 시대'의 한 많던 소시민의 때를 청산할 때이다. 자줏빛 립스틱을 바르고 나서보자!

. . . 봄날 겨냥한 한정판,/마감 임박, 포털사이트 일순위로 떠올랐지//
별들이 되돌아가는 시간이면 경칩 풀린 바람, 품어 제운 꽃잎들
달빛의 힘으로 밀어 올린 자줏빛 립스틱은
단 한 번의 터치에도
유구한 역사를 꽃잎의 말로 내뱉겠지//
. . . 꽃바람 흔들고 지나간 나뭇가지에는 자목련 립스틱들이 펑, 펑,
하늘 향해 한껏, 입술을 밀어 올리고 있겠지

- 문현숙의 「자줏빛 립스틱」 중에서

세상은 사방팔방 오대양·육대주로 열려있다. 다만 그 길은 우리가 가보지 않은

길이이기에 아득하지만 떠나본 사람들은 안다. 그것이 오히려 우리에게 설레므로 다가오고 가슴을 열고 하늘 높이 떠오르면 우리가 살아왔던 한 많은 소시민의 세상이 저 멀리 작은 점 되어 호연지기浩然之氣로 다가오게 될 것이다.

몇 달 가슴앓이/ 곰삭아
세상여행 한다하니 가시밭 굽이진 길 . . .
손가락 새고 싶은 세월이네//
피 끓는 청춘/ 쉬엄쉬엄 앞선 시간 밟으려
 . . . 하늘 한 모금으로 헛헛함 채운다//
김빠진 세월/ 하늘에 쏟아 보는 맘 . . .

이은유「둥지를 떠난 새」중에서

어린 시절이다. 오리 알을 품은 어미 닭이 새끼들을 데리고 물가로 갔는데 오리들은 좋아라고 물로 들어가 헤엄을 치는데 오리가 물새인줄 모르는 어미 닭은 큰일 났다고 "곡곡곡곡…." 안절부절못하는 모습을 보았다. 이미 세대가 달라졌다. 자식들은 저 알라서 잘 산다. 자식을 모르는 부모는 오리새끼를 보는 엄마 닭과 같다.

자식을 보내는 맘보다 이제는 자신이 잊었던 세계, 자신이 그리던 세계, 자신이 몰랐던 세계를 향하여 나도 자유를 찾아 떠나야 한다. 삶은 우리를 속이지 않는다. 오히려 삶을 속여 온 건 우리가 아닌가? 이제 떠나자 어린 물새가 나무 위에서, 절벽에서 떨어져 이소離所할 때 비로소 세상을 만나듯.

Epilogue: 희망의 나라로 나를 찾아서!

췌장 말기 암/ 갑상선까지/ 도려낸 10년 전부터//
언제 녹을지 모르는/ 눈사람으로
. . . 이번에는 십이지장/ 위 몽땅 때내고
남은 췌장 직통 연결//

더 가벼워진/ 2차 눈사람이 되어/ 오뚝이처럼 또 살아났다
“. . . 개똥밭에 굴러도 이승이 좋다하니 좀 더 살아.”//
죽음의 그림자가 그를 일으켰다

- 정옥임의 「프로젝트 오메가」 중에서

비대한 새는 하늘을 날지 못한다. 사람 손에 길들여져 살진 닭이나 오리는 하늘을 잃은 지 오래다. 하층 소시민과 고위층인 가진 자의 종점이 다르 다. ‘마지막 장소가 어디냐?’가 다를 뿐. 비단옷으로 호사하던 부자는 땅 끝으로 갔으나 그 발아래 떨어진 부스러기를 먹던 거지 나사로는 천사 아브라함 품에 안긴다. 가벼운 새만이 하늘을 날 수 있다. 겨울이 가까울수록 짐을 더 가볍게 해야 하지 않을까? 구름 같은 인생, 또한 강물같이 흘러갈 것이라면 정마저 이제는 놓을 때가 아닌가?

으스스한 곳에 추락했지요
태풍처럼 세찬 힘이 휘감아 당깁니다
집들이 성냥처럼 얇게 포게져 있고
누구를 불러도 대답이 없습니다
고통이 칡넝쿨에 감겨 . . . 내일의 태양 아래
내일의 숙소를 찾겠습니다.

김남조의 「내일의 길」 중에서

선배시인 김남조 선생님이 노래하듯이 내일의 하늘이 오늘의 하늘과 다르고, 내일의 태양이 오늘의 태양과 다르다. 또한, 내일의 숙소인 사후死後가 오늘의 숙소인 현생現生과 다르기에 소시민에게도 소망이 있다. 만약 내일도 똑같은 태양이 솟고, 그곳의 숙소도 이 땅에서 예약할 수 있다면 이후에도 소시민의 설 곳은 없을 것이다. 그래서 예수는 “가난한 자는 복이 있나니 하나님의 나라가 너희 것이라” 하지 않던가.

바람의 헛간에서 찾은 오래된 동백의 꿈

– 제주 신이민 홍상수의 처녀 시집 출판에 붙혀

> 오래된 동백의 꿈을 찾은 바람의 헛간
> 제주에서 찾은 삶의 존재 이유-행복
> 행복을 시험하는 바람의 헛간-실려나간 바람
> 바람이 헤하지 못하는 꿈-또 다른 계절
> 마침내 찾은 피안彼岸의 세계-포구의 저녁

오랜 된 동백의 꿈을 찾은 바람의 헛간

아리스토텔레스는 "나와 타인과 세계에 대한, 과거와 미래와 나와의 관계를 통해서 자기 정체성을 정립해 나간다"고 하는 데 이런 점에서 인문학의 핵심주제는 '인간존재의 근본적 이유를 찾는다.'라는 점을 생각해보면 '자신은 어디서 왔으며, 왜 왔으며, 그 존재 이유에 대한 질문을 가질 수밖에 없다.

어떤 이는 '인간은 사회적 동물로서 본능에 따라서 산다'고 쉽게 말한다. 또한 법륜스님은 '낳으니까 존재한다', '망상 속에 존재한다'는 데[1] 어떤 이는 구체적으로 '인간이 열심히 사는 이유는 죽음의 공포 때문이다'고 유식한 척, 설득력 있게 말하기도 한다.

『동물 인문학』[2] 책에서는 배고픈 철새무리가 하늘을 나르다 구더기들이 있어 "웬 떡이냐!"하강하여 먹는데 구더기를 먹은 철새들은 날을 수 없게 된다. 철새가 먹은 구더기들은 보튤리늄균에 오염되어 정신은 멀쩡한데 온몸이 마비되어 날

---

1) 봄돌의 좋은 글에서 법륜스님의 '인간존재의 이유'란 글에서

2) 박병상 『동물 인문학』 이상북스 2015년

수 없게 된다. 동물을 통해서 인간의 존재 이유가 '욕심'이고 이로 인해서 수난을 당한다는 것을 전하려 한다.

시인은 험한 세월을 살아왔음에도 부정적 비판을 넘어 놀라운 詩的次元, 인문학적 극치를 보여준다. 그는 갑남을녀 중 한 농부로 보였지만 그의 시를 접하는 동안 내심 흐르는 눈물을 멈출 수 없었다. 그의 처녀작 『바람의 헛간』에서는 시인이 품었던 오래된 동백의 꿈이 얼마나 진실한honest지, 얼마나 인간론자Humanist인지, 얼마나 희망론자hopeist인지를 보여준다..

제주에서 찾은 삶의 존재이유–행복

시인 홍창수는 일찍이 20여 년 전 '탐라의 신 이민'이 되어 제주로 이주해 온다. 그의 유년과 젊음을 한반도 육지에서 보냈다. 산전수전을 다 겪은 시인은 어느 날 훌훌 털고 한라산이 내다보이는 조천읍 중산간에서 밀감을 가꾸며 인생 3모작을 시작한다. 그의 이러한 삶은 그의 시 「홍매화」에서 시인의 삶과 존재에 대한 이유를 찾게 된다.

산맥은 흙빛으로 굽이굽이 돌아가고
벌판에 부는 바람 차가운데/ 멍자국 성성한 홍매화
실낱같은 뜨거운 가슴
서쪽하늘 붉은 노을이/ 선채로 저물어 갑니다
내 아닌 내가 창밖에서 서성입니다
아직 닫지 않은 창입니다
닫힐 땐 삐걱 소리가 납니다
존재를 알리는 이파리/ 까닥하지 않는 오후
존재가 존재임을 알리는 소리입니다

– 홍상수의 「홍매화」에서

시인은 제주의 강풍이 산맥을 흙빛으로 굽이쳐 차갑다 하여도 홍매화는 멍

자국이 성성해도 뜨거운 가슴으로 붉은 노을을 바라본다. 그것은 시인이 꿈꾸던 노년에 찾은 행복이요, 창밖에 서성임 같이 타자인 제3자로 자아를 직관한다. 아직 닫지 않은 창이 '삐걱 소리' 내는 것은 살아 있음과 존재가치를 알리는 소리로 듣는다. 시인은 『동물의 인문학』을 초월하여 나무에게 말하며 「동백」과 「코스모스」와 대화하며 「초록그늘」에서는 나무의 소리를 듣는다.

> 나무는 말 한다/ 나무는 사람의 말을 듣는다/ 나무는 착하다
>
> – 홍상수의 「농부」에서

그의 시에는 「잎과 가지 사이에 달이 뜨고」, 그의 「아침은 이슬에 젖고」, 「바람 부는 날」에는 바람 부는 대로 「찬란한 낙엽」이 떨어지고 「끝물」의 열매 같은 시인은 결코 실망하지 않는다. 그는 시로 살아가는 행복, 시 속에서 부활의 봄을 바라본다. 시인은 시를 짓는다 하지만 그가 시를 짓는 게 아니라 시가 그를 짓고 있음이다. 시인의 자아는 가녀린 손으로 어루만지나 당신에게 보내는 연서를 보건데 절대자가 그에게 보내는 연서이기에 행복한 사람이다.

> 차갑고 긴 밤을 어둠으로 보내고
> 까칠한 세상을 가녀린 손으로 어루만지는
> 달뜨고 별지는 가지 끝에 움트는 꽃잎
> 당신이 보내는 그리움의 연서
> 오랜 이별 서러워 잊어 보려 할수록
> 영그는 꽃으로 다가 오는 당신의 모습
>
> – 홍상수의 「꽃잎의 연서」에서

이런 시인의 삶이야말로 농부로 세상을 짓는 게 아니라 농부이신 절대자가 자신을 짓고 있음을 깨닫는 신비에 이른다. 그는 서정을 노래하는 시인, 자연주의자라 하기보다 그 자신이 자연의 일부임을 알게 되었으니 그는 정말 행복한 사람이다.

행복을 시험하는 바람의 헛간-실려나간 바람

시인은 그의 집 헛간에 숨어들어 새끼 낳은 한 마리의 들고양이와 새끼들을 통하여 휴머니스트적 관찰을 하며 또 하나의 세상을 바라보게 된다. 세 마리의 새끼 중에 엄마를 닮은 한 마리는 가끔씩 오가던 낯익은 수놈을 닮았고, 한 마리는 지 엄마를 닮았다 하여도 알 수 없는 한 놈은 돌연변이로 '바람을 닮은 듯하다.'고 한다.

> ~ 들고양이가 새끼 세 마리 낳았다
> 한 마리는 어미를 또 한 마리는/ 애비를 닮은 듯 했다
> 나머지 한 마리는 바람을 닮은 듯/ 돌연변이다
> 그윽한 저녁이 자주 왔다/ 우리 집 헛간은
> 사소한 일상이 성스러워 지는
> 어미의 품이 넓고 깊었다/ 우리 집 헛간이 조금씩
> 우주 한 모퉁이를 닮아가고 있는 듯
>
> \- 홍상수의 「바람의 헛간」 중에서

시인은 사소한 일상을 통하여 행복을 시험하는 바람의 헛간을 보게 된다. 길고양이의 사랑을 통한 결실, 그런 일상을 통하여 '성스러워지고, 어미의 품이 넓고 깊음'을 본다, 그가 더 이상 설명하지 않는 것은 '하물며 인간의 일이랴!' 싶은 것이다. 시인은 바람을 닮은 스쳐 지나가는 일상을 통하여서 '우주 한 모퉁를 닮아가고 있는 듯' 휴머니즘과 그 너머의 세상사를 비교하며 깊은 애정을 보인다. 그의 시 어제의 여백을 보자.

> ~ 강이 흐르고 흐르는 것은/ 남아 있는 물이 있기 때문이요
> 산이 우뚝 솟아 있는 것은/ 더 올라 갈 하늘이 있기 때문이다
> 꽃이 아름다운 것은 지는 일이/ 남아 있기 때문이요
> 별이 아름다운 것은 지는 새벽하늘이/ 남아 있기 때문이요

내게 걸어야 할 길이 있다면
나를 더 깊이 사랑해야 하는 일이다/ 어제는 미완이다

홍상수의 「어제의 여백」 중에서

시인은 종지부를 찍지 않고 이미 지나간 어제도 여백으로 남겨 두려는 것은 행복은 언제 끝날지 모르는 일이요, 새옹지마塞翁之馬로 보는 것이다. 시인은 그러한 세상사에 결코 일희일비一喜一悲 하지 않겠다는 다짐이 있다. 그는 인생은 미완성임을 아는 초인적 삶의 경지를 보게 된다. 세상사는 언제 어떻게 변할지 모른다는 것을 이미 터득했기 때문일 것이다. 그의 시 「방파제의 사랑」에서 그의 마음을 읽어 볼 수 있다.

한발 더 가까이 가고자 /오늘도 출렁입니다
얼마나 많은 세월을/ 보내야 합니까
당신을 볼 수 있는 창문은/ 오직 바다뿐입니다
온 몸에 마른버짐 같은/ 조개껍질 붙여놓고
떠나는 하얀 포말은/ 다시 오겠다는 약속
바람 불고 파도가 덮칠 때면/ 당신이 더 힘드실까봐
나는 물미역처럼 끈적이는 바위에/ 달라붙어 있었지요//
슬픈 눈으로 바라보지 않아도 좋은
저녁노을 방파제에/ 오늘도 철썩이며/ 다가갑니다

– 홍상수의 「방파제 사랑 3」에서

바다는 가만히 있고자 하여도 흔들리는 건 바람이지 바다가 아니다. 나무는 가만히 있고자 하여도 흔들리는 건 바람이지 나무가 아니다. 시인은 그런 바람을 탓하지 않고 물미역처럼 끈적거릴지라도 바위에 붙어 파도가 넘칠 때도 철썩이며 다가가는 흔들리지 않는 믿음을 보여준다. 그런 시인이기에 하나의 자연인 나무의 생각도 읽을 수 있는 것이다.

몇 줄의 문장을 쓰기 위해/ 꽃 피고 진다//
몇 줄의 비문을 쓰기 위해/ 빗물 위에 일렁이는
한줌의 바람이 되었다//
꽃 피는 일/ 꽃 지는 일이 한 몸이거늘//
수돗가에서 삽을 씻고/ 조용히 저녁 해를 바라보는//
탈 없이 보낸 하루
감사한 마음이 내안에/ 한 송이 꽃피웠다//

- 홍상수의 「나무의 생각」에서

꽃이 피고 지듯 인생은 '몇 줄의 문장, 한편의 시'를 쓰기 위해서 존재하는 것인가? 아니면 '비문에 남길 큰일'을 위해 관심 두는 것인가? 그것은 '일렁이는 빗물'이거나 '한 줌의 바람이 돼'는 일, 하루의 일을 끝내고 수돗가에서 삽을 씻으며 조용히 저녁 해를 바라보며 무사히 지낸 하루를 감사로 꽃 피우는 시인의 모습은 밀레의 「저녁종」을 보는 듯 성스럽다.

「철새가 날아오르는 날」이거나 낙엽이 흩어지는 늦가을이거나 밤이슬 머금은 시냇물이 어둠을 싸고돌 때 「둥근 달」이 떠도는 「그리움의 밤」에도 겨울이 가고 봄이 오는 「산지천의 그리움」도 혼자 깊어가는 「가을 파도」에도 「언제쯤」 가슴팍에 파 놓고 사는지 나이 들면서 시인은 이제 「낮은 바람」 조차도 소홀이 대하지 않는다.

낮게 더 낮은 곳으로 떠밀려/ 작은 웅덩이에 몸 뉘일 때
바람이 먼저 와 있었다//
바람이 가고/ 구름이 지나 가고
돛단배 띄운 창파처럼/ 하늘이 푸르다

- 홍상수의 「낮은 바람」 중에서

행복은 '잡았다 하는 순간'에 지나가 버린다. 인간을 시험하는 바람은 항시 헛간에 숨어든 고양이처럼 슬며시 다가온다. 시인은 시간이 가고 세월이 흘러

순례자가 돌아올 시간이면 눈을 밟고 찾아오는 먼 데서 온 손님처럼 「동백꽃 피기 전에」는 흔들리는 「존재의 뿌리」를 다 알지 못하였다고 고백한다.

한없이 작아진다
스쳐간 바람 고요함이 바위처럼 무겁다/ 갈 곳 없는
시루에 떠밀려 내 발자국은 비틀거리고/ 삶은 허영이었다

한 송이 연꽃 뻘밭에 뿌리 내린 것 알지 못했다
하늘이 함부로 죽지 않는 것은/ 아직 다 자라지 않은 별들이
몸 안에 꽃 피고 있기 때문이다
수면은 새의 발자국을 기억하지 않는다

손닿지 않는 것들이/ 꽃 피우는 것을 사람들이 모른다
미소 짓는 여울처럼 부는 바람 일까
고마운 햇빛은 기름인양
깊은 화평에서 숨 쉬면서 저만치 청청한 하늘이
성결은 물줄기 되어 마음에 빗발쳐 온다

잔물결 큰 물결에/ 출렁이는 바다이기도 싶고
은물결 금물결에 반짝이는 강물이기도 싶고
걸을 수 있는 날 얼마나 될까/ 바라만 봐도 가슴이 짜릿한
사랑 할 날이 얼마나 남았을까/ 가슴이어야 하나

– 홍상수의 「들것에 실려 나간 것이 바람이었나」 중에서

시인은 타자로서 자아를 보며 작아짐을 느낀다. 그리고 지나온 삶들이 허영이었음을 알게 된다. 한 송이 연꽃이 뻘밭에 뿌리내린 것을 보듯 때로는 출렁이는 바다이거나 은물결 반짝이는 강물이고 싶고 때로는 가슴 짜릿한 사랑이고도 싶으나 그런 그의 꿈은 「들것에 실려 나간 것이 바람이었나」 싶은 것이다. 그러나 시인은 이를 통해서 새로운 세상을 바라본다.

바람이 해하지 못하는 꿈-또 다른 계절

색계色界란 불교용어로 유정有情이 머무는 세상 욕심인 욕계欲界, 색욕色欲, 식욕食欲, 재욕財慾 중 하나이다. 육계에 잡혀 사는 인간은 거칠고 정신이 흐리며 물질에 속박되어 어리석게 살아가는 중생이다. 여기에 명예욕 · 수면욕을 더하면 오욕이다. 시인은 어떻게 육계의 바람이 해하지 못하는 꿈을 만들어 가는가?

가을비가 옵니다/ 삼킬 듯 감귤 나무를 적십니다
세상이 온통 노랗게 물들고 섬을 적십니다
벌레 먹은 열매가/ 툭하고 꼭지채 땅에 떨어집니다
색계가 조용히 흔들립니다

- 홍상수의 「가을색계」에서

시인은 가을비가 과원을 물들이고 섬을 물들이는 황금빛을 본다. 그 빛은 시인의 자아를 밝히는 빛이요, 그 빛은 과원을 너머 섬을 밝히려 한다. 그런데 벌레 먹어 툭 하고 땅에 떨어지는 열매처럼 시인은 색계를 떠나려 하나 아직 마음 맞지 않은 것의 거부감을 일으키는 미세함, 진심瞋心이 남아 있는 맑은 세계가 흔들리는 지극히 인간적인 진심을 보인다.

세파에 떠 밀려 온 바람, 그런 바람이 시인을 헤하지 못하는 건 '한 시절은 가도 또한 시절이 온다'는 또 다른 계절에 대한 꿈이 있기 때문이다. 「겨울밤의 노래」에서 시인은 "산이 제 몸 풀어 그림자를 내려놓으면 뒤축 무너진 구두 한 짝 끌고 , , , 상처받은 영혼이 부르는 슬픔이라" 하지만 그는 "어둔 밤을 푸르게 푸르게 노래하리라"라는 시인의 「세밑」을 보자.

군불을 지펴도
차가운 아랫목이어라
마을을 지나 들 끝자락 겨울나무
살얼음 같은 추위를 견디는데

햇빛이 전하는 말에 귀 기울이는
나무들의 인내를 배울 수 있다면
한기보다 더 큰 외로움
얼음장 밑에 흐르는 봄을 기쁨으로 맞을 수 있을까

– 홍상수의 「세밑」 중에서

겨울을 보내며 봄을 기다리는 시인이 「입춘대길을 꿈꾸며」부르는 노래는 어떤가?

냉돌 같은 갈바람 싸고 도는 머리맡에
결승점에 막 도착한 선수처럼/ 수선화 꽃 피웠다
말 수 적은 아내의/ 기도문처럼/ 수선화는 노란 꽃 피웠다
겨우내 켜켜이 껴입은 호들갑이 못내 부끄러웠다
수선화 보이는 창문에 입춘대길 붙여놓고
열었다 닫았다 딴청을 피웠다

– 홍상수의 「입춘대길을 꿈꾸며」 중에서

시인은 결승점에 막 도착한 선수처럼 대한大寒 추위에도 입춘의 꿈을 잃지 않는다. 아내의 기도처럼, 수선화 노란 꽃처럼, 겨우내 켜켜이 껴입은 호들갑이 못내 부끄러움처럼 창문에 입춘대길을 붙여놓고 딴청을 피우는 것은 겨울을 인정하지 않음이 아니라 지나 온 계절에 못다 한 일들을 이루지 못한 아쉬움일 것이다. 「11월의 동백」에서 시인은 그 심사를 밝힌다.

볼그래 수줍은 동백꽃/ 당신은 사랑이라 했습니까
돌아보면 길 아닌 길 . . 희끗희끗 반백의 나이
넘어 가는데 이따끔/ 명치끝이 붉어지는 이 한 몸
당신은 네 탓이라 했습니까/ 첫눈 밟고 올 당신은
또 누구라 부르리까/ 철지난 옷 차곡차곡 개어 놓고
길 밖의 길 걸어갑니다

– 홍상수의 「11월의 동백」 중에서

사랑이라 한 것도 사랑이 아니었고, 길이라 한 것도 길이 아닌 것을 알았지만 이미 늦어버린 회개처럼 시인은 아쉬워한다. 붉은 죄를 씻고 다가 올 이, 첫눈을 밟고 올 그분은 또 누구라고 해야 할지 철 지난 옷을 차곡차고 개어 놓듯, 순례자의 회개처럼 내려놓고 길 밖의 길, 인간의 길이 아닌 또 다른 세상, 또 다른 계절로 나가려는 시인의 꿈을 따라가 보자.

마침내 찾은 피안彼岸의 세계-포구의 저녁

피안의 세계, 포구를 찾아, 「마음 닿는 그 곳」을 찾아 「떠나기 전」에 시인은 「오랜 서랍장」을 정리하고 비록 「우표 없는 편지」일지라도 다시 또 만날 수 없는 「오랜 이별」을 준비한다. 이것이 시인이 풀지 못한 숙제처럼 「오랜 생각이다」.

그가 우는 소리 들었다/ 실가지 바람 같기도 하고
처마 끝 낙수 물 같기도 하고
잠결에 들었을 뿐인데/ 부러진 가지 어딘가
접었던 날개 푸드덕 날아오른다

- 홍상수의 「마음 닿는 그 곳」 중에서

나이 많아도 섬 같은 외로움 하나
밖이 보이는 창문에 걸어놓고 살기도 한다//
나이 들어도 연잎 같은 그리움/ 옆구리 끼고 선잠에 들기도 한다//
나이 차서도 동백꽃 삼월 같은 사랑
심어놓은 그 생각으로 하루를 건너기도 한다//
한참을 지나서 알았지만 단 한 번도 본적 없는 이것들
모두 버려야 한다는 것을/
사라진 것들의 뒷모습은// 아름다운 여백으로 남을 것이라는

- 홍상수의 「오랜 생각이다」에서

시인이 「마음 닿는 그 곳」에서 '날개를 접는 것'이란 유정세월을 접는 것이요, '날아오른다'는 것은 피안세계로 들어가는 것이리라. 시인은 「오랜 생각」에서 섬 같은 외로움, 연잎 같은 그리움, 동백꽃 같은 사랑, '그 모두를 버려야 한다는 것을' 이미 알고 있었다. 사도 폴(Paul the Apostle)이 '나는 날마다 죽노라' 하듯이 시인은 '날마다 요단강'을 건넌다. 모두 버리고 사라진 것들의 뒷모습을 바라본다. '아름다운 여백으로 남을 것이라는' 무소유를 통하여 떠나갈 피안의 세계로 나가는 시인의 자아를 살펴보자.

어제의 시간은 뿌리 없는 나무 껍데기 같고
오늘의 하루가 걷히지 않는 새벽안개처럼
몽롱하게 해 저물어 가면
마디마디 맺힌 그리움으로 그대임을 알아차리고

코앞에 그대임을 눈으로 알아보고
먼 훗날 살아있는 나머지 끝날 무렵
홍매화 붉은 마음/ 그대 문전에 고이 접어 두리라

- 홍창수의 「붉은 마음 그대 문전에」 중에서

지금을 벗고, 지금을 버리지 않고는 갈 수 없는 곳, 피안의 세계로 가는 그 길은 만남에 앞서 헤어져야할 당신이 있습니다. 누구는 알고 있다고 말하지만, 막상 그 길을 준비하는 사람은 많지 않습니다. 시인의 지혜가 여기에 있으니 그는 피안의 세계를 알고 있기에 준비합니다. 제주는 그가 바라던 피안의 세계로 나가는 대합실 같은 곳입니다.

내 마음은 이정표 없는 낯선 길 허공을 맴돌며
하강을 모르는 새벽 안개였습니다
당신이 그리울 때 내 마음은
풀 한 포기 없는 황량한 들판
못다 핀 한 송이 수선화 꽃이었습니다

때 묻은 서랍 속의 손거울 끄집어내려 했으나
정작 당신일까 두려워 그만두었습니다
떠날 때 만남을 예기한 것은 아니었으나
그쪽에서 자꾸 바람이 불어옵니다
해지고 달 지고 일 년을 기다릴 뿐입니다
기다림은 나의 모든 것입니다.

– 홍창수의 「당신과 헤어질 때」에서

제주에서는 파도까지도 그리움으로 남는다. 이제 배표를 받아둔 그에게는 그리움까지도 두고 가는데 더 이상 무엇을 바랄까? 시인은 그의 과원에서 넘치는 자연을 맛보며 삶의 존재이유를 찾았으니 행복이요, 가만히 숨어든 들고양이의 모습에서 시인의 행복을 시험하는 바람의 헛간에서 실려 나갈 수 있는 인생이라는 것을 깨닫는다. 이제 남은 건 마지막 피안의 항구를 향해 떠나가는 것이다.

내 마음 한 켠에 머물다/ 끝내 피지 못한 들꽃 한 송이
구두 밑창 반질반질한/ 무심한 지금 길 곁에 두고
오늘도 풀 한 포기 없는/ 돌부리 자갈길을
멀리 돌아가네/ 돌부리 성성한 옆길을

홍창수의 「포구의 저녁」에서

홍창수 시인은 이번에 뒤늦은 처녀작으로 「바람의 헛간」을 출간한다. 이 시집을 통하여 시인은 이제 다 피우지 못한 들꽃 한 송이 같은 아쉬움도 바라던 「포구의 저녁」에 두고 떠나려 한다. 시인에게는 그날을 맡기에 이제 아무런 근심이 없다.

본 시집에서는 열반의 세계, 천상을 향해 나가는 시인의 아름다운 마지막 항해의 결실을 본다. 바라기는 부디 100세 촌 제주에서 남은 생애를 시와 더불어 즐겁고 건강하게 누리며 살기를 바란다. 제2, 제3시집이 출판되기를 바라며 평설로 덧붙인다.

순애보적 사랑의 비교론과 한철용의 『사랑의 영웅들』

- 제주귀양 선비 조정철과 제주의녀 홍윤애의 사랑과 교훈 -

시인·문학평론가 문희주

'순애보'라는 말인즉 사랑을 위해 모든 것을 바치는 유형의 이야기이지만 일반명사로 쓰일 만큼 유명한 소설이다. 『순애보』는 아내의 죽음을 그리워하다가 결국 자살로 끝을 맺는 한 남자의 가슴 아픈 사랑을 다루고 있다. 『순애보』는 한국 소설가 박계주의 장편소설로 일제 침략의 암울한 시기인 1938년 『매일신보』에 당선된 소설이라고 전해진다.

이 소설은 최문선과 윤명희의 자기희생적 사랑과 종교를 연결시켜 순애를 제시한다. 안쓰러운 연애의 엇갈림과 표현이 매혹적이다. 희생과 용서의 장면들로 사건이 전개된다. 전근대적 우연성은 소설적 기법과 구성에 미숙함도 보인다. 소재도 진부한 통속성에 의존하여 기독교적 휴머니즘을 표방함에도 통속적 애정과 괴리가 나타난다-Daum백과 『한국근대문학 해제집 I』

고등학교 시절 만난 괴테의 『젊은 베르테르의 슬픔』은 큰 충격이었다. 중학교 졸업시험을 치르고 제주-부산 간 여객선 아리랑호를 타고 목수질을 배우며 야간 고등학교를 다니려고 떠났었다. 그러나 주인이 약속을 지키지 않아서 제주로 돌아왔다. 새마을사업으로 목수 수요가 넘쳐 목수 일을 하며 고등학교를 다녔다. 그런 내게 사랑은 사치였고 고단한 삶이나 어려서부터 익혀 온 독서습관이 유일한 해방구였다. 그때 『젊은 베르테르의 슬픔』이 나와 동일시되었다.

독일의 시인-작가인 괴테는 이루어질 수 없는 사랑을 주제로 『젊은 베르테르의 슬픔』을 쓰게 된다. 이 소설은 친구 약혼녀를 사랑한 자신을 모델로 한 체험적 소설이다. 청년 베르테르는 변호사로 사건처리를 위해 시골로 가게 되고 거기서 법관의 딸 로테와 사랑에 빠진다. 사랑에 빠진 베르테르는 그 심사를 아래와 같이 토로한다.

> 그 지극히 사랑스러운 여인을 알게 된 경위를 차근차근 이야기하기는 어렵다. 나는 즐겁고 행복한 나머지 객관적으로 서술할 형편이 아니다. 천사를 알게 되었다! 풋, 이건 누구나 자기 여자에 대해서 하는 말이다. 안 그래? 그런데 그녀가 얼마나 완벽한지, 또 어째서 완벽한지 설명은 하지 못하겠다. 그녀가 내 마음을 완전히 사로잡았다는 말로써 충분하다.
>
> - 괴테의 『젊은 베르테르의 슬픔』 중에서

그러나 그녀의 약혼자가 돌아오자 베르테르는 공사관 비서를 자청하여 그 마을을 떠난다. 그사이에 로테는 베르테르에게 아무런 소식도 없이 약혼자와 결혼한다. 공사관 비서로 일하던 베르테르는 관료적 인습에 반항하다가 파면 당하고 다시 로테를 찾아가지만 가정을 꾸민 로테의 보살핌이 그를 더욱 슬프게 하고 끝내는 권총자살을 시도한다.

> 결심했습니다, 로테. 저는 죽으려고 합니다. 제가 그대를 마지막으로 보게 될 날 아침에 감정을 낭만적으로 과장하지 않고 차분하게 그 사실을 씁니다. 내 가장 소중한 여인이여! 그대가 이 편지를 읽을 때쯤이면 차가운 무덤이 불안하고 불행한 이 사람은 뻣뻣하게 굳은 주검을 덮고 있을 겁니다. 이제는 생의 마지막 순간에서 그대와 말을 주고받는 것보다 더 큰 달콤함은 모릅니다.
>
> - 괴테의 『젊은 베르테르의 슬픔』 중에서

베르테르는 그의 절친에게 자신의 심경을 고백하는 편지형식으로 독자를 작품속으로 끌고간다. 『젊은 베르테르의 슬픔』은 괴테 자신의 개인사를 통하여 보편적 인간사를 우리에게 보여준다. 필자도 결국 몇 가지의 원인들로 베르테르처럼 음독자살을 시도했으나 실패하였다. 그러나 중학교에 다니던 몇 친구들은 이루어질 수 없는 사랑을 자살로 끝내었다.

셰익스피어의 비극적 러브스토리인 『로미오와 주리엣』이 있다. 베로나의 몬터

규가와 캐풀렛가는 원수사이다. 캐풀렛가의 무도회에 간 로미오는 캐풀렛가의 줄리엣을 사랑하여 신부의 도움으로 비밀결혼식을 올린다. 이 일로 두 가문은 칼싸움이 벌어지고 친구가 살해되자 로미오는 상대방 티볼트를 살해하고 추방당한다. 둘은 처음이자 마지막인 밤을 함께하고 로미오는 도피한다. 줄리엣은 아버지 명령으로 패리스 백작과 결혼하나 로런스 신부가 준 약을 먹고 죽은 자처럼 안치된다. 줄리엣의 사망 소식에 로미오도 음독자살 한다. 가사상태에서 깨어난 줄리엣은 모든 진상을 알고 뒤따라 자결한다.

엘리자베스 여왕은 셱스피어를 인도와도 바꾸지 않겠다고 할 만큼 영국의 자랑으로 여겼다. 단행본은 말할 것 없고 연극. 만화, 영화, 뮤지컬, 무용 등 온갖 예술로 거듭났다. 특히 1996년 바즈루어만 감독에 의해 영화화된 『로미오와 줄리엣』은 올리비아 핫세와 레오나르도 디카프리오라는 아름다운 남녀 주인공을 통하여 새롭게 태어난다. 이 영화는 사랑과 배신, 부모의 반대와 결투, 애절한 사랑과 죽음의 스토리로 전 세계 젊은이들 마음을 뒤흔들었다.

『로미오와 줄리엣』이 오랫동안 끊이지 않고 사랑을 받은 이유가 무엇일까? 그것은 사랑의 장애가 있을지라도 뛰어넘는 즉, 사랑의 가치를 최고로 귀중히 여기므로 죽음에까지 이르는 순전한 사랑이 인간애를 감동시켰기 때문이리라. 동서양을 막론하고 세기를 뛰어넘어 사랑의 가치는 어제도 오늘도 독일이나 영국이나 한국에서도 다르지 않다.

조선시대의 대표적 연애소설 『춘향전』의 '성춘향과 이몽룡'은 한국 제1의 순애보이다. 초등학교시절 영화를 관람했던 기억이 새롭다. 독일의 대표적 순애보인 『젊은 베르테르의 슬픔』이나 영국의 대표적 순애보 『로미오와 줄리엣』의 공통점은 이루어질 수 없는 사랑이며 그 결과 자살이란 공통점으로 나타났다. 이루어질 수 없는 사랑임에도 한국 『춘향전』의 다른 점은 해피엔딩이다. 그러나 세 작품의 공통점은 픽션이다.

우리가 알지 못한 충격적인 순애보가 있다. 조선시대 정치적 희생양으로 제주도에 유배 온 조정철과 이름 없는 제주 비바리 홍윤애의 순애보이다. 위 3가지는 픽션인데 비해 『사랑의 영웅들』은 논픽션소설이다. 위 소설들은 이루지 못할 사랑의 결과로 자살을 택하나 홍윤애는 타살로 희생된다. 작품의 형식은 『로미오와 줄리엣』은 극본, 『젊은 베르테르의 슬픔』은 서간체인 데 비해 『사랑의 영웅들』은 조정철의 시詩이다.

배경	시대	소설의 제목	소설의 형식	소설저자	발전된 형식
독일	1774	젊은 베르테르의 슬픔	서간체소설/ 픽션	괴테	영화, 연극, 뮤니컬
영국	1885	로미오와 주리엣	연극극본/ 픽셔	섹스피어	영화, 연극, 뮤지컬
한국	19C	춘양전	소설/ 픽션	미상	판소리, 영화, 마당극
제주	1777	사랑의 영웅들	시문학+소설/ 논픽션	한철용	『정헌영해처감록』 시집

조정철趙貞喆(1751~1831)은 양주楊州 조씨로 자는 성경成卿· 태성台城, 호는 정헌靜軒· 대릉大陵으로 1775년(영조 51년) 정시문과에 급제하여 별검別檢이 된다. 1777년(정조 1년) 강용휘姜龍輝 등이 정조正祖를 시해하려 한 사건에 연루되어 참형斬刑을 받게 되나 우의정 조태채趙泰采의 증손임이 참작되어 제주로 유배된다. 그는 유배자로 제주도에 도착 한 후 한편의 시로 자신의 귀양 처지를 밝힌다.

온종일 발소리 끊기고
차가운 창 닫혀 고요하네
구름 밖 기러기 울며 가는데
세찬 바람소리, 두 번씩 들고 나는 조수
시골 풍속 가죽 옷 입고
절구질에 해녀들 노랫소리
고향 집은 어느 곳에 있는가
끝이구나, 꿈속에도 아득하니

조정철은 유배 생활 중에도 쉬지 않고 책을 읽고 시를 지었다. 그것은 유배생활을 잊으려는 까닭도 있지만, 책을 읽고 시를 쓰는 것이 유일한 일이었다. 그는 유배생활을 잊고 돌아갈 날을 고대하며 독서에 빠진다. 특히 『이소離騷』라는 시집을 여러 차례 읽는다. 『이소離騷』는 중국 초나라 굴원의 지은 시로 반대파들에게 참소당한다. 임금의 대면을 소원하나 기회를 잃고 시름 중에 지은 장편서정시집이다. 조정철은 그 입장이 닮았기에 좋아했을 것이다.

바다 가운데 세월은 흐르고
모든 풍상 겪느라 수염은 실타래 같다
요즘 무슨 학업을 하는가
이소를 1천 번 읽고 100편의 시를 지었네

조정철이 유배 중에 홍윤애를 만난 것은 1777년 그의 나이 27살 때이다. 제주목사는 유배인 조정철을 감시하여 두문불출시키므로 그는 학대와 기근, 슬픔과 고독 속에 근근이 살아간다. 그런 조정철의 어려움을 본 윤애 오빠는 누이 홍윤애를 그에게 소개한다. 그에게는 사막 중에 오아시스 같은 만남이었다. 그녀를 만난 후 조정철은 누에가 실을 뽑듯 윤애에게 듣거나 본 제주의 일상들을 시로 써나간다.

먼 옛날 탐라국
초와 아픔을 같이 했네
삼성신화에 남아 있고
천불은 아직도 황량한 바위
외길로 방어를 겸하고
두 개의 작은 성에 현감
성조의 빛나는 덕 아득하여
항상 돛배로 공납하리

그의 시詩에 '초楚'는 모형 초자字로 초나라를 가리킬 수도 있지만 탐라를 '가시

나무, 회초리, 아프다, 가지런히 늘어놓다'라는 뜻으로 탐라의 아픔을 느끼고 있었던 것 같다. 그리고 삼성신화, 오백장군신화도 알게 된다. 그러나 탐라의 정의군(현), 대정현은 '성조의 빛나는 덕 아득하여 항상 돛배로 공납하리' 라는 시구詩句는 제주를 한반도에 속한 땅으로 성조(조선 왕)에게 공납할 곳이라는 건 그가 조선의 충신이기는 하나 역시 육지 사람임을 느끼게 한다.

그의 시에는 탐라의 흉년과 도민의 고통, 관아가 행하는 귀양살이를 적는 중에 윤애를 알고 그녀에게 수영도 배우게 되며 제주여인들이 바다에 갈 때 입는 옷과 제주 용천수의 시원함과 남탕과 여탕이 따로 있는 등의 새로운 체험들을 하게 된다. 또한 윤애에게 조선의 정치변동과 자신의 유배 온 까닭도 밝히게 된다. 윤애와 바다를 다녀온 후 그들은 더 가까워진다.

윤애는 조정철이 귀양 생활 중에 청소와 빨래는 물론 필요한 문구와 제주전복과 빙떡 등의 제주음식을 공궤하는 등 그의 의식주를 거의 책임지기에 이른다. 그리고 그 값으로 조정철에게 천자문을 배우며 조선의 정치와 사회, 교양도 쌓게 된다. 이러한 나눔을 통하여 그들의 사랑은 깊어갔다. 조정철은 귀양살이 집주인 김윤재에게 농담처럼 말한다.

> 아무리 말 못하는 동물이라도 사랑의 시간을 가질 때는 사람이 그것을 방해하거나 때어 놓아서는 안 되는 법 아니겠소. 몸을 대하는 사랑은 신성한 것이오. 이는 자연의 섭리라오.

조정철은 김윤재에게 말하나 내심은 자신과 홍윤애의 사랑을 의식한 것이리라. 그의 말처럼 홍윤애와 술상을 대한 휘영청 밝은 밤, 스물일곱 선비와 스무 살 비바리는 잊지 못할 사랑에 빠지게 된다. 절해고도 귀양지에서 선녀를 만난 듯 조정철은 흙을 모르고 책 속에 파묻혀 살아 온 희고 말간 서울 선비다. 그런 둘의 만남은 한 쌍의 원앙이 되었다.

사람을 기다리는데 오지 않고
외로운 날 삼경이 되려는데
뒷짐 지고 텅 빈 마당에 서니
솔바람은 맑기만 하네

어디서 오는 발자국 소리인가
쓸쓸한 달빛어린 사경
서로 바라보고 한 바탕 웃고서
옷에 가득한 맑은 바람과 이슬

윤애가 오돌또기를 부르면 정철은 춤을 춘다. 윤애가 제주열녀 곽연근의 아내 김천덕의 이야기를 들려준다. 풍랑을 만나 남편이 죽었지만 그녀는 어떤 위협에도 굴하지 않고 끝까지 정절을 지켜 열녀가 되었는데 그녀의 열녀비가 있다고 하자 정철은 임재라는 이가 4개월간 제주를 일주하며 쓴 『남명소송』이라는 책에 그 이야기가 나온다 하자 윤애는 "나도 김천덕처럼 죽기까지 당신을 사랑하고 김천덕처럼 되리라"고 맹세한다.

홍윤애는 조정철의 식사와 수발, 청소와 빨래 등을 돕는 중에 그녀의 마음은 한양 선비 조정철과의 사랑이 깊어간다. 그녀는 어머니가 시집갈 때 쓰라고 생전에 마련해 준 비단 옷감까지 팔아서 조정철이 글을 쓸 수 있도록 붓과 종이를 구입하여주는 한편 필요한 서책을 구하여주기도 한다. 그리고 그에게 천자문을 배우며 둘은 사랑이 싹트고 그의 아이를 갖게 된다. 그리고 이일로 문제가 날까 싶어 절에서 몰래 딸을 낳고 두 달이 채 안 된 때이다.

조정철과 홍윤애의 깊어지는 사랑은 호사다마로 다가온다. 파당이 다른 조정철 가문의 숙적 김시구가 제주목사로 나타난 것이다. 1781년 김시구가 제주목사로 부임 한 뒤에 조정철을 음해하려고 작당을 한다. 그것은 유리안치 된 죄 없는 조정철의 죄를 만들려는 것이다. 김시구는 조정철을 잡으려고 그의 집을 드나드는 홍윤애를 붙잡아 갖은 고문을 가하게 된다. 그러나 홍윤애는 모진 고문과 협박, 회유에도 조정철과의 관계를 입 열지 않는다.

홍윤애는 김시구가 가하는 지독한 고문에도 한 가지 마음이었다. 그것은 자기가 죽어야만 사랑하는 조정철과 그 사이에 낳은 딸을 살릴 수 있다는 생각이었다. 그녀는 김시구가 가하는 고문에도 끝까지 이를 악물고 견디다 끝내는 곤장 70대를 맞고 동헌마루 대들보에 거꾸로 매단 꿩처럼 숨을 거두게 된다. 비바리로 꽃피는 20세 윤애는 결국 숨지고 만다. 그러나 조정철은 슬퍼하고 눈물 흘릴 뿐 아무런 손도 쓰지 못한 채 정의군으로 추자도로 이배 당하게 된다.

1800년, 정조가 죽고 순조가 즉위하게 되고 1805년, 조정철은 드디어 유배가 풀린다. 27세 청년은 29년간 유배 생활을 이겨낸 뒤 그 나이가 56에 이른다. 그는 해배된 후에 1809년 사간원 정원이 되고, 자기 때문에 죽음을 당한 홍윤애를 의녀로 만들고 드디어 제주 목사가 되어 부임한다.

순조 6년인 1811년, 그의 61세로 회갑을 맞던 해이다. 조정철은 제주목사로 부임하며 제주목사관으로 가지 않고 목관의 관리들의 영접도 마다하고 꿈에도 그리던 홍윤애의 묘를 찾아간다. 그리고 그의 무덤을 단장하여 비문을 세우고 넋을 위로 하며 한 편의 시를 짓는다.

옥과 향기 땅에 묻혀 오래된 지 몇 해던가
그동안 누가 그대의 원통함 저 하늘에 호소했으랴
머나먼 황천길 돌아가서 누굴 의지할까
그대의 희생적 죽음, 나와의 인연 때문
영원히 아름다운 그 이름 형두꽃 향기처럼 짙고
한 집안의 높은 절개, 자매 모두 뛰어났어라
나란히 두 열녀문 지금 세우기 어려워
무덤 풀을 더욱 푸르게 하리

홍윤애와 조정철의 사랑은 성춘향과 이몽룡, 로미오와 줄리엣 보다 더 감동적인 순애보이다. 매해 제주시 애월읍 소길리 묘역에서는 의녀 홍윤애를 추념하기 위한 추모제가 열린다. 남녀가 유별한 시대에 조정철은 신분을 초월하여 홍윤애를 사랑하였고 홍윤애는 보잘것없는 유배인을 사랑하여 굳은 약속을 지켰다. 1997

년 11월 9일, 양주 조씨 문중에서는 홍윤애의 숭고한 순애를 기려 조정철의 부인으로 입적하여 사당에 봉안식을 거행한다.

사랑의 이름을 지키기 위해 생명을 버린 사랑의 영웅, 의녀 홍윤애의 숭고한 사랑은 우리들 마음에 영원히 남을 것이다. 조정철은 유배 중에 400편의 시를 남겼다. 해배 이후 대부분은 그 쪽을 향하여 소변도 보지 않는다는데 조정철은 다시 제주목사를 지원하여 홍윤애의 묘에 참배하고 1년 후에 다시 한양으로 돌아갈 때까지 과정을 그가 지은 시집 『정헌영해처감록靜軒瀛海處坎錄』에 모두 나타나 있다.

『로미오와 줄리엣』, 『젊은 베르테르의 슬픔』, 『춘향전』이라는 픽션도 세상이 그토록 폭발적 인기를 누렸다. 그런데 조정철-홍윤애의 사랑은 이 땅 제주에서조차 아직껏 잘 알려지지 않은 것은 오히려 이상한 일이다. 이번 한철용의 『사랑의 영웅들』이란 이름으로 출판된 이 책은 여러 가지로 그 의미가 매우 크다.

첫째로 『사랑의 영웅들』은 '아직껏 발굴되지 않은 홍윤애의 살신성인적인 사랑의 발견이다.' 물질만능주의, 자기중심주의, 이기주의가 판을 치는 현실에서 타인의 행복과 이익을 먼저 생각하는 홍윤애의 이타주의적 사랑은 가히 오늘의 종교도 뛰어넘지 못할 아가페사랑의 극치를 보여준다.

둘째로 『사랑의 영웅들』은 '조정철의 인간승리를 보여준다.' 29년이라는 긴 유배생활에도 불구하고 자신의 무죄와 해배를 고대할 뿐 아니라 장군이 칼을 갈 듯, 농군이 농기구 손보듯, 선비로서 품위를 지키며 쉬지 않고 책을 읽으며 시를 지으며 결국 준비된 자로서 인간승리를 이룩하였다.

셋째로 『사랑의 영웅들』은 '조정철의 보은정신報恩精神을 보게 된다.' 사랑하는 이의 덕을 그리고 은혜를 갚은 것이다. 보편적 인간심사가 '은혜는 물에 새기고 원수는 돌에 새기는 법'인데 그는 '개구리가 되어서도 결코 올챙이적 생각을 잊지 않은 것'이다. 한양의 좋은 자리에서 끔찍한 유배 생활을 잊고 살 수도 있었지만 그는 '사랑의 약속을 끝까지 지켜 내었다.'

넷째로 『사랑의 영웅들』은 '조상의 역사를 온고지신溫故知新한 일가들'을 볼 수 있다. 양주 조씨들은 조상인 조정철의 역사를 그냥 말로 넘기지 않고 비록 사후死後라고 하지만 자신의 조상을 모시고 자녀를 낳고 위하여 죽은 홍윤애를 정실부인으로 삼은 것이다.

다섯째는 『사랑의 영웅들』은 '의녀(홍윤애)를 잊지 않으려는 제주문학인들의 노력'이다. 특히 제주의 여성문학인들은 자랑스러운 제주의 여인 홍윤애의 의녀義女됨을 기념하고 선양하기 위하여 여러 가지 활동으로 그녀를 추모하고 있음에 감사하다.

마지막으로 『사랑의 영웅들』은 조정철과 홍윤애의 이 아름다운 사랑의 스토리는 시집 『정헌영해처감록靜軒瀛海處坎錄』이 있다고 하지만 이를 '러브스토리로 엮어낸 소설가 한철용의 수고'에 감사의 박수를 드린다. 역사의 수레바퀴가 굴러가면 잊혀질 일이지만 세상에 새롭게 드러내게 됨은 정말 다행한 일이다.

특이하게도 한철용은 육군소장으로 예편한 군인이다. 군인으로서 이토록 아름다운 사랑, 이토록 눈부신 시를 독자들에게 소개한다. 이 책을 통하여 조선시대의 한 많은 제주인의 생활상을 알게 된 것은 더욱 의미 있는 일이다. 작가는 한 개인의 사랑이 한나라의 충성 기반임을 잘 알고 있어서 기쁘게 여긴다. 군인으로서 개인을 중시하는 휴머니즘이 살아 있음에 또한 박수를 드리는 바이다.

국제사회와 문화평론

신라 시인 최치원의 생애와 문학사상

들어가면서

최치원 사후 이제 천년에 이른다. 오늘날 한국문학의 뿌리는 멀리 삼국시대부터 역사상 많은 문인, 학자들이 활동해왔음을 보게 된다. 그 훌륭한 작품들이 지금까지 보존되어 온 것은 많지 않다. 그러나 신라시대의 시인 최치원의 작품을 접하게 되는 것은 정말 다행스러운 일이다.

필자는 최치원이라는 시인이 있었다는 것, 신라인으로 당나라 유학을 했었다는 것, 어쩌면 그게 필자가 알고 있는 것의 전부였는지 모른다. 그러나 1996년, 중국대학의 교수로 20여년을 살며 한국인으로 중국에서 활동했던 인물들에 대하여 관심을 갖기 시작했다. 그때 방학풍方學風이 쓴『중국고대사상유명적조선인中國古代史上有名的朝鮮人』이라는 책을 접하게 되었다.

본 평론에서는 최치원이라는 신라 시인의 생애를 살펴보고 그가 살아온 신라와 당나라에서의 활동과 고국 신라로 귀국한 이후 활동을 간추려 소개하고자 한다. 그리고 그의 작품을 통하여 그의 문학을 소개하고 그의 문학에 대하여 평가해 보고자 한다.

12살 유학생 신라 소년 최치원

9세기에서 10세기 초, 신라 땅에 이름난 문장가가 있었으니 최치원崔致遠이란 분이다. 그의 이름은 당시 신라는 물론 당나라에 이르기까지 가히 전설적으로 알려졌었다. 그 이면에는 그의 생전에 이미 신라는 물론 당나라에까지 그의 작품이 널리 알려졌기 때문이었다.

어느 정권을 불구하고 정국의 말미에는 정치적 누수 현상이 있기 마련인데 최치원이 태어나고 활동하던 당시도 천 년 역사 신라가 몰락하던 때이다. 신라는 늙어 부패하고 무능하여 백성들은 도처에서 항쟁을 일으켰으니 견훤은 후백제後百濟를 궁예는 태봉국泰封을 일으켜 한반도는 이른 바 정치적 폭풍이 휘몰아치던 때이다.

최치원은 신라 46대 문성왕 19년(AD 857)에 사량부(경주)에서 태어났다. 삼국사기는 최치원의 '집안 내력은 문헌상 알 수 없다' 하지만 한편에서 전하기로는 제6위의 신분으로 아찬阿餐이상 오를 수 없는 중등품의 육두품六頭品 가정 출신이라 하며 '그 아버지 최충은 후에 문창령文昌令으로 추증되었다'는 것은 최치원이 성공 후 높여진 직위로 보인다.[1)]

최치원은 유년시절에 이미 그 면모를 볼 수 있는 것은 그의 성격이 찬찬하고 민첩, 총명聰明하며 글 읽기를 매우 좋아하였다고 전해진다. 최치원의 뛰어난 문학적 재질은 초인적으로 인격화되어 가히 전설적이다. 『최치원전』은 어린 시절 공부를 잘하여 그 소문이 당나라 황제에게 전해져 황제는 학사學士를 보내어 나이 어린 최치원과 시구詩句로 화답하였다고 전해진다.

학사가 최치원을 보고 "물 우의 물새는 떴다가 다시 잠긴다" 하니 최치원은 "산우의 구름은 끊겼다 다시 이어진다"라고 화답하였다. 학사가 또 "새와 쥐는 왜 잭잭 하는가?" 하니 최치원은 "돼지와 개는 멍멍하고 짖는다"라고 화답했다고

---

1) 方學風, 『中國古代史上有名的朝鮮人』, 延邊, 人民出版社. p.83

한다.

하루는 재상집에서 거울을 닦다가 일부러 깨뜨리어 그 벌로 그 집의 '파경노破鏡奴-거울을 깨뜨린 죄 값으로 노예'가 되었다. 아마도 최치원이 이미 그 집 딸을 알고서 실수를 가장하여 고의로 파경노가 된 것이 아닐까 사료된다. 그것은 그 후에 최치원이 그 집의 사위가 된 것을 미루어 보아서 짐작 할 수 있을 것이다.

최치원이 파경노로 있을 때 하루는 재상의 딸이 화원에서 시를 읊는데 "꽃이 난간欄干 앞에서 웃으나 그 웃음소리 들리지 않는다" 하니 최치원은 거침없이 "새가 수풀에서 울어도 눈물을 보기 어렵도다"고 화답함을 볼 때 그의 문학적 재능이 가히 천재적임을 보게 된다.

당나라 황제는 최치원의 이름을 듣고 달걀을 솜에 싸서 석상石箱에 밀봉하여 보내며 "그 속에 무엇이 들어있는지 알아내라, 만약 알아내지 못하면 죽여 없애겠다"고 하였다. 그러자 최치원은 "석상石箱에든 것은 옥이나 금 같으나 밤마다 때를 알리는 새요, 정을 품으나 아직은 소리 내지 못하도다."고 하였다.

그러자 황제는 그 글을 받아보고 "알이란 건 옳으나 '밤마다 때를 알리는 새요, 정을 품으나 아직 소리 내지 못한다는 건 무슨 뜻인고?' 하여 그 석상石箱을 열어보니 넣어둔 달걀이 병아리가 되었다고 한다. 이에 황제는 크게 찬탄하여 최치원을 중원으로 불러들였다 한다.

이 일로 최치원은 AD 868년에 12살 소년으로 당나라 유학생이 되었다. 그는 상선을 타고 황해 바다를 건너 당나라 유학을 나서게 된다. 그 아버지는 당나라로 떠나는 아들에게 "네가 만약 10년 안에 과거급제를 못 하면 내 아들이 아니다. 가서 열심히 공부하라"고 전해진다.

최치원은 당나라에 도착하여 공부하면서 현지의 많은 문우文友들을 사귀게 된다. 그중에는 강동의 시인 나음羅陰과 동갑내기 시인 고운顧雲도 있었는데 고운은 아래와 같이 최치원을 찬양하는 시를 지었다.[2)]

---

2) 方學風,『中國古代史上有名的朝鮮人』, 延邊, 人民出版社. p.86~87

열두 살에 배 타고 바다 건너와
그 문장이 중국 천지 진동시켰네.
열여덟 과거 시험장에 들어가
한 살로 장원과녁 쏘아 맞혔네.

그리고 고운은 자기의 「헌시계獻詩啓」 글에서 최치원의 시문을 "고래가 바다 물결을 뽑는 듯하고 문장의 기세인즉 날카로운 검이 은하수銀河水를 의지하여 서 있는 것 같다"라고 극찬하였다. 이처럼 최치원은 열두 살 소년으로 외국 유학생이 되었지만, 공부만 하는 샌님이 아니라 행동하는 문장가였음을 보게 된다.

향수를 노래하는 당나라 관리 최치원

소년 최치원은 당나라 서울 장안(현재 중국 西安)에 이른 후 아버지의 엄한 훈계를 명심하여 스승을 모시고 부지런히 공부한다. 그리하여 당나라 유학 6년 만인 18세(874년)에 예부상서禮部尙書가 주관하는 빈공과賓貢科에 장원급제하게 된다.[3] 빈공과는 당나라에서 외국인 유학생들을 위하여 설치된 과거였다.

당나라 과거에 합격한 소년 최치원은 낙양洛陽에서 학문연구와 시 창작에 열중하다가 20세가 되던 해 선주 율수현宣州溧水縣(중국 강소성 강녕) 현위縣尉가 되었다. 그는 율수현에서 4년간 지방 관리로 재직하였다. 이 시기 최치원은 선주宣州에서 생활하며 여러 작품을 쓰게 된다. 그러나 이미 얻은 지식에 만족하지

3) 당나라 때 개설하여 원대元代에는 제과란 이름으로 시행되다 명대에 폐지된다. 우리나라 유학생 중 급제한 사람이 많았다. 7세기 중엽 신라는 귀족자제를 당에 파견하여 장안에 머물게 했다. 이들은 당의 관직을 제수받고 학문과 외교업무도 참여하였다. 이후 유학생이 늘며 빈공과 합격자도 생겨났다. 신라 골품제로 관계 진출에 제약받던 육두품 출신들의 빈공과 응시자 중 대표 인물은 최치원·최승우·최언위 등이다. 820년(헌덕왕 12년)~906년(효공왕 10년)까지 빈공과 합격 신라인은 58명, 그 후 발해를 포함하여 32명의 급제자 기록이 있다. 고려 때는 본국의 과거 합격 후 다시 유학하여 송나라 빈공과에 급제 후 귀국하여 활동했다. 원대 제과에 합격한 인물은 최해·안축·이곡·이색 등이 유명하다. 참조: 인터넷 Daum백과

않고 더 높은 지식을 얻기 위해 현위縣尉를 내려두고 박학홍시과博學鴻試科에 응시하기 위해서 다시 진학한다.

최치원이 당나라 체류기간 중 업적은 그의 창작과 관련이 있다. 그는 진사과進士科에 급제할 때까지만 해도 한 상자에 달하는 시부詩賦[4]를 창작하였고 율수현 현위로 있을 때도 끊임없이 창작에 힘써서 『중산복궤집中山覆匱集』 5권을 씀으로 그 이름을 크게 떨쳤다. 당나라의 『육조사적六朝事績』에 오른 「쌍녀분기담雙女墳奇談」도 이 시기에 작품으로 7언율시 형식으로 쓰였다.

誰家二女此遺墳
수가이녀차유분: 여느 집 두 여인이 이 무덤에 묻혔을까
寂寂泉扃幾怨春
적적천경기원춘: 스산한 구천에서 얼마나 봄 기다렸으랴
形影空留溪畔月
형영공류계반월: 부질없는 모습 시냇가 달빛에 어리는데
姓名難問塚頭塵
성명난문총두진: 분토 덮인 무덤 앞에 이름 묻기 어려워라
芳情儻許通幽夢
방정당허통유몽: 꽃다운 정 꿈에라도 아련히 나눈다면
永夜何妨慰旅人
영야하방위려인: 나그네 기인 밤 위로함 무에 허물일까
孤館若逢雲雨會
고관약봉운우회: 외로운 여관 운우의 정 나눌 수 있다면
與君繼賦洛川神
여군계부락천신: 서로 시를 나누며 낙천원혼 노래하리[5]

---

4) 부(賦fu)는 주관적, 서정적 '소騷'와 달리 묘사와 해설이 사용되었다. 그 운율은 소에 비해 자유롭고 운의 양식은 덜 제한적이다. 부는 순수산문 영역이 아닌 시와 산문의 중간형태다. 송대 구양수와 소동파에 이르러 그 수준이 현격히 높아졌다. 이들은 부를 시보다 산문 쪽에 더 가깝게 했으며, 철학적 관심사 표현에 이용했다. 한국은 최치원이 최초로 김부식·이규보·이인로·최자·이색 등의 작품이 있다. 다음백과, Daum

5) '낙천의 원혼'이란 옛날 복희씨의 딸 복비라는 여인이 낙수洛水를 건너다 빠져죽어 물귀신이 되었다는 전설에서 온 말이다. http://cafe.daum.net/gobangseyee

최치원이 율수현 현위로 재직하던 어느 날 남쪽으로 백 십 여리 되는 곳의 초현관招賢館이란 여관에서 쉬고 있었다. 마침 그는 초현관 앞에 『쌍녀분』이란 고분古墳 두 기가 나란히 안장된 것을 보게 된다. 최치원은 사람들에게 그 무덤의 유래를 물었으나 아는 이 없어 이 시를 짓게 되었다.

최치원이 쌍녀분 시詩로 조문을 드리던 밤 두 여인이 그에게 나타나 사례한다. "우리 자매는 어려서부터 얼굴이 예쁘고 글재주가 있어 장래 행복을 꿈꾸던 터에 재물에 눈 어두운 부모의 강요로 마음에 들지 않는 사람에게 출가하게 됨을 한탄하여 자살 하였다"는 것이다. "당 현종 때에 이곳에 묻힌 뒤 아무도 찾는 이 없어 외롭게 지냈는데 오늘 그대가 좋은 시로 조문해주니 매우 감사하다"며 밤새도록 함께 놀다가 새벽녘에야 돌아갔다고 한다.

이같이 최치원의 시는 능히 한을 품고 죽은 두 여인의 혼마저 감동하게 했다고 전해진다. 이렇게 신화로 이루어진 시 「쌍녀분」의 전설을 통하여 보건데 최치원의 시재주가 매우 고상함을 알 수 있다. 그래서 그의 시는 당나라에서도 손꼽히는 걸작이 되었다.

황소농민봉기가 일어나자 최치원은 토벌군 사령의 종사관(從事官-서기관)으로 4년여간 격서檄書 등의 정론적 성격의 글들을 도맡아 썼다. 『격황소서檄黃巢書』는 황소에게 보내는 대표적 격문이다. 그는 당시 『계원필경桂苑律耕』 20권을 쓴다. '필경'이란 진중陣中에서 문필로 생계를 유지했다는 뜻이라고 스스로 설명한다.6)

최치원의 실체는 『신당서新唐書』 예문지藝文志의 『계원필경』 20권과 『사륙문집』 1권, 『삼국사기』의 『최치원전』에서 말하고 있다. 『최치원문집』 30권이 세상에 알려졌는데 그중 오늘까지 전하는 것은 『계원필경』 일부와 조선시대 서거정徐

---

6) 「토황소격문討黃巢檄文」은 최치원이 당나라 관직에 있을 때 '황소黃巢의 난'을 치기 위하여 지은 격문檄文이다. 그 내용은 그의 시문집 『계원필경桂苑筆耕』에 실려 있다. 소금장수였던 황소黃巢가 장안을 점령하고 스스로 황제를 칭하자(875~884), 회남절도사 고변高騈은 이를 토벌하러 나가며 최치원을 종사관으로 발탁했다. "황소가 읽다가 너무 놀라서 침상 아래로 굴러떨어졌다"라는 일화가 깃든 유명한 글인 「토황소격문」이 쓰인 때는 881년(헌강왕 7년)이다.

居正이 편찬한 『동문선東門選』에 수록된 100여 편의 시문들은 『태평통재太平通載』에 실린 「쌍녀분雙女墳」 뿐이다.

그중에 『계원필경』은 조선에서 지금까지 보존되어 온 가장 오래된 시집으로 알려지며 멀리 일본에도 『대일본속대장경大日本續大藏經』에 최치원이 지었다는 4개 절 당의 비명碑銘을 모은 것이 수록되어 있다고 한다.

최치원은 비록 당나라에서 직위를 가지고 살며 많은 문우와 교류했었다 해도 고향을 바라는 그의 마음은 그의 시를 통하여 아련히 향수를 느끼게 한다. 그의 시 촉규화(접시꽃)도 이국땅에서 괄시당하는 그의 심정이 잘 나타나 있는 오언율시 형식의 시이다.

寂莫荒田側 적막황전측: 거친 밭 언덕 쓸쓸한 곳에
繁花壓柔枝 번화압유지: 탐스런 꽃송이 가지 눌렸네
香輕梅雨歇 향경매우헐: 장마비 그쳐 향기 날리고
影帶麥風의 영대맥풍의: 보리 바람에 그림자 흔들리네
車馬誰見賞 거마수견상: 수레와 말 탄자 그 누가 보아 주리
蜂蝶徒相窺 봉접도상규: 벌 나비만 부질없이 엿보는구나
自慙生地賤 자참생지천: 천한 땅에 태어나 스스로도 부끄러워
堪恨人棄遺 감한인기유: 사람들에 버림당해도 참고 견디네

촉규화는 이방 땅에서 보는 시인의 자화상이다. '적막황전측寂莫荒田側'은 이국땅 당나라에서 외롭게 살이 가는 이방인으로서 소외감을 보게 된다. 그러나 '번화압유지繁花壓柔枝'는 서정적 자아의 표현으로서 화자인 최치원의 고결한 학문적 경지를 보게 되는 데 '향경매우헐香輕梅雨歇'은 쉼 없이 매진하는 진취성으로 터득한 완숙한 학문적 경지를 보게 된다.

거마수견상車馬誰見賞에서 '수레와 말 탄 사람' 자신은 귀인들이 보아줄 수 없는 이방인이나 '영대맥풍의影帶麥風'는 '장마비 그쳐 향기 날린다'라는 시구처럼 흔들리며 피어나는 '봉접도상규蜂蝶徒相窺'는 벌 나비처럼 하찮은 사람들만 부질없이 기웃거린다. '자참생지천自慙生地賤'은 천한 땅(변방 신라)에서 태어나

대국에 머무는 신분으로서의 소외감일 것이다. 그는 스스로 부끄러움에 '감안인기유堪恨人棄遺' 버림받아도 참고 견디는 시인의 체념을 보게 된다.

촉규화(접시꽃)는 시골 울타리에 피어나는 흔한 꽃이다. 시인은 이 접시꽃을 비천한 시골 처녀들의 아름다움을 서정적으로 제이의 자아第二的自我로 몸과 마음을 비유한 시이다. 시인은 이러한 천한 몸과 마음으로 태어났기에 세상에서 버림을 당하는 자신의 처지를 동정하여 쓴 시로 사료된다.

최치원은 당조에서 높은 벼슬과 대학자로서 큰 명성도 얻었다. 그러나 조국과 고향이 그리울 때마다 향수를 노래하는 많은 서정시들을 썼다. 거기에는 조국의 그리움과 애국주의적 감정이 흘러넘친다. 『산양에서 고향 친구와 헤어지며』·『새바람』·『바닷가를 거닐며』·『고국으로 돌아가는 길에 봄을 맞으며』 등은 향수 어린 작품들이다. 아래 『비 오는 가을밤』이란 시는 깊어가는 가을밤 먼 이국땅에서의 그 심정을 노래한 오언율시이다.

> 秋風惟苦吟 추풍유고금: 가을바람 스산한데 쓸쓸히 노래하느니
> 擧世少知音 거세소지음: 세상사람 그 누구도 알아줄 이 없어라
> 窓外三更雨 창외삼경우: 창밖엔 밤늦도록 궂은비만 나리는데
> 燈前萬里心 등전만리심: 등불아래 고향생각 만 리 길 달려가네[7]

『비오는 가을밤』과 비슷한 자신의 처지를 그린 시 「봄바람」 또한 최치원이 이국 땅 당나라에 살면서 조국에 대한 그리움을 노래한 향수어린 작품이다. 이 시의 형식도 오언율시로 쓰인 서정성 짙은 작품이다.

> 知爾新從海外來
> 지이신종해외래: 봄바람아 바다건너 저 먼 나라에서 불어 왔느냐
> 曉窓吟坐思難裁
> 효창음좌사난재: 새벽 창가에 앉아 우짖으니 마음잡기 어렵구나
> 堪憐時復攄書幌

7) 方學風, 『中國古代史上有名的朝鮮人』, 延邊, 人民出版社. p.89

감련시부감서황: 안타까이 이따금 다시 서재의 커튼을 흔드니
似報故園花欲開
사보고원화욕개: 고향 동산의 꽃 핀 소식을 알리는 듯하구나

타향에서 고향을 그려보지 못한 이가 어찌 탁상 위에서 향수를 논할까! 오랜 세월 이국땅에서 나그네 되어 고국을 그려보지 않은 이가 어찌 애국을 논할까! 최치원이 살던 때는 서신조차 쉬 오갈 수 없던 때이다. 필자는 이십 대에 외항선원으로 아프리카 다마타브 항구에서 썼던 시가 떠올랐다.

갓 따낸 싱그러움이 일고 있었다 연록의 뜰, 그 너머 진록의 가로수,
또 너머 청록의 숲, 그 너머 남록의 산, 산 너머 피어오르는 향수,
내 고향 들과 바다가 살아 숨 쉬고 있었다. ~ 하략

– 문희주 『갈매기의 꿈』 중 「다마타브 다마타브」 에서

필자는 50여 년간 외국생활을 해 왔다. 20대에는 외항선 선원으로 40대부터 얼마 전까지는 중국에서 20년 동안 교수로, 타이완에서 2년여, 태국에서 4년여를 지내며 아시아 일대를 순례하였다. 그중에 가장 안타까운 건 중앙아시아에 사는 고려인들이다. 1945년 일본과 동맹국의 항복으로 제2차 대전은 끝났다. 구소련에 살던 이들은 모두 본국으로 돌아갔다.

한 무리의 비둘기 떼 하늘 맴돌다 지붕 위에 내려앉자 장미꽃이 피더라
북에서 온 이는 북으로 가고 서에서 온 이는 서로 가는데 동에서 온
이들만 아리랑 불면서 밭을 갈더라

– 『문희주 실크로드 II』 중 「산 넘어 신작로 길」

러시아인들은 러시아로, 독일이나 이스라엘에서 온 이들도 자기 땅으로 돌아갔다. 그러나 연해주에서 집단 이주당한 한민족들은 남한도 북한도 돌아갈 수 없었다. 70여 년, 증손자를 보기에 이르렀다. 1988년 올림픽을 개최하며 비로소 고국을 알게 되었다. 최치원도 귀국을 앞두고 『벗의 제석 소감에 회답함』이라는

시에서 향수 어린 감정을 토로한다.

> 그대와 상봉하여 노래 나누매
> 흐르는 세월 탓하여 포부 꺾이랴
> 동풍 타고 귀로에 오르는 행운
> 꽃피는 시절에 계림(신라)에 이르리[8)]

최치원은 자신의 호를 고운孤雲, 해운海雲, 해부海夫라고 썼는데 그의 호에서 보듯이 시인은 고독하였으며 바다와 구름 속에 나그네로 살아왔다. 최치원의 시는 이방인으로 살아 온 자신의 삶과 자연을 노래하는 서정 시인이다.

최치원 시인의 귀국과 문학사상

최치원은 당나라에 체류한 지 16년만인 28세 되던 AD 885년 봄 당나라의 벼슬을 버리고 신라로 귀국한다. 이때 당나라 희종은 신라왕에게 최치원을 '사절 신분으로 귀국시킨다.'라는 조서를 보낸다. 12살 철부지소년은 당나라에서 성공하고 금의환향하며 조국에 헌신하려는 열정으로 귀국한다.

최치원은 귀국 후 국왕의 시독侍讀 겸 한림학사翰林學士, 병부시랑兵部侍郎, 지서감사知瑞書監事로 임명을 받는다. 그는 기울어 가는 신라를 되세우려 힘쓰나 당쟁의 격화로 궁을 떠나게 된다. 그 뒤 최치원은 전북태산군全北泰山郡, 충남당진군忠南唐津郡, 부성군富城郡의 태수직을 역임한다.

그는 진성여왕 7년인 AD 893년 당나라 하정사賀正使로 가려 하나 농민봉기로 교통이 차단되어 가지 못한다. 그러나 그는 나당 간의 친선과 문화교류에 계속 기여한다. 그는 신라에서 아찬阿餐 벼슬을 받는데 6등품六等品으로 승진할 수 있는 최고급 위치였다. 그러나 중앙권력은 부패하여 그가 제기한 시책을 반대하고 배척하고 모해하였다.

---

8) 方學風, p.90

이일로 최치원은 중앙정계에서 물러나 후삼국后三國으로 사분오열하는 조국의 처지를 개탄하며 벼슬을 단념하고 방랑하게 된다. 그리고 명승 사찰을 순례하다 가족과 함께 가야산해인사伽倻山海印寺로 들어가 중이 된 형제들과 도우道友하며 은거생활로 들어가는 데 그의 나이 겨우 40 불혹의 나이였다.

> 승이여 청산이 좋다 말 하지 마오
> 산이 좋다면 어찌하여 다시 산을 나서오
> 두고 보시오 어느 날 내 종적이 어떻게 될 것인가
> 한번 청산에 묻히면 다시는 돌아오지 않으리[9]

최치원은 그의 시처럼 가야산으로 들어가 은거하며 도우道友들과 여생을 보내며 끝내 속세로 나오지 않았다. 그가 가야산으로 은거한 뒤 행적은 기록에 나타나지 않는다. 그러나 경순왕敬順王 2년인 AD 928년 후백제 견훤甄萱에게 보낸 왕건王建의 격서檄書를 대필했다는 것으로 보아 가야산에 은거한 후 30여년은 더 생존하였을 것으로 추측된다.

박지원은 그의 저서『함양군학사루기』에서 "아아, 고운孤雲이 중원에서 벼슬할 때는 당나라가 어지러울 때이고 귀국 후에는 신라도 운을 다하니 천하를 두루 다님이 하늘가에 한가로운 구름이 무심히 떠다님 같아서 벼슬자리 호강을 헌 신짝같이 여겼다"고 소개한다.

김부식은『삼국사기三國史記』중『권 제46, 열전』에서 그의 불우한 생애에 대하여 "최치원은 당나라 벼슬에서 귀국했으나 어지러운 세상을 만나 한탄하고 다시 벼슬에 뜻을 두지 않고 속세를 떠나 떠돌며 송죽松竹을 심고 책을 쌓고 음풍영월하였다."고 전한다.

후세사람들은 최치원의 작품을 찬사하며 조선문학의 시조로 높이 평가한다. 최치원의 문학은 현존하는 가장 오래된 문학유산으로 또한 한중문화교류에 크게 기여하였다. 그러나 이경선李慶善은 '최치원이 95세인 광종光宗 2년, AD 961년

---

9) 위의 책 p.92

에 명을 다하였다고 전한다. 아래 칠언율시로 쓰인 「호중별천壺中別天」은 최치원의 삶의 자리를 잘 관찰할 수 있는 작품일 것이다.

東國花開洞 동국화개동: 동방 나라의 화개동은
壺中別有天 호중별유천: 항아리 속 별천지라네
仙人推玉枕 선인추옥침: 선인이 옥침혈을 밀어내니
身世欻千年 신세홀천년: 이 몸과 세상이 문득 천년이라

春來花滿地 춘래화만지: 봄 오는 땅에 꽃은 만발하고
秋去葉飛天 추거엽비천: 가을 가니 하늘에 낙엽 날리네
至道離文字 지도리문자: 지극한 도는 문자에 있는 게 아니니
元來是目前 원래시목전: 원래부터 이는 눈앞에 있었다네.

擬說林泉興 의설림천흥: 자연에 흥취 있다고 말들 하지만
何人識此機 하인식차기: 어느 누가 이 기미를 알겠는가.
無心見月色 무심견월색: 무심히 달빛을 쳐다보나니
默默坐忘歸 묵묵좌망귀: 묵묵히 앉아서 돌아갈 걸 잊었네

密旨何勞舌 밀지하노설: 천지의 비밀전해 어찌 혀를 수고롭게 하랴
江澄月影通 강징월영통: 강이 물버리니 달빛그림자 내 마음과 통하네
長風生萬壑 장풍생만학: 흩날리는바람은 수많은 골짜기에서 일어나니
赤葉秋山空 적엽추산공: 붉은 잎 가을 산과 하늘이라네[10)]

최치원의 시 「호중별천壺中別天」는 '호리병 속의 별천지'라는 말인데 화개동천은 '단지 속의 하늘이란 뜻'으로 주위가 산으로 에워싸여 마치 하늘이 단지 속에 갇힌 것처럼 아늑하고 오붓하니 어머니 품 같아서 별천지라고 말한다.

이곳은 지리산 서쪽의 전라도와 동쪽의 경상도가 경계를 이루는 쌍계사, 칠불사 골짜기에 이른다. 여기는 겨울에도 칡꽃이 핀다하여 '화계동천'이라 하였다. 최치

10) http://blog.naver.com, 김창모

원은 그 생애 말기에 쌍계사 경내에 사산비四山碑를 새우고 화계동천을 자주 드나들며 시를 읊었다고 전해진다. 아래는 그의 시 중에 유명한 또 한편의 오언율시로 쓰인 「범해泛海」라는 시이다.

掛席浮滄海 괘석부창해: 돛 걸어 망망 바다에 배를 띄우니
長風萬里通 장풍만리통: 기인 바람불어 만 리로 통하네
乘槎思漢使 승사사한사: 뗏목 띄워 중국에 보내어 보고
採藥憶秦童 채약억진동: 약초 캐는 진시황 아이를 그리네
日月無何外 일월무하외: 해와 달빛에 어찌 밖이 있고
乾坤太極中 건곤태극중: 태극 속에 하늘과 땅 있으랴
蓬萊看咫尺 봉래간지척: 지척 간에 봉래의 신선이 있어
吾且訪仙翁 오차방선옹: 이차에 신선 옹을 찾아 가느니[11)]

필자도 바다를 주재로 수많은 시를 써왔다. 그런데 최치원이야 말로 한국인으로 제일 처음 바다를 주제로 한 시가 곧 「범해泛海」라 한다. 배를 타고 바다 건너 먼 나라로 가던 사신使臣은 덧없는 욕망 때문에 불사약을 찾아 헛된 세월을 보낸 진시황의 사람들을 생각한다. 그러나 최치원은 그저 무욕세상의 신선이 되고 싶다는 내용이다.

그는 6두품 출신으로 당나라 유학 후 귀국하여 진성여왕에게 시무책을 올려 〈아찬〉에 오르나 정계를 떠나 자연으로 돌아갔다. "무릇 바른 것을 지키고 떳떳함을 행하는 것을 도道라 하고 위험한 때를 당해서 변통하는 것을 권權이라 한다. 지혜로운 사람은 때에 순응하여 성공하지만 어리석은 자는 이치를 거슬러 패하는 법"이라 한다.

최치원은 학문과 문학에 많은 업적을 남겨서 문인들은 그를 '동국문종'이라고 추앙한다. 그래서 가야산으로 들어가 신발만 남긴 채 신선이 되었다고 전해져 후세들은 그를 '유선儒仙'으로 불린다. 그는 유불선의 뿌리인 신교神教에 심취하

---

11) http://blog.naver.com. Crystal Ball.

였다고 전해지기도 한다.

일찍이 그는 "나라에 현묘玄妙한 도道가 있으니 풍류風流라 한다. … 실로 세 가지 종교를 를 접하여 모든 생명을 감화시키는 것을 '접화군생接化群生'이라" 하는데 그는 실로 가야산으로 들어가 신선이 되어 사라졌다고 전해진다.

나가면서

신라인 최치원은 12살 소년으로 중국에 까지 그 이름이 알려져 당나라 유학길에 오른다. 그는 문학의 귀재요, 파경노로 사랑하는 여인을 얻을 만큼 목적을 위해서는 처지를 비관하지 않고 나서는 목표지향적 인물이요, 지혜자이다.

그는 당나라 국비장학생으로 유학하고 당나라 관직에 올랐으나 이방인으로 한계를 느끼게 된다. '황소의 난'을 겪으며 인본주의자로서 자신을 보게 된다. 그래서 귀국하여 신라개혁을 바랐지만 6두품의 최상인 아찬까지 올랐으나 그 이상 승진할 수 없는 처지에 자신의 한계를 다시 알게 되었으리라.

그의 시는 서정성이 짙어서 독자를 시속으로 끌고 간다. 그러나 세상은 그를 몰라주어서 결국 민족적, 정치적, 사회적 한계를 벗고 자연으로 돌아가게 된다. 그의 시 「호중별천壺中別天」은 자연에 취하여 계절과 천지의 비밀을 캐며 문학과 철학의 길을 찾아 나서니 신선처럼 전설이 되어 사라져 버렸다.

그는 사량부(경주)라는 병 속에서 세상의 중심인 당나라까지 이르러 대륙에서 큰 뜻을 펼치고 싶었지만 이룰 수 없었다. 그래서 귀국하여 모국에서 그 뜻을 펼치려 했으나 이 또한 이룰 수 없어 결국 자연으로 들어간다. 그러나 그곳도 한갓 호리병에 지나지 않았고 그 속에 갇힌 듯했으나 결국 신선이 되어 사라진다.

필자는 최치원의 생애와 작품을 보며 가슴이 짜안했다 마치 나를 보는 것처럼 … 이 가을 나도 떠나고 싶다. 최치원처럼, 김삿갓처럼 떠나기를 바라는 것은 다만 나뿐 아니리라 아마도 모든 문인의 마음이 아닐까? 가을을 맞으며 바람 따라 낙엽 따라 옷깃을 세우고 sentimental하게 …

이백의 고향과 그의 詩 속에 나타난 고선지 장군의 발자취

들어가는 말

2018년 필자의 여름은 중앙아시아 4개국인 타지크스탄, 키르기스스탄, 카자흐스탄, 우즈베키스탄 여정의 특별한 의미가 있었다. 그것은 중앙아시아에 대한 '미션리서치 Mission Research'와 카자흐 알마티서 열리는 '실크로드미션컴퍼런스 Silk-Road Mission Conference'에 참석하는 것이 주된 목적이었다.

그러나 참새가 방앗간을 그냥 못 지나가듯이 순례자의 일상에 호사이기도 하고 문학인으로서 여행지의 문학과 역사를 함께 볼 수 있는 인문학적 관심을 가지고 관찰하는 것 또한 의미 있는 일이었다.

중앙아시아의 기후특성을 사막기후라 한다면 얼른 이해가 갈 것이다. 중앙아시아는 위도상으로는 한반도와 별반 차이나지 않으나 겨울은 한반도보다 혹독하고 여름은 한반도보다 더 뜨겁다.

중앙아시아의 기후 중에도 도시의 기후는 오아시스를 중심으로 생겨난 도시들이기에 그 나름의 다른 삶의 모양을 가지고 있었다. 비행기에서 내려다보는 중앙아시아의 도시들은 우거진 수풀 속에 숨겨진 푸른 보석처럼 반짝거린다.

한국인으로서 중앙아시아의 여행 중 잊을 수 없는 관심은 고구려 유민으로 당나라 장군 고선지를 빼 놓을 수 없을 것이다. 필자는 두보의 시 속에 나타난 고선지 장군의 발자취를 찾는 한편 이번에는 두보杜甫와 함께 당나라 시문학에 양대 기둥인 이백李白의 고선지 장군에 대한 시를 찾아보고자 한다. 그러나 고선지 장군의 개인사와 당나라에서의 전승사에 대하여서는 다 거론하지 않고 장군의 고향에 대한 이백의 시에 초점을 맞추려고 한다.1)

어쩌면 고선지는 패전국 고구려 장군이나 한국인들에게는 따끔거리는 중앙아시아 사막 중에 오아시스처럼 시원한 존재이다. 사막의 뜨거움에 흘러내리던 땀방울도 오아시스 도시 속에 들어서면 언제 그랬느냐는 듯 잊어버린다.

그처럼 고선지 장군의 승전가도 달라스 전투의 패배와 간신배들의 모략에 참수 당하듯 그의 전설도 눈물로 우리의 가슴을 서늘하게 한다. 그러므로 필자의 이글은 이러한 고선지 장군의 한을 다소나마 씻는 기회가 되기를 바라는 바이다.

당나라 문단에 나타난 이백의 시작詩作과 족적足跡

사람들은 두보杜甫를 시성詩聖이라고 하고 이백李白/이태백을 시선詩仙이라 할 만큼 이백은 동시대의 인물인 두보와 더불어 중국 문화상 가장 걸출한 낭만주의 시인이다. 이백의 성격은 소탈하여 권력에 아부하지 않고 자연과 더불어 세상과 정치를 논하였다. 그래서 사람들은 이러한 그를 가리켜 시선詩仙이라고 할 법하다.

현재 전하는 이백의 시는 1,100여 편이나 시를 제외한 기록들은 정확히 전해지지 않는다. 이백의 아버지는 서역西域의 호상으로 알려졌는데 그는 촉蜀나라에서 어린 시절을 보낸 것으로 알려졌으나 어느 한곳에 머무르기도 했으나 오래 지낸 적은 없었고 두보를 비롯한 동시대 많은 시인과 교류하며 중국 각지를 유람하였다고 전해진다.

---

1) 제주문학 76호 필자의 평론인 '두보의 고도호총마행 전승가와 고선지 장군의 발자취'에서는 고선지 장군에 대하여 소개하고 있기에 참고하기 바란다.

이백은 당시 정치적으로 매우 부패하여 불만이 많았다. 그는 43세에 황제의 부름을 받고 관직에 나섰으나 궁정시인으로서 시만 지어 올릴 뿐 뜻을 펼칠 기회 없어 실망하여 궁정에서 술에 빠져 지내다 결국 쫓겨나게 되었다. 이후 난에 휘말려 옥살이와 유배와 구명의 과정을 거쳐 다시 방랑하다가 노년에는 친척 집에 의탁하여 외로이 병사하였다고 전해진다.

이백의 시풍은 당시 유행하던 정형시의 구조로 당나라와 조선에도 흔히 쓰이던 시풍으로 자수율에 지배를 받는 오언율시나 칠언율시들이다. 아래의 '여산폭포를 바라보며'는 칠언율시이며, 「정야사」는 오언율시로 쓰여졌다.[2]

그의 시는 말이 시가 되는 즉흥시인 반면 두보의 詩作과는 아주 다르다. 두보의 시는 세심하게 보석을 다듬는 것이라면 이백의 시는 자연 속에 숨겨진 원석을 캐듯 가공되지 않은 즉흥시의 대가이다. 여기서 「여산 폭포를 바라보며」 라는 이백의 7언 율시를 살펴보자.

> 日照香爐生紫烟
> 일조향로생자연: 향로봉에 햇살 들어 붉은 안개 피어나는데
> 遙看瀑布掛前川
> 요간폭포괘전천: 멀리서 바라보니 어쩜 폭포가 앞 내에 걸려 있네.
> 飛流直下三千尺
> 비류직하삼천척: 곧바로 날아 흘러 삼천 척을 떨어지니
> 疑是銀河落九天
> 의시은하락구천: 구만리 하늘가에 은하수가 쏟아져 내리는가

필자는 오래전 산동성 요산을 여행하며 향로봉과 요간폭포를 본 적이 있다. 후에 이 시를 대하며 감탄을 자아낸 바 있다. 아마도 이 시는 두보와 함께 산동성을 여행할 때 지은 시로 추측된다.

이 시는 도가사상의 영향을 받은 것으로 보이는데 '폭포를 멀리서 바라보니

---

2) 문희주 『시론적 문예작업』 2018. 서울: 지식과 감성 p.91~92

강을 매달아 놓은 것 같고 은하수가 쏟아져 내리는 것 같다'라는 아름다운 표현은 마치 한 편의 산수화를 보는 듯하다. 이백의 자연풍경의 묘사는 시선詩仙이란 말이 아깝지 않아 보인다.[3]

특히 오언율시로 쓰인 이백의 유명한 시 「정야사靜夜思」는 둥근 달을 바라보며 외로이 앉아 향수에 젖은 이백의 모습을 상기하여 볼 수 있다. 그의 시 속에 많이 등장하는 '달'은 그가 자연시인이며 풍류시인이며 순례시인임을 엿볼 수 있을 것이다.[4]

牀前看月光 상전간월광: 침상 머리에서 달빛을 바라보고선
疑是地上霜 의시지상상: 마당에 내린 서린가 여겼더니
擧頭望山月 거두망산월: 머리 들어 산에 걸린 달을 보고선
低頭思故鄕 저두사고향: 머리 숙여 고향을 생각하노라!

이백은 62세에 안후이성 당도安徽省當塗의 현령縣令이었던 종숙 이양빙李陽冰의 집에서 사망하였다는 설이 있는가 하면 한편으로는 술에 취하여 장강長江에 비친 달그림자를 잡으려다 빠져 죽었다는 전설[5]이 있는 것을 볼 때도 그는 고향을 그리며 타향을 유랑하며 풍류로 더불어 살다가 쓸쓸히 죽어간, 어쩌면 시처럼 죽어간 자연시인이었음을 보게 된다.

이백은 당나라가 아닌 중앙아시아 사람인가?

이백은 촉나라 쓰촨성에서 태어났는데 그의 아버지가 중앙아시아에서 장사를 하던 무역상이었기에 그는 정규교육을 받지 못하였다. 25~26세까지 고향 촉나라에서 살면서 '동암자東巖子'라는 선인과 쓰촨 성의 산들을 오르며 도교를 수양하

3) 다움카페 guigock
4) 네이버 블로그 PostView
5) 위키백과

였다.

이백은 25~26세에 고향을 떠나 강남江南을 여행하며 유산을 소비하고 몰락한 귀족의 자제들과 어울렸다. 724년 43세에 현종의 칙령을 받아 '한림공봉翰林供奉'이 되어 장안에 머물렀으나 관리의 따분한 생활을 견디지 못하여 44세에 현종의 측근인 '고역사高力士'와 다투고 사직하게 된다.

그는 사직 후 낙양에서 산둥성山東省까지 두보와 함께 여행하였다. 54세에는 다시 강남으로 돌아와 56세에 현종의 열여섯 번째 아들인 영왕 인(永王 璘)의 군대에 참여하였으나 영왕의 군대가 숙종에 의해 반란군으로 지목되어 그도 야랑(夜郎, 지금의 구이저우 성)에 유배되었다.

다행히 삼협三峽 부근까지 왔을 때 은사恩赦를 받아 강남으로 돌아와 만년에는 강남 각지를 유람하며 살다가 62세에 안후이성安徽省 당도當塗의 현령縣令이었던 종숙 이양빙李陽冰의 집에서 사망하였다.[6] 그러나 중국의 다른 학자는 이백의 고향을 투루판(현재, 중국령 신장 위그루르자치주)이라 하는데 아래 「변방의 노래」를 살펴보자.

> 五月天山雪 오월천산설: 오월에도 눈 쌓인 천산에
> 無花祈有寒 무화기유한: 꽃은 없고 냉기만 있구나
> 折柳答中間 절류답중간: 버들 피리소리만 답하는데
> 春色未曾看 춘색미증칸: 봄빛은 아직 찾을 수 없네
> 曉戰隨金鼓 요전수금고: 새벽종이 북소리와 다투니
> 愲眠抱玉鞍 골면포옥화: 심란한 잠자리 말안장 안고 자노라
> 願將腰下劍 원장요하검: 허리에 찬 장군검을 뽑아서
> 直爲斩樓欄 직위절누란: 누란(왕)을 바로 베려 하노라

이백은 양귀비를 짝사랑하다 술에 취하여 노골적 애정시를 지었다[7]하는데 어쩌면 이런 연유로 왕의 오해를 사고 쫓겨났는지 모른다. 그러나 위 시는 그의

---

6) Ibid

7) 연호탁 『중앙아시아 인문학 기행』 2016. 파주:글항아리 p.112

심사를 노래한 것이 아니고 바로 고선지 장군을 노래한 「변방의 노래」로 전해진다. 이백은 오월에도 눈이 쌓인 천산에 꽃은 피지 않고 냉기만 더한다고 노래한다.

필자는 금년 2018년 8월 키르기스 천산에서 잠시 트래킹을 하게 되었는데 천산은 이미 가을이 와서 붉은 단풍이 산을 타오르고 있었다. 그런데 카자흐에 이르러 케이블카를 타고 3200m의 천산을 오르니 흰 모자를 쓴 듯한 천산은 하얀 빙하가 봉우리를 덮고 있었다.

'멀리서 들려오는 버들피리 소리가 봄빛을 화답하는 듯한데 전쟁터는 새벽부터 종소리와 북소리가 울리니 고선지 장군은 심란하여 말안장을 안고 잠을 설치는데 허리에 찬 장군의 긴 칼을 바로 뽑아서 누란 왕을 베려한다'라는 전선에서의 고선지장군의 호연지기浩然之氣 심정을 이백은 오언율시로 노래한다.

이백은 701년, 지금으로부터 1315년 전 현재 키르기스스탄의 악베심Ak-Beshim이란 곳에서 태어났다고 전한다. 그의 성이 이씨李氏인 것으로 보아 한족漢族으로 보이나 그의 조부나 부친이 장사수완이 뛰어난 가문이었으니 소고드(위그루)인이 아니라 하기도 어려워 보인다.

만주벌의 패국인 고구려가 나당연합군에 의하여 패망하고 난 뒤 흑수말갈의 수장인 대조영이 30여 년 뒤에 발해라는 나라로 다시 일어선다. 그러나 당나라는 이에 무관하게 서역 정벌과 경영을 위하여 천산을 넘어 초원지대로 세력을 넓히는데 전력을 기하고 있었다.

당나라는 고선지 장군에게 위구르를 쳐서 서역경영의 중심지로 안서도호부安西都護府를 설치하였다.[8] 그리고 천산 넘어 국익과 직결된 유혹의 땅이 있었으니 그게 곧 쇄엽성이다. 이 성은 고대 실크로드 상의 주요 교역도시인 악베심으로 키르기스스탄 수도 비슈케크 동방 50킬로, 토크목으로부터 서남서 방향으로 8킬로 떨어진 추강계곡 내 평원에 있다.[9]

---

8) 당나라는 당시에 고구려를 정벌 시킨 후 안동도호부安東都護府를 설치하고 베트남을 정벌한 후에는 안남도호부安南都護府를 설치하여 관할하였다.

9) Ibid.

당대 최고 시인인 이백이 키르기스스탄 출신이라는 것을 아는 이는 그리 많지 않을 것이다. 이백은 그의 아버지 이객李客이 쇄엽성(碎葉城·현재 키르기스스탄 토크마크)에서 살 때 태어났다. 그의 본관은 원래 흉노와 같은 오랑캐들의 본거지인 농서(隴西·현재의 간쑤성 남부지역으로 5세 때부터 자란 곳도 현재 쓰촨성 북부의 산악지역이니 실크로드에서 태어나고 자랐다.

그래서인지 이백은 사람들과 어울리기 좋아하고 거침없이 써 내려간 호탕한 필체는 중앙아시아 특유의 기질을 연상시킨다. 그의 詩중 변방에 파견된 한나라 장수의 마음을 노래한 '관산월(關山月)'이 바로 그가 다시 고향 근처인 투루판 지역으로 돌아와서 쓴 것이다. 야사에는 이백이 발해의 문자에도 능통했다고 하니 당대에 다양한 문화에 능통한 사람으로 보인다.

이백이라는 불세출의 시인이 출현은 다양한 민족이 자신의 능력을 마음껏 발휘할 수 있도록 한 당나라와 한족과 주변의 다양한 민족이 서로 어울려 살았던 당나라는 자타가 공인하는 중국 역사의 절정기였다. 그간 중국은 이백이 중앙아시아 출신임을 무시했으나 최근 실크로드에 대한 진출이 본격화되면서 그가 중앙아시아 출신이라는 것을 널리 홍보하고 있다.[10)]

고선지를 노래한 「전남성戰南城」 시로 유추해 본 이백의 고향

지난해는 상건강 상류에서
올해는 타림강을 건너서 전투를 벌였네

조지 호수 일렁이는 물결에 병기를 씻고
천산 눈 덮힌 초원에 말을 풀어 풀 뜯긴다

만리 머나먼 원정길에
삼군의 병사가 모두 지쳐 늙어가네

---

10) 본 기사는 프리미엄조선에서 작성된 기사로 강인욱(경희대 사학과) 교수의 글이다.

흉노는 사람 죽이는 것을 밭가는 것쯤으로 여겨
예로부터 보이는 건 누런 모래밭에 드러난 해골뿐

진나라는 만리장성 쌓아서 오랑캐를 막았건만
우리 당나라는 전쟁을 알리는 봉화만 펴 오른다.

병사가 야전에서 격투 중에 전사하고
주인 잃은 말은 하늘 향해 슬피 우네.

까마귀 솔개 죽은 자의 창자를 쪼아대며
부리로 물고 올라가 나뭇가지에 걸어 놓는구나.

병사는 죽어 잡초 위에 버려졌으니
장군이 공연한 짓을 했구나

이제 알겠노니 전쟁이 얼마나 흉악한지를
상인은 부득이한 경우에만 전쟁을 벌이건만 ...

이 시의 제목 「전남성戰南城」은 '성남城南에서의 전투'를 말한다. 당시 만리장성 남쪽은 이민족과의 전쟁이 얼마나 잔인한지 이백의 목가적인 시로 전쟁 참상을 고하는데 이로써 이백의 고향이 서역일 것으로 본다. 그가 이 전쟁에 친히 참전하였을 수도 있어 보인다. 그래서 그의 고향은 쇄엽성이라고 말하는 것이다.

이백의 고향으로 추정하는 쇄엽성은 어디에 있을까? 쇄엽성은 '물가의 도시'란 페르샤어다. 이는 소고드어의 Suy-ab을 음차한 것으로 보이며 군영(오르두 Orud)는 도시라는 뜻이다. 『신당서新唐書』, 『서역전西域傳』에는 쇄엽성에 대하여 기술하고 있다.

> 쇄엽이란 강이 있으니 안서도호부 서북 1000리 되는 곳에서 흘러 나와 베델고개[11]까지 이르러 남으로 중국에 다다르고 북으로 돌기시의 남쪽 변방에 이르며 서남으로 곧장 총령[12] 까지 2000리를 흘러간다.

---

11) 베델고개: 천산산맥 중에 있다. 베델고개는 해발 4,284m에 이른다.

남으로 흐르는 물은 남쪽을 지나 호수(롭 노르)로 흘러들며 북으로 흘러가서 호(胡, 돌궐)를 지나 발하시호로 들어간다. 북으로 3일을 가면 설해雪海를 지나는데 봄 여름에는 항상 비와 눈이 온다. 베델고개를 지나 북으로 1000리를 가면 쇄엽천에 이른다. 동으로 이식쿨호수가 있으니 땅은 차도 얼지 않는다. 서쪽에는 쇄엽성이 있으니 천보 7년(748년) 북정[13]절도사 왕정경이 안서를 정벌할 때 그곳을 격파하였다. 쇄엽천의 길이는 1000리로 이곳 이성異姓 돌궐병 수만 명이 있으며 농사짓는 이들은 모두 갑옷을 입고 서로 약탈을 일삼아 노비로 삼는다. 서쪽은 달라스성[14])에 속해 있으며 석국[15]이 항상 그곳에 병사들을 주둔시키고 있다. 이곳으로부터 물이 흘러 서해[16] 에 도달한다. 3월에서 9월까지 비가 오는 법이 없어 눈 녹은 물로 밭에 물을 댄다.[17]

이와 같이 그 지명의 위치를 보건데 이백의 고향인 쇄엽성은 오늘날의 키르기스스탄 수도인 비슈켁크와 익스쿨호수의 중간인 토크목으로 보고 있다. 비록 이백이 한어를 사용하여 시작활동詩作活動을 하였다고 해서 당나라 사람이라고 말하지는 못한다.

안록산의 난을 일으켰던 안록산도 지금의 우즈베키스탄의 부하라 출신이다. 후베이성, 쓰촨성, 깐수성 등이 이백의 고향으로 후보에 올랐으나 그는 키르기스스탄 사람으로 보인다.

또 한편으로는 러시아의 동양 사학자인 바르톨드Bartold V. V는 역사적 사료와 출토된 유물 등을 참조할 때 달라스강 기슭의 인구 2만의 작은 도시 올리아타

---

12) 총령: 파미르고원의 중국식 명칭으로 파미르는 현재 타지크스탄 파미르자치주에 속한다.
13) 북정: 중국의 신장위그루자치주의 투루판 북방 베시발릭Beshbaliq로 '수도'라는 뜻이다.
14) 달라스성: 고선지 장군이 전투를 벌였던 곳으로 달라스시는 키르기스스탄에 있으나 카자흐인들은 고선지가 싸웠던 달라스 평원은 카자흐에 있다고 주장한다.
15) 석국: 우즈베키스탄의 타슈켄트를 말한다.
16) 서해: 오르날 아랄해를 말한다.
17) 연호탁『중앙아시아 인문학 기행』2016. 파주:글항아리 p.118~121

Aule-ata/奧立阿塔를 구 달라스라고 추정하며 이 도시는 구소련이 카자흐의 위대한 시인 '잠불'의 이름을 따서 '잠불'이라고 개명하였다고 추측한다. 그런데 일부 학자들은 키르기스스탄 달라스(키르기스어)를 구별치 못하여 혼용하고 있다고 한다.

달라스강 연안의 인구 5만의 아담한 소도시 달라스는 20세기 초에 건설된 신도시이고 1200년 전 달라스 전투의 현장으로 보이지 않는다. 최근 러시아 학자들의 연구로는 페르가나분지 평원의 지하에는 200기 이상의 무덤이 있을 것으로 추정한다.

그런데 이 허허벌판 군데군데에는 무덤을 방불케 하는 흙 무지들이 눈에 뜨인다. 여기서 키르기스스탄 서울인 비슈케크로 가는 고산 길에는 달라스강물 줄기와 나란히 뻗어 있다. 그리고 해발 3,300m 연산봉에 비치는 실오라기 같은 반사체들을 보게 되는데 이것이 곧 달라스 강의 발원지라고 한다.

필자는 지난 8월 키르기스스탄 비슈케크에서 비행기를 타고 타슈켄트를 가는 중에 포프로브카 평원 한가운데를 아득히 뻗어나간 천산산맥의 멧부리들을 바라볼 수 있었다. 당대 시인 두보의 「고도호총마행」의 칠언율시에서 읊었던 "푸른준마(한혈마) 잡아타고 선풍같이 동방에서 홀연히 날아오네" 라는 고선지 장군의 호탕한 모습을 그려보게 되었다.

한혈마는 '땀과 피를 흘리는 말'이라 하며 『사기』는 이를 '천마天馬'라하고 하루에 천 리를 달린다고 하여서 '천리마千里馬'라고 한다. 이 지역은 곧 그 유명한 천마의 고향으로 알려져 있으며 두보는 고선지 장군이 이 말을 타고 천산을 넘어 탈라스 전쟁에 임한 것이라 노래한다.18)

두보는 이태백과 함께 여행도 많이 한 것으로 알려져 있는데 「고도호총마행」은 두보가 시로 썼을 지라도 "어쩌면 이백이 들려준 전설 같은 고선지 장군과 한혈마, 달라스전투에 대하여 많이 들었기에 이런 시를 쓴 것이 아닌가?" 유추해 보게 된다.

---

18) 정수일 『실크로드 문명기행』 2017. 서울:한계레출판 p.146~158

나가는 말

당나라는 오늘날 미국과 같이 영재를 빨아들이는 섹션브레인Section-Brain 정책을 활용했던 것으로 보인다. 그 예로 고선지장군은 당나라 사람이라고 하나 고구려 유민이다. 또한, 윤동주 시인은 만주의 북간도 용정에서 태어났고 조선족 학교에서 조선어를 배웠고 서울에서 연희전문학교를 다녔으며 조선어로 창작하였다. 그리고 한국인이 제일 좋아하는 시인 1위에 뽑히기도 하였다. 한국의 100인 중 100인이 한국인이라고 한다.

그러나 최근 중국은 동북공정의 일환으로 윤동주 시인조차도 중국인이라 말한다. 우리가 보기에는 가소로운 말이나 중국 편에서 보면 일리가 있기도 하다. 왜냐하면, 용정은 과거의 만주 땅 간도성이나 지금은 애석하게도 중국에 속하기 때문이다. 이런 점에서 이백은 키르기스어를 사용하지 않고 한어로 창작하였고 중국관원으로 녹을 먹었던 사람이니 그럴 만도 하다. 더구나 키르기스스탄은 이백이 키르기스스탄 사람이라고 주장하지도 않는다.

필자가 본 2018년 중앙아시아는 온통 중국의 '일대일로' 정책으로 활발하게(?) 움직이고 있었다. 더구나 중앙아시아는 동서문명이 교차점에 있기에 과거에도 동쪽의 몽골·중국·흉노와 서쪽에서는 투르크·페르샤·그리스의 침입이 있었는가 하면 문화적으로는 동쪽의 샤머니즘·불교와 남쪽의 흰두교·서쪽의 배화교(조로아티스트)·기독교(네스토리우스)·이슬람문화가 마치 시루떡처럼 층층이 쌓여 있음을 보게 된다. '아는 것만큼 보인다.'라는 말이 있다. 필자는 일찍이 역사와 문화에 깊은 관심을 가지고 이번 리서치에 임하였기에 가는 곳곳의 박물관과 역사 유적지를 답사하며 이제까지 수수께끼처럼 머릿속을 감싸던 의문들이 풀려졌다.

그러나 서울에서 제일 큰 교보문고를 다 뒤져도 중앙아시아에 대한 역사·인문학 자료가 많지 않았다. 더구나 '정수일'과' 연호탁'의 책들은 중앙아시아에 대하여 좋은 자료들을 소개하나 종교문화에 대하여서는 불교와 이슬람교 정도이고 페르샤의 토착종교인 배화교나 7세기 중국 서안에까지 널리 퍼졌고 키르기스 일대에 찬란하였던 한국 불국사에까지 소개된 네스토리우스기독교에 대해서는 언급이 없었다.

이백의 고향이기도 한 중앙아시아는 최근 '신新실크로드'를 꿈꾸는 중국의 '일대일로'에 의하여 대도大道를 빼고 산업기지를 건설한다고 부산하였다. 그러나 위험한 것은 '중국인의 사전에 공짜는 없다.'라는 사실을 모르는 중앙아시아는 눈에 보이는 산업에 치중할 뿐 눈에 보이지 않는 문화와 예술에 대해서는 투자가 거의 없는 것을 볼 때 또다시 정치 경제적으로 중국의 속국이 되지 않을까 무척 염려스러워 보인다.

그에 비하여 한국인들은 중앙아시아 발전에 기여하는 까닭에 크게 호응을 보인다. 어쩌면 침략자로 인식될 고선지 장군은 당나라 장수로 알뿐 고구려 유민이란 사실을 모르는 것이 다행으로 여겨졌다. 한국은 올림픽과 월드컵을 개최한 선진국이요, 우주베키스탄에서 생산되는 대우자동차가 실크로드의 땅을 누비고 있으며 경제적으로 중앙아시아인들을 노무자로 써주어 가정경제를 세워주고 젊은이들은 한국의 K팝을 부르며 놀랍 만큼 친숙해 보였다.

어쩌면 베트남전에 참전하여 많은 베트남인을 죽였으나 한국을 아껴주는 베트남처럼 고선지장군의 참전으로 많은 피를 흘린 중앙아시아에서 그것을 모르고 환영하여주는 실크로드에서 만난 친절한 사람들에게 감사를 드리며 필자는 이백과 같이 실크로드를 유람하게 된 것이 무한 기쁨이 되었다.

두보의 시 고도호총마행과 고구려 장군 고선지

들어가는 말
망국의 유민 고선지
고선지에 대한 칠언율시 전승가
안사의 난과 고선지의 최후
인걸은 갔지만 역사 속에 살아 있다.

들어가는 말

고도호총마행高都護驄馬行은 고구려 유민인 고선지高仙芝가 당나라 장군으로서 전쟁에서 승전勝戰하게 됨을 찬양하는 시이다. 이 시는 당나라 시성 두보杜甫가 쓴 시로서 칠언율시七言律詩로 이루어져 있는데 이 시를 통하여 우리는 당조唐朝 시기에 시, 특히 당나라의 시성 두보의 시를 대할 수 있다. 또한 우리 고구려 민족의 패망 이후의 유민의 아픈 역사와 진취성도 찾아 볼 수 있다.

필자는 중국에서 20여 년을 지내며 실크로드와 고선지高仙芝 장군의 전시戰時로드에 많은 관심을 가지고 있었다. 그러던 중에 제1차로 2004년 1월 당나라의 서울 장안(서안)을 출발하여 실크로드를 따라서 천산남로를 탐사하였다.

베이징~씨안~난조우~투루판~우루무치까지 이르러 천산산맥에까지 다녀왔다. 또한 2008년에는 베이징~호화호투~시린호트~퉁랴오~션양까지 이르는 알타이남로를 탐사하였다. 그리고 이 때 쓰인 시詩들을 한데 엮어서 『실크로드 순례자』라는 시집을 출판한 적이 있다.

필자는 20년 동안 중국에 머물며 천산산맥을 넘어서 언제 천산북로의 중앙아시아 지역을 따라서 실크로드 천산북로 길을 탐사해 볼까 하는 꿈을 꾸고 있었다. 2018년 8월 8일 드디어 천산남로 탐사 이후 14년, 알타이남로 탐사 이후 10년

만에 중앙아시아에 도착하게 되었다. 이번 탐사 중에는 타지크스탄, 키르기스스탄, 카자흐스탄, 우즈베키스탄을 방문하여 고선지의 전시로드와 서역의 실크로드를 따라서 살펴보고자 한다. 고선지는 망국 고구려 유민流民(포로?)으로 당나라에서 활동하며 한때 당나라 최고의 자리에까지 올랐으나 비참하게 최후를 맞은 비운의 사람이기도 하다. 그러나 이번 글에서는(탐사를 준비하면서) 먼저 그에 대한 두보의 시를 통하여 그의 행적도 살펴보고자 한다.

망국의 유민 고선지

668년. 고선지는 고구려가 멸망 후 아버지 고사계高舍鷄를 따라서 중국(당시 당나라) 서북변방으로 이주하여 살게 되었다. 당나라는 주변국을 정복 한 후 군대를 주둔시키고 그곳에 살던 사람들을 강제 이주시켰다. 이는 바빌로니아가 이스라엘을 비롯한 주변국들을 점령하고 왕과 상류 인사들은 바벨론으로 붙잡아가고 국민은 포로로 붙잡아서 그들의 노예로 삼았던 것과 다르지 않다.

당나라도 고구려 멸망 당시에 보장왕을 사로잡아 랴오둥주 도덕遼東州都督으로 봉하였다가 고구려 유민들이 당조唐朝에 반역한다는 빌미를 잡아서 나중에는 중원지방(지금의 서쪽 변방 끝인 간쑤성)으로 방치해 버렸다.

당나라는 이때 변방의 3개 나라를 3개 지역으로 나누어 통치하였는데 그 때 이루어진 3개의 지역 중 안동도호부는 고구려지역·안서도호부는 신장우루무치를 중심으로 한 위그루지역·안남도호부는 베트남 지역이었다. 고구려를 멸망시킨 당조唐朝는 평양에 안동도호부安東都護府를 설치하고 2만여 군대를 주둔시키고 그곳의 고구려 사람들을 중원지구로 강제 이주시켰다. 이때 고사계는 중급군관으로 승급하고 이 지역을 지나는 실크로드를 지키는 임무를 맡게 된다.

이 지역은 당조가 이곳 실크로드를 통하여 서쪽으로 인도·중앙아시아와 연계되는 중요 요충지이다. 그래서 당조는 내왕하는 서방의 사신과 상인들을 보호하기 위하여 흉노족과 서역의 여러 민족 통치자들의 침공을 방어하는 주요 군사 요충지로 고사계를 보냈던 것이다. 고사계는 이러한 곳에서 여러 차례 공을 세워 안서사진교장安西四鎭校將의 직책까지 오르게 된다. 안서 사진은 천산산맥과 알타이산맥으로 둘러싸인 타림분지 변에 세워진 성곽도시에 있었다.

『구당서舊唐書』와 『신당서新唐書』에는 고사계의 업적과 재능에 대하여 기록되어 있다. 이때 고사계는 안서로 부임하면서 나이 어린 고선지도 함께 대동하였다고 전해진다. 고선지는 20세가 되면서 아버지를 따라 군무에 종사하면서 용모가 단정해지고 활을 잘 쏘고 용기와 과단성을 지닌 뛰어나 무인의 소질을 보이며 유격장군으로 임명받는다.1)

고선지의 본래 고향은 허베이 밀운군으로 북경 근방이나 730년경의 튀르기시 토벌원정 때 이주한 거로 추측된다. 일찍이 장군이 되어 크고 작은 전공을 세웠으며 당제국의 서역(유럽, 이슬람) 원정을 진두지휘하였다.

747년부터 당제국 황제가 이슬람 원정을 지시하여서 토번과 사라센 등의 전쟁시 승전하고 수많은 이슬람 국가들의 영향권을 서쪽 이슬람의 사막지대까지 확장한다. 이러한 원정에서 파미르 고원을 넘어 동투르키스탄(지금의 위구르) 타슈켄트를 넘어 사마르칸트(지금의 우즈베크 지경)까지 점령하게 된다. 이러한 역사는 중국 고대 역사상 710년의 점령과 두 번이나 있었다.2)

고선지에 대한 칠언율시 전승가

고선지高仙芝 장군의 서역 전투에서 승리하였다는 이 놀라운 승전보는 당시 당나라 장안에까지 널리 전하여져서 그 명성이 높았다. 이에 대하여 시성 두보杜甫는 749년 고도호총마행高都護驄馬行에서 고선지高仙芝 장군을 찬양하는 칠언율시七言律詩로 고선지의 승전을 찬양하는 승전가를 헌시한 것이 아직도 전하여지고 있다.3)

---

1) 『中國古代史上有名的的朝鮮人』, 方學風著, 人民出版社, 1988: 延邊, p.44

2) 위키 백과

1연 安西都護胡青驄

안서도호호청총: 안서도호 선지장군 푸른 준마 잡아타고

聲價忽然來向東

성가홀연래향동: 선풍같이 동방에서 홀연히 날아오네

2연 此馬臨陣久無敵

차마임진구무적: 싸움터 다 내달으면 당할 자가 없으니

與人一心成大功

여인일심성대공: 사람들과 한 맘 되어 큰 공을 세웠네

3연 功成惠養隨所致

공성혜양수소치: 오로지 귀염받아 함께 다니니

飄飄遠自流沙至

표표원자류사지: 머나먼 사막바다 나는 듯 왔네

4연 雄姿未受伏櫪恩

웅자미수복력은: 센 몸은 비록 마구간에 있어도

猛氣猶思戰場利

맹기유사전장리: 용맹스런 기운은 전쟁터를 그리네

5연 腕促蹄高如踣鐵

완촉제고여부철: 발은 발목 높은 발굽 철통같아서

交河幾蹴層氷裂

교하기축층빙렬: 교하의 통 얼음을 단번에 깨트렸네

6연 五花散作雲滿身

오화작산운만신: 오색 무늬 흩어져 몸에 감도니

萬里方看汗流血

만리방간한류혈: 만리라 한혈마를 이제 보았네

7연 長安壯兒不敢騎

장안장아불감기: 장안 장사 올라탈 엄두도 못 내는데

走過掣電傾城知

3) 위의 책 『中國古代史上有名的的朝鮮人』과 위키백과 본문을 참조하여 번역하였음.

주과철전경성지: 번개보다 빠른 것을 세상이 모두 아네

8연 靑絲絡頭爲君老

청사락두위군로: 청실로 머리 동여 늙도록 왕 섬기니

何由却出橫門道

하유각출횡문도: 언제 다시 전쟁터를 나설 수 있으랴!

1연과 2연에서 보면 고선지 장군은 당시 안서도호부(지금은 중국의 서쪽 끝인 신장위그루(웨이우얼)자치구 지경)에 속한 4진(언기鎭·구차鎭·소륵鎭·우전鎭)校將으로 직무 하던 아버지 고사계 아래서 성장한 것으로 전해지는데 호호청총護胡靑驄, 즉 푸른 빛 도는 준마를 타고 선풍같이 동방에서 홀연히 날아왔다고 한다.

당시 그 지역에는 투르크계인 투르키스탄(위구르)·카자흐스탄·우즈베키스탄·키르기스스탄과 페르샤계인 이란·타지크스탄·아프가니스탄 등에서 보면 중국은 그들에게 동방이고 중국에서 보면 그들은 서역이었다. 고선지는 호청총마를 타고 바람처럼 홀연히 나타나 적군을 쳐부수니 이 전투에서 그를 대적할 자가 없었다. 당나라 군대는 그러한 고선지를 따라 싸우니 승전하여 모두 공을 세우게 되었기에 두보는 전승을 찬양하고 있는 것이리라.

3연과 4연에서는 고선지 장군의 어린 시절과 청년 장수로 전쟁터에 나서게 된 것을 전하고 있다. 고선지는 어렸을 적에는 성격이 유약하고 게을렀다. 그래서 한때 그의 아버지 고사계도 고선지가 무인武人으로서 입신立身 하는 것에 대하여 의심하였다 그런데 크면서 차차 용모가 단정해 지고 활을 잘 쏘고 용기와 과단성을 지닌 뛰어난 무인의 소질을 보여주기 시작하였다.[4)]

그러나 두보는 고선지가 오히려 "오로지 귀염받아 함께 다니니 . . ."라고 찬양한 것은 그가 이미 성장하여 청년장수로 전승을 하기 시작하면서 알려진 그의 용모가 아닌가 사료된다. 청년 선지의 용맹스러운 기운은 투루판 사막과 타클라마칸의 바다 같은 길 없는 사막을 나는 듯 달려서 적진을 향하여 돌진하니 누가

4) 위의 책『中國古代史上有名的的朝鮮人』p.46

그의 용맹함에 감히 대적할 수 있었을까?

5연에서는 고선지 장군의 모습을 잘 그려주고 있다. 그의 발은 발목까지 높은 발굽이라고 한 것은 아마도 몸을 가볍게 하려고 가죽으로 만든 부츠를 신은 듯하다. 그래서 철통은 아니나 철통같이 단단하여서 강을 건널 때에도 단번에 통 얼음을 깨트렸다고 전하고 있다.

6연에서는 이러한 그의 용모에서 오색 무늬가 흩어져 몸에 감도는 것 같다고 하였다. 아마도 고선지 장군의 투구 끝에는 오색의 실들이 달려 있었을 것으로 사료되고 그 실 끈들이 휘날려 지치지 않고 만리萬里를 달리는 말을 보게 된다고 하였다.

7연에서는 장안의 장사들이 만리마를 탈 엄두를 못 내는데 고선지 장군은 이처럼 번개보다 빠른 것을 세상이 다 안다고 하였다. 8연에서는 청실로 머리 동여 늙도록 왕 섬기니 언제 다시 전쟁터를 나설 수 있으랴! 하는 데 그러한 시인의 노래와 고선지의 마음과 달리 역사는 세상의 정치와 달리 돌아가는 것을 보여준다.

안사의 난과 고선지의 최후

탈라스 전투에서 이슬람 연합군을 거의 전멸 시킬 정도로 고선지는 막강한 장군의 면모를 보여주었는데 이것이 그 유명한 탈라스 전투에서의 승리이다. 그 후 755년 안사의 난이 발생하자 고선지는 부원수로 임명되어 정부군을 지휘한다. 황족은 관례상 원수로 지휘 되는걸 감안한다면 사실상 고선지는 원수로서 안녹산(이란계 사람이라고도 한다)의 서진 소식을 듣고 이를 저지하기 위해 임의로 휘하부대를 이동시킨다.

이 덕분에 안녹산의 서진은 저지할 수 있었지만 정치장교감군이던 환관 변영성이 황제의 명령 없이 군대를 움직인 점을 문제 삼아 당현종에게 과장하여 보고하게 된다. 진노한 당현종은 고선지를 참형할 것을 명하게 된다. 결국 고선지는 진중에서 참수되고 만다. 신당서新唐 고선지전高仙芝傳은 고선지와 봉상청의 최후를 이렇게 전하고 있다.

봉상청은 고선지가 발탁한 인물로 절름발이라 태생적으로 군직을 맡기에 문제가 있었으나 일찍이 발탁되어 그럭저럭 실력을 인정받고 고선지가 탈라스 전투 패전으로 물러난 이후 고선지의 직위를 물려받았다. 안사의 난에서도 고선지 군보다 먼저 안녹산 군을 저지하기 위해 투입되었으나 패해서 후퇴한 상황이었고 이로 인해 감군 변영성의 모함으로 고선지보다 앞서 처형되었고 이어서 고선지도 참형 당하게 된다.

변영성은 봉상청을 베어 죽여 시체를 거친 대자리에 싸서 버렸다. 그리고 고선지가 도착하자 변영성은 도수刀手 100명에게 자신을 따르도록 지시한 뒤 고선지에게 말하기를, "대부大夫에게도 역시 황명이 있다."고 하였다. 고선지는 "내가 후퇴한 것은 죄를 지은 것이니 그 때문에 죽는다면 어찌 할 말이 있겠는가? 그러나 나보고 창고의 식량을 도둑질했다는 것은 모함이다."라고 하고, 다시 변영성에게 이르기를, "위로 하늘이 있고, 아래로 당이 있고, 삼군三軍이 모두 여기 있는데, 어찌 임금께서는 이 일을 모르시는가?" 했다.

또 사졸들에게는 "내가 너희를 모집했던 처음 의도는 적을 쳐부수고 나서 큰 상을 받게 하기 위함이었다. 그러나 적의 기세가 이 순간에도 성하므로 지금까지 미루어지게 되었다. 이로 인해 어쩔 수 없이 동관을 고수하고 있었다.

내게 죄가 있다면 너희는 그렇다고 말할 수 있다. 만약 너희가 그렇지 않다고 생각하면 원통하다고 외쳐라!"라고 하자, 군중 모두가 "원통하다!"라고 크게 외쳤는데 그 소리가 사방에 진동했다. 고선지가 봉상청의 시체를 보고, "그대는 내가 발탁했고, 또 나와 절도사를 교대했다. 지금 그대와 더불어 죽으니 이 또한 운명이 아니랴!" 하면서 죽음을 의연히 받아들였다.'

고선지로서는 안녹산의 서진을 도저히 막을 수 없어서 일단 섬주를 버리고 전략적인 위치로 후퇴하고 적에게 노획될 가능성이 있는 무기를 파묻고 창고를 직권으로 개방해서 백성들에게 식량을 나누어 준 것이 고선지의 죄라면 죄이다.

즉 임의로 상부 명령 없이 소개작전 한 일은 상황이 어쩔 수 없을 정도로 무너지고 있었다는 점에서 처형은 지나친 일이다.

충신이라는 이름하에 고선지의 소개명령을 거부하고 상소를 올린 변영성은 장안의 동관을 지키다가 후에 안녹산이 오자 직접 동관을 바치고 항복하는데 나중에 난이 진압된 후 그 역시 죽임을 당하게 된다.

저 파미르고원을 넘어
힌두쿠시를 넘어
아흐, 숨 막혀라
천룡도 번쩍 뽑아 들어
아라비아사막 사라센제국과 맞닥뜨린 사람이 있다.
그가 고구려 포로 유민의 자식 고선지였다

당 현종은 장안 가까이
화청지에 납시어 자욱한 연꽃 바라보며
황금 술잔을 들어 올리는데

바로 그 시각
먼 서역의 고선지는 모래바람 속에서 싸우고 있었다
그의 천리마 비지땀 번드르르 흘리며

『만인보 10권』에는 고선지를 다룬 시가 위와 같이 실려 있다. 장군은 전쟁터에서 생사를 넘나들고 있는데 왕은 화칭제 온천에서 양귀비를 끼고 간신배의 모략에 진의도 파악하지 않고 귀중한 장군을 잃게 되었다.

고선지는 우리의 선조로서 나라를 잃고 유민으로 떠도는 중에 일약 최고로 높은 장군의 지위에까지 올랐지만 결국 간신배의 모략으로 생사를 달리 하였으니 얼마나 가슴 아픈 일인가?

인걸은 갔지만 역사 속에 살아 있다.

필자는 실크로드를 여행하면서 신장위그루에서 북쪽으로 천산을 바라보았다. '언제쯤 천산을 넘어서 남쪽을 바라보나!' 생각했었다. 그러나 이제 드디어 타지크스탄 두산베에서 파미르고원을 가기 위해서 길을 나선다. 고선지 장군을 생각하며 길제의 시가 마음속에 다가왔다.

> 오백 년 도읍지를 필마로 돌아드니
> 산천은 의구한데 인걸은 간데없네
> 어즈버 태평연월이 꿈이런가 하노라

고려 오백년 도읍지 송도(개성)를 바라보며 길제가 본 것은 무엇인가? 한 마리 말을 타고 허물어진 고려의 서울 개성을 홀로 바라보는 길제는 그때나 이때나 산천은 변함이 없는데 역사 속에 인물들은 간 데가 없으니 오백년 도읍(서울)이 꿈이런가 하노라고 노래한다.

그러나 필자는 말하고 싶다. '인걸은 갔지만 역사 속에 살아 있다'라고. 고선지는 풍운아로 역사 속에 사라졌다고 생각할지 모른다. 그렇지만 그는 오늘도 한국인의 마음속에 살아 있다.

두보의 시가 오늘도 역사 속에 살아서 우리에게 전해지고 있다. 고선지는 중국 역사와 중국 문학에 살아 있는 한 실크로드를 여행하는 이들 가슴에 그는 영원히 살아 숨 쉴 것이다. 푸른 준마를 타고 사막 바다를 날아오는 고선지 장군을 보게 될 것이다.

전염병, 코로나19 바이러스와 기생충

> 글에 앞서
> 전염병에는 인문학적으로 사회변화가 묻어있다.
> 기생충은 없으나 코로나바이러스는 있다?
> 세계적으로 요리방법과 즐기는 문화가 다르다
> 중국에는 사스와 코로나바이러스만 나타날까?
> 이웃이 잘먹고 잘사는 것을 고마워해야 한다.
> 글을 마치며

글에 앞서

어둡던 시대에는 전염병을 신의 저주로 보기도 하였다. 인류가 가축을 키우며 함께 살아오며 바이러스는 인간과 동물을 종종 위경에 빠뜨렸다. 구약성경 출애굽기서는 이스라엘을 노예로 붙잡은 이집트 바로(왕)에게 10가지 재앙 중 악질과 독종재앙이란 전염병을 창궐케 하므로 노예로 붙잡힌 유태인들을 해방시켰다는 기록도 있다.[1)]

전염병은 하나님이 심판으로 보기도 하나 인문학적으로는 사회변화가 묻어있다. 이때 문학 작품들은 그 작품의 의미와 당시의 사회상, 전쟁의 승패가 담겨져 있다. 그리고 이에 대한 예방과 치료약의 연구가 의학발전을 앞당기게 하였다. 바이러스는 인수공통人獸共通의 접촉·음식 등을 통하여 전염되는데 어떤 류類가

1) 열 재앙은 ①피 재앙-라일강을 피로 물들게 한 재앙. 그러자 강물에 ②개구리가 출몰하는 재앙이 일어나자 거기에 ③이 재앙이 일어나고 ④파리가 들끓는 재앙이 발생하여 ⑤악질이 창궐하는 재앙과 ⑥독종이 발생하는 재앙이 일어나는데 그래도 바로가 항복하지 않자 ⑦우박재앙과 ⑧메뚜기재앙으로 농작물을 망칠 수 없게 하자 결국 ⑨암흑재앙이 일어나고 사람과 동물의 처음 난 ⑩장자까지 죽음에 이르는 재앙이 일어나자 이스라엘을 이집트에서 탈출(출애굽)하게 하셨다.

있는지, 문학과의 관계는 어떤지도 알아보고자 한다.

중국에서는 코로나바이러스가 발병하여 전 세계를 놀라게 할 때 한국에서는 '기생충'이라는 영화가 오스카상 4개 부분을 수상하며 세계를 놀라게 하였다. 또한 한국의 '방탄소년'들과 같이 세계적 유명세를 떨치며 한국음식 또한 세계적으로 그 이름을 떨치고 있다. 영화중에 나타난 짜빠구리(짜파게티+너구리라면) 같은 음식도 영화 '기생충'과 함께 떠오르게 되었다.

요리에는 요리방법과 만들어 먹는 문화가 각기 다르다. 특히 중국에는 맛있고 유명한 요리들이 많다. 그런데 이 재료들로부터 사스나 코로나바이러스 등이 발생하였다는데 그 관계에 대해서도 살펴보고자 한다. 중국의 이러한 음식문화에 대한 우리의 이해는 중국이 잘 먹고 잘 사는 것을 고마워해야 한다는 점이다.

거기에는 중국 자체를 이해하는 문제도 있지만, 현대는 국제 분업화 시대라 경제문제도 함께 생각해야 한다. 그러므로 전염병의 문제나 예방과 치유는 중국만의 문제가 아니라 우리와 세계가 함께 대처해 나가야 할 것이다. 어쩌면 이에 대한 예방약과 치료약의 개발, 또한 한국의 기술이 세계적임을 선포할 기회라 본다.

전염병에는 인문학적으로 사회변화가 묻어있다.

문둥병(나병, lepros, 한센병): 가장 오래된 나병은 주전 2400년 전 이집트에서 시작되었는데 구약성경은 나병(문둥병)을 자주 언급하고 있다. 나병은 이집트-중동-유럽을 휩쓸고 중국에서 한국까지 이르렀다. 나병은 6~13세기에 1,500만 명의 환자들이 있었다. 이병은 피부·말초신경인 눈·코·고환 등 인두 점막을 침범하여 말초신경을 파괴시켜 감각을 잃게 하여 조직변성과 사지도 변형시키는 감염성 질환이다.[2]

2) 서울아산병원 www.amc.seoul.kr/asan/healthinfo/main/healthInfoMain.do

한국은 일제 강점기 이후 남부지역에 특히 많았다. 필자가 초등학교 시절, '문둥이가 사람 간을 빼 먹는다'라는 속설이 있어 소름 끼쳐 숨던 기억이 난다. 한국 시인 중 한하운은 문둥이 시인으로 그의 시에는 문둥병자의 애환을 볼 수 있다.

간밤에 얼어서/ 손가락 한 마디/ 머리를 긁다가 땅 위에 떨어진다.
이 뼈 한 마디 살 한 점/ 옷깃을 찢어서 아깝게 싼다.
하얀 붕대로 덧싸서 주머니에 넣어둔다.
날이 따스해지면/ 남산 어느 양지 터를 가려서 깊이깊이 땅 파고 묻어야겠다.

한하운의 시 「손가락 한 마디」 중에서

해와 하늘빛이/ 문둥이는 서러워/ 보리밭에 달뜨면/ 애기하나 먹고
꽃처럼 붉은 울음을 밤새웁니다.

한하운의 시 「문둥이」 중에서

한하운은 1919년 함남 출생으로 1932년 이리농림학교 졸업 후(17세) 발병하나 누그러져 도쿄 성계고등학교를 졸업한다. 1939년 베이징대학농학부에 진학하나 재발하여 귀향 후 함남도청에 취직하나 다시 재발한다.

해방을 맞으며 지주들에게 땅을 뺏기고 '남으로 치료약을 구하려 다녔다' 하여 체포, 옥살이 당하자 소록도로 떠나게 된다. 그가 1948년 탈북하며 쓴 시 「전라도 길」에서 병이 깊어졌음을 알 수 있다.

가도 가도 붉은 황톳길/ 숨 막히는 더위뿐이더라.
낯선 친구 만나면/ 우리들 문둥이끼리 반갑다.
천안 삼거리를 지나도/ 쑤세미 같은 해는 서산에 남는데/ 가도 가도 붉은
황톳길/
숨 막히는 더위 속으로 쩔름거리며/ 가는 길
신을 벗으면/ 버드나무 밑에서 지까다비를 벗으면/ 발가락이 또 한 개 없어졌다.
앞으로 남은 두 개의 발가락이 잘릴 때까지/ 가도 가도 천 리 먼 전라도길

한하운의 시 「전라도길」 중에서

나병균은 비록 퇴치되었다 하여도 흉측한 자국을 남겨서 이중, 삼중의 고통을 당하게 된다. 그러나 1873년 노르웨이 한센에 의하여 병원균이 발견되어 '한센병'이라 불리며 한풀 꺾이게 되었다.

흑사병(黑死病, 페스트Peste): 설치류(쥐 종류)에서 감염되는 급성전염병으로 잠복기는 3~6일로 갑자기 발병한다.3) 중국, 아시아에서 1347년 유럽으로 번져 2,500만 여명이 사망했다. 최근에도 2019년 5월 몽골 마모트의 감염, 2019년 11월 베이징의 2명이 확진되어 격리 조치된 바 있다4)

흑사병은 동물 간에 유행하였다. 또는 선박에서 감염된 쥐가 인간 주거지를 전염시켜 죽은 동물에서 살던 벼룩들이 인간을 침범하였다.5)

흑사병은 로마제국 멸망의 원인으로 유럽 인구 1/4인 3,000만 명, 중국은 1,300만 명, 중앙아시아, 중동은 2,400만 명이 죽은 강력한 전염병이었다. 그러나 프랑스 세균학자 '예르생'이 1894년 원인균을 발견하며 한풀 꺾였다. 당시는 신의 저주로 보고 신부에게 안수를 받으며 급히 번지게 되었다. 1334년 원나라 때는 인구 90%가 사망했는데 이 시기 중국과 몽골은 2,500만 명 이상 희생되었다.

이탈리아 보카치오의 『데카메론Decameron』은 1350~1353년 집필된 100편의 소설을 모은 책이다. 이 책은 중세의 우화적 작품 중 에로틱한 것, 비극적인 것, 기지와 재담, 짓궂은 장난, 세속적 비법 전수 등이 포함되었다.

이 책은 문학적 인기를 넘어 14세기 삶의 중요한 역사적 문서가 되었다. 윌리엄 셰익스피어·제프리초서 등의 유명인들도 차용했다. 『데카메론』은 흑사병으로 피렌체에서 10만 명 이상 무섭게 퍼져 나갔지만, 시인은 이 작품에서 삶의 기쁨을 노래한다.

---

3) 림프절페스트, 폐페스트, 패혈성페스트 등으로 발병한다.

4) 다음 백과에서

5) 다음 백과에서

피렌체 탈출 후 2주간 '피에솔레' 시골별장으로 온 일곱 명의 젊은 여성, 세 명의 남성들은 매일 한 가지씩 이야기하며 별장에서 보낸다. 그때 100편의 이야기가 열흘간에 나온다.

흑사병은 유럽에서 1346년~1353년, 절정에 달해 유라시아 대륙은 최소 7,500만~2억 명이 사망, 역사상 가장 악명 높은 전염병이 되었다. 14세기 이후~18세기 중반까지 지속적으로 수 세기 동안 창궐하여 전 세계를 공포에 떨게 하였다.

천연두·티푸스·결핵·콜레라: 역사상 그리스 도시국가인 아테네는 기원전 430년부터 4년 간 티푸스가 유행하였다. 이로 인해 아테네는 인구 1/4이 숨지는 큰 전염병이 창궐했었다.6)

천연두는 15세기(165~180년): 로마제국에 유행한 전염병으로 에스파냐인들이 신대륙을 발견하고 점령하므로 신대륙에 퍼졌다. 이 때 에스파냐의 '에르난 코르테즈'가 이끌던 500여 명의 군대가 천연두를 퍼트린 것이다. 유럽인들이 인디언을 제압한 것은 사실상 백인들의 천연두였었다.

발진티푸스는1: 812년 나폴레옹이 이끌던 프랑스 군대 2/3가 사망할 때에 적군이 아니라 바로 발진티푸스라는 전염병이었다. 이로 인해 프랑스는 러시아 침공을 멈추었는데 러시아 원정의 실패는 기근과 추위라 하나 사실 전염병 때문이었다는 게 유력하다.

---

6) 티푸스 또는 발진티푸스는 한냉지역의 이가 많은 비위생적인 환경에 사는 사람들 사이에서 발생하는 병으로, 원인체는 Rickettsia prowazekii이다. 전쟁 또는 기근 등 위생에 신경 쓸 수 없을 때 자주 발생하였다. 살모넬라(Salmonella typhi)균에 의해서 발생하며, 환자와 보균자의 대소변이나 장티푸스균에 오염된 물 또는 음식물을 통해 전염되는 급성 열성 전신 질환 전염병(위키백과사전)

장티푸스균은 담즙 내에서 잘 증식하며, 균이 환자로부터 분리되어 직사광선에 노출, 건조되지 않는 한 장시간 생존한다(국방과학기술용어사전)

결핵은 19세기 대표적 전염병으로 재채기, 기침 등에서 나오는 미세한 침방울로 전염되는 인수공통전염병으로 소에게도 나타난다. 결핵은 수년간 사람 몸속에 잠복해 있다가 면역력이 약해지면 나타난다. 한국은 삼국사기 제2권 『가락국기』에 폐결핵을 의미하는 글귀가 나온다. 고려시대에도 발생한 주된 원인 중 하나는 전염병이고 이민족과의 전쟁으로 전파되었다.

문학인들 사이에도 가장 많았던 병이 결핵이었다. 열악한 노동환경, 영양상태, 주거 환경이 원인인 결핵은 그래서 후진국 병이다. 1954년, 하루 300여명이 결핵으로 죽었다. 필자 역시 43년 전(1977년) 폐결핵으로 2년간 치병한 경력이 있다.

콜레라는 1876년(고종16년)~1879년경 일본에서 전염된 콜레라의 파급력은 엄청나서 전 세계에 7번 대유행하였다. 조선에 처음 등장할 때는 정체를 알 수 없어 '괴질怪疾'이라 불렀다. 필자의 동네에도 하루 여러 곳에 제사가 몰려 있었는데 '호열자 제삿날'이라 하였는데 박경리 소설 『토지』에서도 콜레라가 등장한다.

토지에서는 최 씨 집안의 외가 쪽 먼 친척인 조준구는 윤씨 부인이 마을을 휩쓴 콜레라로 죽자 재산을 강탈한다. 또 서희와 아들 조병수를 결혼시키려 음모를 꾸미자 서희는 하인 김길상과 함께 용정으로 탈출한다. 토지의 무대인 평사리 땅이 콜레라가 휩쓸어가는 장면을 소설을 통하여 잘 보여준다.

기생충은 없으나 코로나바이러스는 있다?

최근 우한武漢발 코로나바이러스[7]는 전 세계를 발칵 뒤집어 놓았다. 오늘(2020. 02.10) 통계로 사망한 사람은 900명을 넘겼다. 최근 2000년 이후 발생한 세계적 유행성 전염병은 사스·메르스·코로나바이러스 등이다.[8] 이 중에 메르스

7) 처음 발병 시에는 '우한폐렴'이라고 불리다가 '신종 코로나 바이러스' 라고 불리다가 2020년 2월 12일부터는 'COVID19로 바뀌어 불리고 있다.

8) 사스CARS(중증급성호흡기증후군)은 2002년 11월 중국에서 발병하여 동남아시아와 유럽 등

는 중동의 낙타, 사스와 코로나바이러스의 시작은 사향고양이·천산갑 등으로 알려졌다.

코로나바이러스가 세계를 강타하는 중(2020.02.11.) 한국영화는 백 년을 맞으며 큰 사건이 발생하였다. 한국영화 '기생충'이 오스카상 4개 부분을 휩쓴 새 역사로 세계를 놀라게 한 것이다. 각국은 상영관을 늘리고 영화의 제시카 송(독도는 우리 땅의 곡조)과 값싼 음식 짜바구리(짜바게티+너구리라면)가 히트를 치고 로고가 그려진 T셔츠가 불티난다고 한다. 더불어 이들이 들르던 구멍가게까지 성황을 이룬다. 급기야 넘쳐날 영화애호가들의 방문을 위하여 '기생충 영화 촬영지'를 스토리텔링 하려고 발 빠르게 나섰다.

앞서 세 가지 유행병은 짐승이 중간 숙주로 전염되는 세균細菌이라면 기생충寄生蟲은 음료나 음식이 몸속에서 들어가 자라나는 벌레들로 회충, 요충, 편충, 디스토마 등이다. 이놈들은 사람의 장기에 침투하여 양분을 빨아먹고 쉽게 죽음에 이르게 하지는 않으나 사람을 곤혹스럽게 한다. 영화 '기생충'은 한국 상류사회에 기생하여 살아가는 하류사회의 단면, 또는 상, 하류사회의 충돌을 '기생충'이라는 영화로 잘 보여준다.

필자가 보건데 중국인들의 식생활 중 기생충은 아주 적다-몬도가네는 어디에도 있지만. 이유는 중국인들은 생것·날것, 냉수도 마시지 않기에 좀처럼 음식을 통하여 기생하는 기생충은 없는 편이다. 그러나 코로나바이러스도 사스가 시들어져도 중국은 야생동물로 인한 유행병이 끊이지 않을 것이다. 그들이 음식문화를 바꾸지 않는 한 유행성 전염병 또한 끝나지 않을 것이다.

반대로 한국에는 기생충은 있으나 사스나 코로나바이러스는 없다. 그러나 중국에는 그 반대이다. 요즈음 상황에서 중국인들의 음식문화와 건강에 대하여 살펴보

전 세계로 확산되었다. 2003년에는 평균 10%가 넘는 치사율을 보였다. 또한 메르서MERS(중동호흡기증후군)는 변종코로나바이러스로 2012년 중동지역 아라비아반도를 중심으로 나타났으며 2015년까지 천명 이상의 감염자와 400명 이상 사망자가 발생하였다. 한국정부는 68일 만에 종료됐다고 발표한 바 있다-Daum 백과

자. 필자는 1995부터 20여 년간 중국에 장기거주하며 체험한 그들의 음식문화와 이로 인해 일어나는 일들을 비교하며 살펴보고자 한다.

세계적으로 요리방법과 즐기는 문화가 다르다

중국에서는 음식을 만드는 식기부터 사뭇 다르다. 그들의 밥 가마는 위가 넓고 아래로 갈수록 좁아져서 끝부분은 뾰족하고 나무 뚜껑을 사용한다. 이를 '한족가마'라 부른다. 그와 달리 조선인들이 쓰는 가마는 위에서 몸통까지 거의 같은 폭이고 부뚜막에 걸도록 날개가 달려 있고 같은 재질의 쇠로 뚜껑을 만든다. 이러한 '조선가마'는 밥이나 국을 끓이기는 좋지만, 요리를 만들기는 불편하다.

조선인들은 밥과 국을 주식으로 하지만 중국인은 식빵을 찌고 식용유를 많이 사용하고 육식을 즐긴다. 그래서 중국 가마는 빵을 찌거나 볶음채(요리)를 만들기에 맞는 구조다. 또한, 조선인은 밥과 국을 떠먹기에 좋도록 쇠숟가락, 쇠젓가락을 사용하고 그 크기가 같다. 그러나 중국인들은 대나무로 만든 긴 젓가락과 짧고 조그만 사기나 쇠로 만든 짧은 숟가락으로 탕이나 요리 국물을 떠먹는다.

조선인들은 통 깊은 밥그릇, 납작한 국그릇, 작은 반찬 그릇을 사용한다. 그러나 중국인은 빵을 먹거나 밥을 먹을 경우도 큰 양푼에, 요리도 큰 접시에 떠 놓고 각자 작은 공기로 밥이나 요리를 떠먹는다. 미국인들은 수프를 먼저 먹고 요리를 먹고 커피를 마신다. 조선인은 밥과 국과 반찬을 같이 먹고 숭늉을 마신다. 그러나 중국인은 요리를 다 먹고 난 후에 국을 마신다.

조선족·고려인·북한사람은 한국 사람들과 비슷하다. 그러나 청결하기로는 전자가 한국인들보다 훨씬 더 깨끗하다. 중국인들은 음식의 다양성·음식의 재료·음식을 만드는 방법이 한국인·일본인들과 비교 못 할 정도로 다양하다.

그런데 '어째서 중국인들은 육식과 기름 사용이 많고 짜게 먹는데도 고혈압, 당뇨병, 동맥경화 같은 성인병이 적은가? 조선족보다 장수하는가?' 필자가 비교 분석해본 결과는 이렇다.

중국인들은 조선족들보다 ①마늘·양파·녹차를 많이 먹고 마신다. 대부분 음식은 볶은 마늘기름에 요리하고 양파를 많이 사용한다. ②대부분의 재료는 약용식물을 많이 사용한다. ③생수나 날것은 거의 먹지 않는다-생것이라고는 대파, 고수 정도다. 필자가 중국에 살던 1995~2000년 초까지도 일식집은 거의 없었으나 2000년 초에 이르며 대도시를 중심으로 생선회를 팔기 시작하였다.

조선족들은 한국식으로 고기를 구워 먹고 중국인들보다 더 짜게 먹으며 생수 마시고 날 것을 즐긴다. 그리고 마늘·양파·녹차도 흔히 먹고 마시지 않고 과음하기에 60살 전에 쓰러지고 중풍도 많이 앓는다. 그러나 한족들은 중풍환자들이 거의 없다.

그들의 식생활은 건강식이요, 장수식품들이다. 그러나 중국인들의 식성은 몸에 좋다면 못 먹는 게 없다. 박쥐, 각종 곤충들-그 중에는 '모기눈 요리'도 있다.

동굴박쥐는 모기를 먹으나 모기 눈들이 소화가 안 된다. 그래서 박쥐의 변이나 장속에서 채취하여 요리에 쓴다. 이에 반해 제비집 요리는 아주 고급이다. 물제비들은 절벽 끝에 집을 지을 때 마른생선들을 자기 위액에 섞어서 집을 짓는다. 사람들은 절벽 끝에 제비집을 채취하는데 그것을 요리재료로 만든 것이 제비집 요리다.

중국에는 사스와 코로나바이러스만 나타날까?

중국의 대표적인 요리는 ①둥베이차이東北料理, ②베이징차이北京料理, ③산둥차이山東料理, ④쓰촨차이四川料理, ⑤광둥차이廣東料理 등을 들 수 있다. 그리고 ⑥시베이차이西北料理, ⑦타이완차이臺灣料理 등과 각지에 흩어져 사는 ⑧소수민주차이少數民族料理들이 부지기수다. 중국에서 전해 오는 말 중에 "중국서 나서 중국을 다 못보고 중국어를 다 모르고 중국요리를 다 먹어보지 못하고 죽는다."라고 한다.

이중에 가장 다양한 중국요리가 광둥차이다. 한번은 아내와 광둥성 광조우廣州에 갔을 때다. 그곳의 친구는 우리를 한 식당으로 안내하였다. 거기에는 뱀·자라·

전갈·사향고양이·천산갑·오소리 등의 각종 야생동물과 어류, 해산물 등의 신기한 재료들이 있었다. 필자는 새로운 곳에 가면 "오늘은 어떤 새롭고 신기한 음식들을 만날까?" 기대를 하는데 아내는 영 아니다. "그래 저 중의 하나를 택해볼까?" 했는데 아내가 옆구리를 꼬집어서 어쩔 수 없었다.

중국에 알려진 재료 중 날짐승은 기러기·거위 간·네발 달린 것은 당나귀와 곰 발바닥·물속에 것은 자라, 바다의 것은 상어지느러미다. 하루는 딸에게 자라탕을 사주었더니 중국에서 학교를 마치고 한국대학에 진학한 딸은 방학에 중국의 집에 와서는 자라탕을 먹고 싶다고 했던 걸 보면 어지간히 아빠를 닮았다고 생각되었다.

이 재료들은 한국에서는 쉽게 접할 수 없으니 너무 아쉽다. 그런 중에도 자라는 담백하고 깔끔한데 비린내가 없고 쫄깃하여 고단백 저지방 다이어트 식품이고 미용식이고 맛있다. 북한의 김정은은 자기들만이 먹는 1호 자라양식장을 잘 관리하지 못한 책임을 물어 책임자를 총살했다고 한다.

한국의 졸부들은 몸보신을 위해서라면 못 갈 데가 없고 못 먹을 게 없다. 그래서 세계각지로 맞춤 스태미나 관광을 한다는 얘기를 들었고 종종 본 적도 있다. 그러나 중국인들에게 이러한 음식들은 특별한 게 아니고 일상적인 것들이다. 그래서 중국 재래시장에 가보면 기상천외한 것들을 만날 수 있다. 이번에 신종바이러스가 시작된 무한의 재래시장도 그런 곳이다.

빌게이츠는 2017년 독일 뮌헨 안보 컨퍼런스에서 바이러스의 위험을 경고한 바 있다. "전염병이 핵폭탄이나 기후변화보다 훨씬 위험하다. 전염병의 확산 가능성이 매년 늘어난다,"고 하였다. 그는 "핵무기가 수백만 명을 죽일 수 있는데 테러리스트가 바이러스를 활용한다면 수억 명도 죽일 수 있다. 공 바이러스를 만드는 기술이 과거에는 국가 차원에서 다뤄졌으나 지금은 일반생물학자도 다룰 만큼 대중화되었다."라고 그 문제점을 지적한 바 있다.[9]

---

9) 아시아경제 2020.01.26일자

기후변화로 일어나는 엘리뇨, 라니냐현상은 ①해양의 직접적인 변화로 태풍을 만들고 ②기후변화를 만들어 남북극해의 빙상을 녹이고 ③해수면이 상승하여 금세기 안에 ④해수면이 낮은 수많은 도시와 나라들은 물에 잠기게 되고 ⑤중국, 몽골 등의 사막화가 급속히 진행되는 재앙이 발생한다. 그런데 이러한 기후변화의 영향보다도 전염병은 더 빠르게 이 땅을 황폐하게 만든다.

빌게이츠의 예언 뿐 아니라 이후에도 인간이 바른 식생활과 바른 먹거리를 생산하지 못한다면 조류독감·구제역·광우병 같은 것들이 우리를 공격하게 될 것이다. 초식동물에게 육식을 시키는 데서 광우병이 일어나는가 하면 검증되지 않은 식품의 섭취로 발생하는 바이러스들이 인류를 공격하게 될 것이다. 사스와 코로나바이러스뿐 아니라 어떤 신종 변종 바이러스가 다시 위험에 빠트리게 할지 알 수 없는 일이다.

이웃이 잘 먹고 잘 사는 것을 고마워해야 한다.

중국은 신종 코로나바이러스뿐 아니라 앞으로도 수많은 신-변종 바이러스가 출몰할 수 있는 위험한 곳이다. 그것은 ①중국의 땅덩이가 넓어서 한대에서부터 열대까지를 넓은 기후대를 포함하고 있으며 ②인구가 많고 다양한 민족과 다양한 전통들이 있으며 ③검증되지 않은 음식들을 선호한다는 것과 ④정치적으로 개방되지 않아서 정보의 자유가 없거나 늦다는 것이다. 필자가 중국에 머물던 때에 사스가 발생하여서 온 세계가 난리법석일 때도 중국 정부는 쉬쉬하였다. 한국의 친지는 "어떻게 해, 중국 상황이 심각한데 그냥 중국에 있어도 되는 거야!"하나 중국정부는 아무 일 없다고 하다가 뒤에 가선 이번처럼 주민들을 꼼짝 못 하게 하고 모든 모임 장소를 폐쇄해버렸다.

중국은 앞으로도 지난번 사스 사태 뿐 아니라 이번의 코로나바이러스 때에도 똑 같은 방법으로 대처하고 있다. 아마도 수년 내에 이런 사태가 일어난다 해도 비슷하고 시진핑 정부는 마찬가지일 수 있다. 중국의 위험상황은 늘 존재하고 하나 우리는 중국이 잘먹고 잘살기를 응원해야 한다.

이웃집, 이웃 나라가 잘 사는 것을 배 아파할 게 아니라 고마워해야 한다. 형제가 어려움에 부닥치면 그냥 보고만 있지 않을 것이다. 막돼먹은 사람이 아니라면 당연히 도와줄 것이다. 그러나 형제가 잘살면 얻어먹을 게 없어도 도와줘야 할 부담은 없다. 국제사회도 다르지 않다. 이웃인 중국이나 일본이 늘 우리를 괴롭혀 온 역사를 생각하면 언짢은 일이고 어떻게 되든 관계하기 싫을 수 있다.

가을이 되면 '천고마비天高馬肥' 계절이라고 말한다. 우리는 그 뜻도 모르고 좋은 뜻으로 알고 썼다. 북방의 유목민들은 짐승들과 함께 먹고산다. 그러나 고기만을 먹고 살수는 없고 밥이나 빵을 먹고 싶을 것이다. 그래서 '하늘이 높아지고 말이 살쪘으니 이제 남쪽 사람들이 추수해 놓은 농작물을 뺏으러 가자!'라는 나쁜 의미의 말이다.

이번에 발생한 코로나19 바이러스는 중국에서 시발하였으나 중국 내 문제만이 아니다. 과거 시대에는 문을 닫고 쇄국할 수도 있었다. 그러나 쥐나 새나 전쟁 등으로 전 세계로 퍼져 나가게 된다. 현대는 국경을 개방하고 선박과 항공기와 국제열차와 고속도로를 타고 대형 컨테이너 차량이 전 세계로 나가는 국제 분업화 시대이다.

이번 사태로 중국공장들이 문을 닫자 부품을 수입하지 못한 한국자동차 공장들의 생산라인이 문 닫을 수밖에 없었다. 이로 인해 한국자동차에 부품을 팔던 나라들도 한국에 수출하지 못할 뿐 아니라 완성차를 팔아야 하는 우리나라와 완성차를 수입해야 하는 나라들도 수입할 수 없는 것이다. 그렇기에 국제사회는 상부상조하는 관계를 유지할 수밖에 없다.

그러므로 비록 우리 이웃 나라들이 우리 맘에 들지 않아도 그들이 잘 먹고 잘 살아야 한다. 그래야 우리도 원만하게 살아갈 수 있기 때문이다. 그들이 잘 사는 것이 우리를 침범하지 않고 잘 살아갈 것이다. 그러나 일부 보수주의자들은 정부에 "왜 국가의 문을 닫지 않느냐?", "왜 그들이 들어오는 것을 막지 않느냐?"고 하는 것은 극히 잘못된 처사이다.

글을 마치며

사람들은 일찍부터 보이지 않는 전염병균과 싸워왔다. 중국 시진핑도 "코로나19 바이러스와 싸워 이기겠다."라고 전쟁을 선포하였다. 이 전쟁에서 일본은 의사 한 명이 300명밖에 검진할 수 없다며 요코하마 항구에 크루즈 탑승객을 하선시키지 못한 채 잡아두어 계속 발병자들이 늘어나고 있다. 그러나 한국 의사들은 하루에 3,000명 이상을 검진하므로 이 방면에서도 오스카상 수상감이다.

세계보건기구는 21세기를 '전염병의 시대'라 말한다. 신종인플루엔자 A(H1N1)·중증급성호흡기증후군(사스·SARS)·중동호흡기증후군(메르스·MERS)·조류인플루엔자(AI)·돼지인플루엔자 바이러스·신종 코로나19 바이러스(COVID-19)가 발생하였다. "중국인들은 비행기 날개와 책상다리를 빼고는 다 먹는다"라고 한다.

중국의 음식문화를 다 말할 수는 없지만, 문제는 흑사병의 쥐·사스의 사향고양이·메르스의 낙타·조류독감의 야생조류·돼지인푸엔자의 멧돼지·코로나바이러스의 천산갑 등의 매개체가 동물이다. 그러나 중국인들은 식습관을 쉽게 바뀌지 않을 것 같다. 그러기에 이런 류의 전염병이 발생할 여지는 항상 남아있다.

바이러스의 원종이 신종으로 변종으로 끊임없이 인류를 위협한다. 아직까지 바이러스를 죽일 약은 개발되지 않았다. ①멀지 않은 날 이런 전염병들을 퇴치할 약들이 발명되리라 본다. ②그러나 약의 발전도 중요하나 그보다 중요한 건 검증된 음식을 먹어야 하고 ③자신을 병균으로부터 지키는 의지가 중요할 뿐 아니라 ④발병되었을 때 조치할 국가가 정보를 공개하므로 국제사회가 함께 매뉴얼을 만들어나가는 게 중요하다고 본다.

제주오름, 그 이름과 뜻을 밝힌다.

들어가는 말

2020년 3월 15일부터 인터넷 영수일보에 '제주오름 이야기'를 연재하게 되었다. '제주오름 이야기'를 통하여 그동안 듣고 익혀 온 것들을 배경으로 고향 제주오름을 연구하며 '제주오름 이야기'를 연재하게 되었다. '제주오름 이야기'는 아직껏 밝히지 못하거나 잘못 알려진 제주오름의 이름과 뜻과 진실을 밝혀 나가고 있다.

25년 전 김종철 선생이 출판한 『오름 나그네』 책에 감명을 받았다. 당시만 하여도 불모지였던 오름을 세상에 조명한 점, 그로서 오름을 내세워 제주관광에 새로운 지평을 열었다는 점, 탐방로도 없던 시절 가시덩굴을 헤치며 오름을 찾아 밝히고 소개한 점에서 고인의 공로를 크게 치하하는 바이다.

김종철은 『오름 나그네』에서 "이 오름은 애매한 채로 그 뜻이 분명치 않다든지, 이 오름의 이름에 대하여는 전문가의 어원적 분석이 기다려진다."라고 하였다. 그래서 이를 밝혀야 하겠다는 생각과 잘못 알려진 경우도 꽤 있을 뿐 아니라, 선생의 사후 세상은 세 번 변하였으니 제주 오름의 연구와 발전이 절실한 때이다.

필자는 '오름이야기' 연재를 통하여 오름의 명칭과 기원, 위치와 형태, 자연과 탐방에 대하여 전하고 필요에 따라서는 스토리텔링을 통하여 그 의미를 새롭게 하고 이로서 제주오롬이 제주도 미래산업을 발전시켜나가고 적용하기를 바라는 바이다. 제주오롬의 시대를 다음과 같이 분류해 보았다. 1)탐라국~고려: 기록이 없던 시대로 제주 본디本地 말로 불리던 때 2)고려~이조: 고지도古地圖상에 한자로 표기 된 때, 3)이조~일제시기: 근대적 방법으로 측량, 등기된 때, 4)일제시기~해방시기: 한글회복의 때, 5)해방시기~현재: 본딧말/제주어 환원시대로 나누어 볼 수 있을 것 같다. 김춘수 시인의 꽃이란 시가 생각났다.

내가 그의 이름을 불러주기 전에
그는 다만
하나의 몸짓에 지나지 않았다

내가 그의 이름을 불러주었을 때
그는 내게로 와서
꽃이 되었다

제주오롬들도 자기 이름이 있었고 '창씨개명' 당하던 억울하고 부끄러운 시대가 있었다. 그러나 새로운 세상을 만났어도 제 이름, 제 뜻을 모른 채 가시덤불에 갇혀 있다. 그 오롬들을 찾아 그 이름을 불러줄 때 제주오롬도 꽃처럼 우리에게 다가 올 것이다.

오롬의 한자어 표기가 잘못된 경우

은다리 오롬은→'윤드리(윤드리)오롬'이라 해야 한다: 구좌읍 종달리 산15-22번지의 '윤드리오롬'은 윤낭 들판의 오롬이며 '눈도리'는 들판에 누운오름'에서 기인한다. 이를 은월봉隱月峰이라 표기하며 '눈'을 은밀하다의 '은隱', 돌은 월月, 오롬은 '봉峰'으로 하여 '은월봉-은밀한 중에 떠오르는 달이 신비하다." 하나 이는 의역한 '은월봉隱月峰'을 잘못된 유추한 것이다.

최근에 '은다리오름'이라 표기하였는데 여기서 은돌-은드리-은다리로 변화된 것으로 볼 수 있다. '은다리오롬' 양쪽 봉우리 사이로 떠오르는 달이 그렇게 보이기도 하지만 그건 틀린 말이다. 돌은 달(月), 드리는 다리(橋)로 잘못 표기한 것인데 지역민들은 '윤드리'라 부른다.

이 말은 제주어 '윤낭/윤남'에서 온 말로 한자로 '종목'이다. 중국어사전漢語事典의 첫째 종목鐘木은 떼종나무/떼죽나무·둘째 종목蔆木은 사스레피나무·세째 종목椶木은 야자로 종려나무·넷째 종목樅木은 전나무다. 야자나무는 남방식물·전나무는 북방식물로 당시 제주에는 없었다. 그래서 셋째·넷째는 배제하고 첫째·둘째를 살펴보기로 한다.

윤드리오롬을 찾아보니 사스레피나 우묵사스레피는 몇 그루에 지나지 않는다. 윤낭/윤남(떼종/떼죽나무)은 구좌·성산·표선 등지의 표고가 낮은 오롬에는 희귀하다. 조천-우진제비·봉개-민오름·사려니숲·애월-바리메는 많고, 송당 성불오롬은 몇 그루, 표선 여문영아리에는 많은데 기온이 찬 곳, 고산지에 있다는 말이다.

떼죽나무는 낫자루·호미자루 등으로 쓰이나 자르고 나면 다시 나지 않는 특성이 있다. 지금 윤드리 오롬 주변은 옛날 물징거(종달리 최초마을·도랑쉬 동쪽 경계) 마을을 이룰 때 화전火田을 일구며 베거나 타거나 온도변화로 점차 사라진 것으로 사료된다. 실제로 여문영아리에 떼죽나무는 고사목들이고 어린 나무는 보이지 않았다.

윤드리 일대는 사스레피나무(종목蔆木Lurya japonia)나 윤노리나무(Pourthiaea villosa)는 꽤 있다. 중국어사전에 종목蔆木은 '가늘다, 휘추리'라 하는데 제주에서 므쉬馬牛를 몰 때 테우리(목동)들이 쓰는 휘추리는 사스레피가 아니라 윤노리나무이다. 실제로 떼죽나무와 윤노리나무는 낙엽수이고 흰 꽃이 피는 것도 비슷한데 휘추리 용도로 보면 제주인 누구나 '윤노리나무'라 할 것이다.

그런데 한자로 옮긴 이는 테우리(목동)가 휘초리로 쓰는 윤노리낭과 윤낭을 비교하여 말한 것을 윤낭=鐘木(종목/떼죽나무)라 쓴 것으로 사료되기도 한다. 이같이 '은다리'는 '은'이 아니라 '윤드리→윤드리', 한자로는 '종달봉鐘達峰'이라

써야 한다. 왜냐하면 '윤ᄃᆞ리=종ᄃᆞ리 벌판을 음차한 종다리에서 종달리' 지명이 나왔기 때문이다.

ᄃᆞ랑쉬 동편 ᄀᆞ는곶(세화리)과 윤드리 경계에 '물징거가 옛날 윤ᄃᆞ리 마을이다. '종다리'라는 지명도 여기서 나온 것이다. '윤드리'는 제주어로 '윤낭(종목鐘木)드르'인데 이를 음차할 때 '쇠북 종鐘'자를 쓰지 않고 '마칠 종終'자를 차용하므로 '종달리終達里'가 되어서 '제주시 동쪽 끝 마을'이라는 오해가 생긴 것이다.

윤드리(종다리)는 본래 영주瀛州(제주)목이 아니라 정의군(성산·표선·남원·서귀포)지경이었다. 구좌지경에 왜구침입이 많아서 영주瀛州목사는 직접 챙기고자 김녕현)에서 하도리에 별방진을 세우고 별방면으로 분할할 때 종달과 우도를 정의군에서 별방면으로 편입시키게 된 것이다. 그래서 이후 별방면, 나중에는 김녕현 합쳐서 구좌면이 된 것이다.

또한 구좌읍지는 대부분 마을이 내륙에서 해안으로 옮겨 갔으나 종다리만은 해안에서 내륙으로 옮겨 간 것이라 하나 틀린 말이다. 윤드리는 전설이 아니다. '종달鐘達'은 윤낭(종목鐘木)+드르에서 달達이 나온 것이다. 또한 1780년 정의현지도 종달리와 신달리로 나와 있는데 바닷가 마을을 신달리新達里로 보아야 할 것이다.

지미봉에서 윤드리를 보면 마치 날개를 편 큰 바다 새 '앨버트로스'를 연상케 한다. 큰 새는 어깻죽지와 긴 양쪽 날개로 마을을 감싸는 모습이다. 큰 새는 한라에서부터 날아와 대양을 향해 날아가기 전에 종다리 들판에서 잠시 휴식을 취하는 모습이다. "나의 이름을 불러줘! 나와 함께 대양을 향해 날아오르자!" 하는 것 같다.

모구리오름은→'모고리(ᄆᆞᄀᆞ이)'오름이라 해야 한다: 이제껏 모구리(母狗里)오름을 어미 개라 하고 알오름을 '개동산'이라 하고 강아지가 어미젖을 그리는 형체라 해왔다. 그러나 이것도 견강부회牽强附會(근거가 없고 이치에 맞지 않는 것)이다. '모고리'오름의 견강부회 원인은 한자로 모구악母狗岳라고 음차한 데서 유추한 것이다.

모구리母狗里? 모골이毛骨伊는 자도 한글도 아닌 것 같은데? 몽골어가 아닐까?" 제주에 '도구리'라는 나무로 만든 큰 그릇이 있다. 육지의 '함지박'이다. 몽골 친구와 찾아보니 '둥근 것'으로 '자동차 타이어'도 'ᄃᆞᄀᆞ리'다. '모구리'를 찾아보니 몽골어로 '뱀могойᄆᆞᄀᆞ이(모ᄀᆞ리)'였다. '뱀이 많다'고 할 때는 'ᄆᆞᄀᆞ태могойтой'라 하였다. 전율을 느꼈다. 그것은 개狗가 아니고 뱀이었다. 그렇다면 알오롬은 '용이 되려고 뱀이 탐하는 여의주 모양'인 것이다.

ᄆᆞᄀᆞ이(모고리)를 3가지로 생각해보니 1)뱀을 신성시해서-뱀을 신神으로 섬기는 '표선면 토산 땅'이 지척이라서? 2)뱀이 많아서? 그렇기도 하지만 3)뱀을 닮아서? 이 중에 3가지 뜻이 모두 있으나 2, 3번째 뜻이 더 깊어 보인다. 몽골어 'ᄆᆞᄀᆞ리'를 '어미 개母狗'로 표기하므로 알오름도 '어미젖을 찾는 강아지'로 본 것이다. 그러나 오름의 머리는 개가 아닌 뱀의 모양이다.

'모고리'를 음차한 '모골이毛骨伊'는 원어에 더 가깝다고 보나 정확한 몽골 발음은 'ᄆᆞᄀᆞ리'로 아래'ㆍ'를 써야 하나 편의상 더 가까운 발음으로 '모고리'라 쓰는 것도 무방해 보인다. 제주에서 사용하는 아래'ㆍ'는 몽골 발음과 같으나 한국어에서 아래'ㆍ'를 모두 'ㅏ'로 표기한다면 '모가리'가 돼버린다.(그 예로 ᄃᆞ랑쉬도 다랑쉬가 아니라 'ㆍ'를 못쓰면 도랑쉬로 써야 한다)

오롬의 유래나 전설이 잘못된 경우

도랑쉬오롬은→'소들이 어울려 노는 들판의 위에 오롬'이다: 다랑쉬오롬의 정확한 제주어는 'ᄃᆞ랑쉬오롬'이다. 훈민정음의 '아래'ㆍ'를 'ㅏ'로 발음하여 제주어에 동일하게 적용, 표기하하는 것은 잘못이다. 제주어의 '아래'ㆍ'는 'ㅏ'보다 오히려 'ㅗ'에 더 가깝다. 'ᄃᆞ랑쉬' 역시 '아래 ㆍ'를 쓰지 못한다면 '도랑쉬'라고 쓰는 게 그나마 본디 발음에 가깝다.

ᄃᆞ랑쉬오롬을 한자로 '월랑봉月朗奉'이라 하여 '달처럼 둥글게 보인다'하여

'ᄃᆞ랑쉬'가 되었다는 견해가 있다. "ᄃᆞ랑쉬 굼부리에서 알이 태어나듯 보름달이 떠오르면 세상 비길 데 없이 아름답다"라고 한다. 그러나 이는 '한자 표기상 음차의 오해'로 견강부회牽強附會(근거가 없고 이치에 맞지 않는 것을 억지로 끌어대어 맞춤)이다.

민속언어학자 김인호는 다랑쉬'는 부여와 고구려어인 '달수리'의 변화로 본다. 여기서 '달'은 '높다, 고귀하다' 등의 뜻이고 '쉬'는 봉峰의 뜻을 가진 '수리'에서 'ㄹ'이 탈락하여 수리→수이→쉬로 변한 것으로 높은 산봉우리라는 뜻인 '달수리→달쉬'가 되었다 하고 아무런 이유 없이 '랑'이 덧붙여졌다고 한다. 그러나 이는 억지다.

'ᄃᆞ'는 '들판'이란 뜻으로 ᄃᆞ리송당(조천읍 교래리와 구좌읍 송당리)이라 할 때 'ᄃᆞ리'는 '들판/벌판'이라는 말로 충청도 삽교揷橋를 '삽다리', 전라도 학교鶴橋를 '학다리'라 하는 것과 같다. 제주어의 'ᄃᆞᆯ'은 한국어의 '달'로 한자어 '월月'로, 'ᄃᆞ리'는 한국어 '다리'로 한자어 '교橋'로 표기 한데서 온 오기誤記이다.

ᄃᆞ랑쉬의 'ᄃᆞ'는 '들판'이다. 필자는 만주에서 20여 년 거주했다. 『연변취담』에 "훈춘시 경신진은 두만강 최하류로 그곳의 제일 높은 산인 '수리봉(460.3m)'의 '수리'는 산 정상에 수리개=솔개가 유유히 날아다녀서 본래 운대산雲台山을 '수리봉'이라 하였다"라는 것이다. 옛 고구려·부여·예맥 땅인 만주에서 '수리'는 '독수리, 물수리, 참수리'의 '수리'로 솔개이다. 제주의 고량부씨는 고구려 고씨高氏·양맥족(동예맥·서예맥) 양씨梁氏·부여 부씨夫氏로 제주로 온 성씨들이기에 언어와 문화의 공통점이 많다. 제주에서도 '솔개'를 '똥수리, 똥소레기'라 한다. 그런데 '쉬'를 '봉峰'이라 한 것은 잘못된 말이다.

또한 "랑은 아무런 이유 없이 덧붙여졌다." 하나 잘못된 말이다. 중국어漢語사전에 '랑'은 ~格助詞, ~的結合, 表示, 和的意思(~격조사, ~적 결합, 표시로 화和의 의미를 갖고 있다) 하는데 "화는 형용사로 평화·화평하다·부드럽다·온화·따스하다·친절하다. 동사로 화해·화의하다·따라·추종하다·오르다, 섞다·혼합하다"라는 뜻이다. 한국어의 '나랑 너랑'이라 할 때 쓰는 '랑'과 비슷한 말이다.

ᄃ랑쉬의 '쉬'는 '소牛'이다. 제주어'에서는 소나 말을 ᄆ쉬馬牛할 때 'ᄆ는 말, 쉬는 소를 말하는 것이다. 따라서 '쉬'를 '봉'이라 한 것은 잘못된 것이다. 필자의 이모님은 90을 앞두나 정정하시어 ᄃ랑쉬에 대해 물었더니 여러 가지로 답해 주셨다.

"지금 ᄃ랑쉬오름은 나무도 많고 올라가기도 어렵지. 사료로 소를 비육하니 들판에 내놓지도 않고. 옛날엔 너나없이 ᄃ랑쉬오름에 소를 방목했지. 테우리(목동)들은 말을 타고 오름 꼭대기까지 올라가서 ᄆ쉬馬牛를 살폈다."고 하셨다.

ᄃ랑쉬오름의 정확한 뜻은 '소들이 어우러 노는(풀을 뜯는) 들판 위에 오름'이다. 들과 소가 어우러진 오름이야말로 중국어 사전에서 말하는 '랑'의 뜻인 '화和'를 잘 나타내 주고 있다.

나시리오름은→'나시레오름'이라 해야한다: 성산읍 난산리 2683번지에 위치한 나시레오름은 수산~성읍 간 도로상에 모고리오름·유가메(유건에)오름과 삭삭 300여m 상에 있다. 한자로는 나시악螺施岳이라 쓰였는데 '소라라螺'는 나선모양의 조개·술잔·소라 껍데기로 만든 술잔의 뜻이고 '시施'는 베풀다·퍼지다·행하다·널리 전하여지다는 뜻이다.

또한 나시리악羅時里岳, 羅時岳, 羅瑟伊岳으로 쓰였는데 '나羅'는 새그물 나로 깁다·벌다·벌리다는 뜻이고 '시時는 때 시, 때맞추어·때를 어기지 않다' 또 '시瑟'는 큰 거문고 모양·엄숙하다, '리'는 마을리里, '이伊'는 저·그·이, 등의 발어사·어조사로 실제 뜻은 없고 보조로 쓰인다. 한글로도 '나시리, 나스리·나ᄉ리'로 쓰이나 그 의미나 유래도 불확실하다고 전한다.

'나시리' 이름은 어디서 왔을까? 많은 정보를 검색해 보았으나 나시리오름의 명칭과 유래는 불확실 하였다. 한국어는 아닌 것 같고 사용하는 한자도 다르다. 그렇다면 한자를 빌어 음차한 것이라는 걸 알 수 있다. 또한 "인근 모고리(모구리)와 유가메(유건애)가 몽골어였다면 이 역시 몽골어가 아닐까?" 할 때 떠오르는 몽골어가 생각났다.

몽골에서 '이리오라' 할 때 '나샤이레에наашаа ийшээ'라 한다. '나샤'는 이리·이쪽으로, '이르'는 '오다, '이르에르'는 '오세요'라는 뜻이다. 몽골 이민자들이 '이리 오세요!' 부를 때 '나샤이레에'라고 한다. '나샤이르에-나사이레-나시레-나시리'로 변형된 것으로 사료된다.

왜 "이리오라!" 불렀을까?' 모고리는 뱀이 우글거리는 돌짝 산지인데 '나시리'로 와보니 평평하고 기름졌다. "나샤이레에/ 이리와봐! 좋은 땅이야!" 소리쳐 친구들을 불렀을 것이다. 제주사람들은 이를 '나시레-나시리'로 부르게 된 거로 보인다. 그들이 '유가메'에 이르러 외쳤다. '유를칸(왕이 준 축복이야!)' 제주로 와서 좋은 땅을 찾던 이들, 반신반의하던 이민자들이 '모고리'를 거쳐 '나시리'에 이르러 좋은 땅을 보고 정착하게 된 것이다.

몽골 이민자들이 제주를 낙토로 여기며 700년을 살아왔다. 제주인으로 살며 고국 몽골로 돌아가지 못했다. 소와 말을 전해주고 함께 밭 갈고 메밀 씨도 뿌려 거두고 연자방아를 돌려 곡식도 빻고 말똥으로 군불도 때며 함께 살아왔다. '버릇없이 군다'고 "몽근놈", '바다 일도 모르고 게으르다'고 "몽근년"이라 무시당하며 살아왔다.

필자는 중국에서 20여 년을 살며 내몽골을 자주 다녔고 외몽골에서는 석 달을 살았다. 거기서 제주의 할아버지, 할머니들을 보았다. 이민족이었으나 이 땅 제주에서 다시 몽골로 돌아가지 못하고 제주인 되어 700년을 살았다. 좋건 싫건 제주인의 DNA 속에는 몽골의 피가 흐르고 있다.

유건에오롬은→'유가메'라 해야 한다: '유건에오롬'은 조선시대 유생들이 쓰는 '유건'처럼 생겼다고 하여 '유건에'라 하였으나 불분명하다'라고 한다. 한자로는 이기네伊其·이기천악伊其川岳·이근伊近이오롬이라 쓰이는데 '이伊'는 '이·저·그(발어사, 어조사)'이고 '기其'는 ~의(관형격조사), 그(지시대명사), 그(감탄, 강세조사) 등으로 '저기'라는 말이다.

유가메는 전혀 유건의 모양이 아니다. 이 오름 하나만으로는 그 뜻을 잘 알 수 없으나 모골이(모고리)오롬을 엮어서 추측해 보면 그 뜻이 확실히 풀린다. '유가메'라는 지명도 몽골어에서 왔다고 본다. 몽골어로 '유를- e pөөл'은 '축복'이란 말인데 '축복하다' 할 때는 '유르흐- e pөөx'라고 한다. 그러나 '~르흐'는 묵음이라서 실제로 발음을 들을 수 없다.

몽골은 '위대한 왕'을 '칭기즈 칸Činggis Qaγan'이라 한다. 중국어에서 칸看[kān]을 1성으로 보면, '지키다·맡아보다·구류하다·돌보다·관리하다', '칸看[kàn]을 3성으로 보면, '보다, (눈으로)읽다, 무엇이라고 보다, 방문하다, 대하다'는 뜻이고, 뫼는 산山을 말한다.

'유가메'는 '칸이 준 축복의 땅'이다. 모고리(모골이)오롬 주위는 뱀이나 살만한 돌과 자갈, 가시덤불이 엉클어져 있다. 오롬 아래는 꽤 깊은 비탈을 이룬다. 비가 오면 유가메쪽으로 흐른다. 모고리오롬과 유가메 사이는 팔지 못한 무를 트랙터로 중간중간 갈아엎었다. 사진을 찍으러 들어가니 밖에는 먼지가 풀풀 날리는데 무밭은 질퍽거렸다. 그래서 이기천악伊其川岳이라고 했을 것이다.

"이게 축복의 땅이다!" 모고리오롬 남쪽 언덕은 표선면과 경계를 이루고 영주산이 지척인 산지다. 농지로도 초지로도 좋은 땅이 아니다. 그러나 북쪽의 오롬인 '유가메' 주위에 이르면 부드러운 평지를 이루고, 물기도 촉촉하다. '몽골 이민들이 제주를 낙토樂土로 여기며 살았다'는데 '유를칸뫼'가 바로 그런 곳이다.

'유가메'는 모고리오롬과 달리 '축복(유를- e pөөл)'의 '뫼山'을 '칸/왕'이 준(돌보라고·지키라고) 내려준 곳이니 손들어 "유를칸!"이라 외쳤을 것이다. 칸이 하사한 축복의 땅에 오롬이 있으니 '유를칸뫼'가 되고→ 유칸메→ 유가메→유건에가 된 걸로 사료된다. '모고리'와 비교할 때 상반되기에 '칸이 하사해 준 축복된 땅'이라 했을 것이다.

'유가메(유건에)'는 원뜻인 '유를칸뫼→유칸뫼'를 연음화하여 '유가메'라 부르는 게 합당해 보인다. '유가메' 일대의 아까운 작물들이 시집 못간 비바리(아가씨)를 내다 버리는 것 같아 안타깝다. 자기 이름도 찾지 못한 체 한 모퉁이에 제쳐놓아 '유가메'처럼 눈물겹다.

오름의 뜻이나 해석이 잘못 전해진 경우

새별오름은→'새성新城'이란 뜻이다: 애월읍 봉성리 산59-8번지에 소재한 새별오름은 네댓 개 분화구가 골체(삼태기) 같은 말굽 형태를 이룬다. 오름 줄기와 파인 골은 마치 불가사리 같아 보기이도 하여 '별오롬'이 닮기도 하나 "왜 새별인가?"를 밝혀보고 싶었다. 이 오름은 효성曉星(새벽별: 새벽효·별성)·신성新星(희미하던 별이 갑자기 빛나다 다시 희미해지는 별)이라 불렸었다. 『심재집』탐라지에는 조비악鳥飛岳이라 하였는데 이 오름을 마치 새가 날아가는 모습으로 본 것 같은데 이 모양이 더 잘 보았다 싶다.

1273년 고려 복속 후 삼별초가 여몽麗蒙 연합군과 항전하다 항파두리성(애월읍 고성리)이 깨지고 김통정장군은 붉은오롬에서 전사하게 된다. 그때 김통정장군이 전사하며 피 흘려서 붉은오름(광령리 산18-2번지)이 되었다는 전설이 있다. 그 후 100여 년간 고려와 화친하던 몽골(원)이 쇠하고 명나라가 흥해지자 명나라와 화친하게 된다.

몽골에서 이민 온 목호들은 제주목사를 살해한 일로 고려와 화친을 맺은 명나라는 몽골의 잔재를 친다는 명목으로 1374년 여명麗明연합군을 명월포구로 상륙시킨다. 당시 제주인구 3만 명일 때 12,000대군을 몰고 온 것이다. 제주로 이민 온 목호牧胡들(12,000명)은 구좌읍 한동리 일대에 살다가 사태가 변하자 한경면 쪽으로 피하게 되자 최영장군은 옹포 일대에 살던 좌씨(좌용소 후손들)들을 살육하여 피가 내를 이루었다 전한다.

어림비(어음리), 도내미(봉성리 도내오름)에서 승전한 최영장군은 '별오롬' 아래 진치고 몽골후예들은 최영의 여명연합군과 마주하여 별오롬을 자연성으로 이용했을 것이다. 항파두리성이 '옛성古城'이라면 별오롬은 새성新城이었다. 이후 '새성/신성新城을→신성新星/새별이라 혼용하였는데 또 한편은 왕성하던 몽골이 사라지는 신성처럼 희미해져 신성新星의 이미지와 흡사하여 신성新星이라 했을 것으로 사료된다.

아끈ᄃᆞ랑쉬→도랑쉬보다 '낮다'는 뜻이다: 아끈ᄃᆞ랑쉬오롬은 도랑쉬오롬 코 앞 있는 사유지다. 탐방객을 막지는 않으나 사유지라서 시설관리를 못 한다. 필자가 중학교시절 식목일에는 동원되어 나무를 심기도 했는데 언제 사유지가 되었을까? "1970년 말, 동네에 전기를 가설 시 각 가정에서 가설비를 당할 수 없어서 오롬을 팔았다"라는 걸 당시 리장에게 최근에 확인하였다.

아끈ᄃᆞ랑쉬의 '아끈'이란 '버금가는'·'둘째가는' 것이라 하는데 제주시 문화대전은 '작다'는 뜻이라 한다. 아주 틀린 말은 아니나 맞는 말이 아니다. 바다 물때는 음력 초하루와 보름을 사리(일곱물)라 하여 물 빠짐이 제일 클 때다. 사리(일곱물)에서 헤어보면 8물-9물-10물-11물-12물이 되고 약근 조금·한 조금-1물-2물-3물-4물-5물-6물-7인 사리가 된다.

조금은 물 빠짐이 가장 적은 때로 제주에서는 '죄기·아끈죄기'라 한다. 'ᄃᆞ랑쉬'를 사리, 7물이라 한다면 아끈ᄃᆞ랑쉬는 8물~12물~조금(13물)~아끈 조금(14물)~한 조금(15물)이니 '적다'는 뜻이 아니라 '낮다', 8등급이 낮으니 '한참 차이 난다·천지 차이다, 등수를 셀 수 없으니 '변변치 못하다'라는 뜻이 맞을 것이다. 아끈ᄃᆞ랑쉬는 ᄃᆞ랑쉬에 가려 세화리에서는 잘 보이지 않는다. 그래서 ᄃᆞ랑쉬 뒤에 숨어 있는 낮은 오롬이니 도랑쉬에 비하여 변변치 못하다는 뜻이다.

ᄃᆞ랑쉬는 위치에 따라 다르나 아끈ᄃᆞ랑쉬는 정상이 평평하니 어디서나 비슷하다. 제주오름들 중에 ᄃᆞ랑쉬·아끈ᄃᆞ랑쉬라는 이름은 정말 시적詩的이다. 어떻게 산山 중 오름을 바다에 뜬 섬島처럼 물때로 비유했을까? 감탄하지 않을 수 없다. 제주도 대부분 오름은 큰오름-족은(작은)오름이라 한다. 그런데 '아끈'이라는 명칭을 쓰는 곳은 '아끈도랑쉬' 밖에 없다.

지미오롬은→'쥐시 끝(子尾)'이란 뜻이다: 지미봉地尾峰, ~岳, ~山, 지미봉只未峰이라고도 하였으나 종달봉終達峰은 틀린 말이다(종달봉은 윤드리오롬이다). 제주에서 산은 한라산만을 말하며 그 외는 산·메·미는 모두가 오름을 뜻하는 제주어이다. 지미地尾는 '땅끝'이란 말로 전남 우수영 '땅끝'과 같은 뜻이다. 왜 여기를 '땅끝'이라했을까?

제주의 머리를 한경면 두모리頭毛里라 하면 꼬리를 지미오롬으로 보았다(1960년 진성기) 하나 '제주마을명칭'을 연구한 오창명 교수는 "이는 민간 어원설에 불과하며 국립지리원에서도 한자에 의한 견강부회牽强附會(근거가 없고 이치에 맞지 않는 것을 억지로 끌어대어 맞춤)이라" 한다. 이런 점에서 제주오롬 명칭의 잘못을 밝히려 '오롬이야기'를 쓰게 된 것이다.

지미오름의 기원은 "종달리가 정의군에 속하던 때 정의군 성읍城邑기점 동쪽 끝을 지미봉으로 본 것이다. 지미는 12지간 시(1.자子/쥐, 2.축丑/소, 3.인寅/범, 4.묘卯/토끼, 5.진辰/용, 6.사巳/뱀, 7.오午/말, 8.미未/양, 9.신辛/원숭이, 10.유酉/닭, 11.술戌/개, 12.해亥/돼지) 중 자시(쥐시) 끝으로 보고 '쥐미'라 한 것이 '지미'로 변하였다"라고 한다.

우도牛島 역시 정의군에서 종달리와 함께 제주목 좌면으로 분립 되어(1872년, 오창명) 별방진(현재 구좌읍 하도리 소재)에 속하게 되었다. 사람들은 우도가 소 모양이라 '우도牛島'로 말하나 이 역시 견강부회이다. 우도는 정의군 성읍에서 볼 때 12지간 중 축시丑時에 해당하기에 축도丑島라 쓰고 '소섬'이라 불렀는데 나중에 '우도牛島'라고 잘못된 것이다.

달산봉達山峰은→토달오롬(토산돌오롬)이라 하는 게 좋겠다: 표선면 토산리 산13번지에 소재한 달산봉의 산山과 봉奉은 한 뜻이다. 왜 달산봉達山峰이라 했을까? '모양이 달처럼 생겼다' 하나 아니다. 한라산에서 멀리 떨어져 '탈산脫山'이라는 설도 있다. 김종철은 달이라면 '월산月山' 인데 달산이라 한 것은 '탈산'의 와전이라고 보았으나 그도 아니다.

김인호는 '달'을 '높다'는 뜻이라(ᄃᆞ랑쉬오롬에서) 하나 틀린 말이다. '달'은 제주어 ᄃᆞᆯ/ᄃᆞ리=달/다리의 뜻인 들판이다. 그래서 '높다', 또는 '산'이란 뜻에서 왔다는 건 잘못이다. 근처에는 이보다 높은 영주산176m, 매오롬107m, 붉은오롬129m 등 비고가 100m 이상인 오롬이 많기에 김인호의 해석을 적용하면 '높다'

는 말은 격에 맞지 않는다.

'달達'은 'ᄃᆞᆯ'의 음차로 '종다리'의 음차인 '종달의 달達'과 같다. 'ᄃᆞᆯ'은 '들판'이니 'ᄃᆞᆯ오름(ᄃᆞ리오롬)'을 음차하여 '달達'이라 하고 오름을 '산山'이라 표기하다가 봉화대烽火臺가 생기자 '봉화대烽火臺의 '봉烽'을 더하여 '달산봉達山峰(烽)'이 된 것이다. 그러나 제주에 ᄃᆞᆯ오름이 여러 개이므로 혼란스럽기에 '토달(토산돌)오롬'이라 하는 게 좋을 것 같다.

또한 '망오롬'이라고도 했는데 토산오름도 '망오롬'이라 하는데 제주도에 망오롬은 한두 개가 아니다. 이는 봉화대가 설치되기도 했으나 이 지역이 밭으로 쓰이기 전 목초지여서 들판 위에 'ᄃᆞᆯ오롬'이라 불렸을 것이고 따라비, 용눈이처럼 나무도 없었을 것이다. 테우리(목동)는 오롬에 올라 고삐 메지 않은 "우리 ᄆᆞ시馬牛가 어디쯤 있나?" 살피던 곳이다.

제주는 700년 전 충렬왕 20년(1276) 이전 몽골의 행정관료+군사 1,400명, 왕족+유배자 170여 명이 왔다. 공민왕 때(1374)는 12,300명의 농목農牧이민이 제주를 낙토로 여기며 살았다고 전한다. 『동국여지승람』은 원元나라 11성 조趙. 이李, 석石, 초肖, 강姜, 정鄭, 장張, 송宋, 주周, 진秦, 양梁과 운남雲南을 선향삼는 안安, 강姜, 대對씨, 그 후 이민 온 좌左씨를 합하면 15개 이상의 성씨가 700여 년 전 제주로 이민 와서 오늘에 이른다.

몽골은 산山을 '올/오로', 산맥을 '노로'라고 하기에 '오름'이 아니고, '오롬'이 맞다. 짐승들을 망보던 곳은 '어워'라 한다. '어워'는 '쌓다'라는 뜻으로 몽골 목동들이 목축을 망보던 것과 제주 테우리(목동)들이 돌을 쌓은 '어음'에 올라서 ᄆᆞ시馬牛를 보던 것과 같다. 그러다 이후 외적을 망보는 역할도 하였으리라.

필자의 어린 시절 할머니는 젊은 처녀들이 몸에 딱 붙는 바지를 보고 혀를 차며 말씀하셨다. "거 뭐라 따비 가랭이 ᄀᆞ치" 하셨다. 제주사람들은 쟁기가 아니라 '따비'라는 기구로 목초지를 개간하며 점차 윗 지경으로 넓혀 밭을 일궜다. 그리고 망볼 일 없고 농사짓기도 쉽지 않은 오롬들은 목초지로 썼다.

1960년대 정부는 목초지에 방에(불)-만주 조선족들은 진드기를 '어에'라 하는

데 '방에불'은 어에(진드기)를 방지/방역하는 것-를 금지하고 나무 심기를 강요하였다. 불과 50년 전 필자의 어릴 적 2월이면 산과 들에 '방에불'타는 걸 자주 보았다. 그래서 어에(진독/진드기)도 가시덤불도 타서 질 좋은 목초가 자랐다.

전설이 돼버린 '방에불놓기'가 '들풀축제'라는 이름으로 재현된 것은 그나마 다행한 일이다. 그러나 '들풀축제'가 아니다. 질 좋은 목초를 얻고, 가시덤불을 제거하고, 어에(진독/진드기)를 방제를 위해 불태우는 '방에불'이다. 목축을 주업으로 삼았던 제주의 전통적인 목장관리를 위한 행사로 이를 전승하는 것이라면 '들불'이 아니라 '방에불축제'라 해야 맞다.

오롬의 새로운 가치를 발견한 경우

고근산은→'호근오롬'이다: 서귀포 법환리는 '법한리法汗里개', '법환포法還浦'로 불리는 해변마을이고, 바다가 없는 중산간에는 호근리-서호리 마을이 있다. 호근리는 18세기 때 '호고목촌好古木村, 호근목촌好近木村'이라 불렸다. '호근리'는 일제시기 전 '호도虎島'라는 '범섬' 근처近處에 근접近接해 있어서 호근리虎近里라 하였다. 그런데 '범호虎자'를 좋을 '호好'로 잘못 음차하여서 '호고好古산' '호근好近산'이 '고근산'으로 변형되었다.

'호근오롬'은 서호동 1286-1번지에 위치하여서 뒤로는 한라산을 등지고 앞으로는 범섬(虎島)을 바라보고 있다. 호근오롬은 해발 396.2m, 표고 171m로 높지 않아서 탐방로를 따라 오르는데 30분이 채 안 걸리는 나지막한 오롬이다. 둘레는 4,324m이나 원형 굼부리는 700m로 한눈에 다 들여다보인다.

호근오롬은 전설에 따르면 '제주창조의 여신인 설문대할망이 한라산을 베개삼아 궁둥이를 호근오롬에 깔고 범섬에 다리를 걸치고 물장구치면서 놀았다'는 이야기가 전해진다. 어쩌면 그런 얘기가 전해지는 것은 한라산이 정북으로 10킬로 지점, 범섬까지는 정남으로 5킬로 내의 가까운 거리에 있어 호도근처(虎島近處)라 하여서 호근리 마을이 되었으니 가히 전설적이다.

맑은 날, 파란 하늘 아래 진청색 한라산 왕관릉과 그 아래 푸른 숲의 바다가 산 아래까지 이어져 '호근오롬'까지 푸른 물이 올라온다. 봄을 맞는 탐방로 입구에 으름꽃이 땅을 향해 조롱조롱 열렸다. 꽃이 진 벚나무 잎과 사스레피 나뭇잎이 반짝거린다. 가막살나무·상수리나무는 이제 막 푸른 잎을 내는데 아웨나무·예덕나무는 붉은 잎을 피운다.

정상과 굼부리의 높이 차이가 없어서 바로 굼부리로 들어가 볼 수 있다. 그러나 특별한 식생이 없어서 의미가 없을 듯하다. 정상을 왼쪽으로 돌면 올레 7-1코스의 스템프를 찍는 곳도 있다. 마침 굼부리로 내려가는 한 쌍의 젊은 부부가 고사리 꺾는 것 같은데 그 모습이 평화롭고 사랑스럽다.

표선 매오롬은→'매의 머리'와 '날개'를 닮았다: 매오롬은 매의 머리를 닮아서 매오롬이란 이름이 붙었다. 그런데 지도를 보면 놀랍게도 매오롬은 매바위 정상을 머리로 한쪽 날개는 도청오롬 쪽으로 높고 한쪽 날개는 곶자왈 같이 낮은 매오름의 저지대이다. 마치 매가 한쪽 날개를 올리고 한쪽 날개는 낮추어 방향을 트는 형상이다.

그리고 높은 윗날개 쪽으로는 소나무·편백나무·삼나무 중간에는 구럼비·동백나무·후박나무가 있는가 하면 한쪽 날개는 낙엽 진 천선과·대나무 푸른 숲이 차지하고 있다. 또한 큰 나무 아래는 제주산 천냥금·자금우의 붉은 열매들이 곱다.

한 마리 매가 봉우리에 앉을까
매봉오롬 계단타고 천상을 오를까
천선과 하늘 향해 춤을 추고
대나무 치솟아 하늘 바람 잡는다
한 날개는 후박나무,
구럼비 동백꽃 피어나는 숲
한 날개는 소나무,

편백나무 삼나무도 하늘 향해 쭉 뻗는다
자금우 천냥금 숲길 따라 걷노라면
붉게 열매 맺는 매봉의 전설
세상 향해 내려가는 겸손한 걸음
무엇을 먹으랴
무엇을 마시랴
염려치 않으니 극락은 또 어디랴
낙원정사 이르러 손을 모은다

– 문희주의 시 「천선죽림매봉락天仙竹林鷹峯樂」

매오롬은 제주남쪽 해변의 오롬이라 겨울에도 늘 푸르다. 단지 낙엽수는 천선과가 유일한 것 같다. 천선과는 뽕나무과 무화과속으로 남해도서와 제주도, 일본에 분포한다. 그러나 신선이 먹는다는 열매는 먹자할 게 없이 초라하다. 제주도 해안 일대 오롬에 많으나 그중에 매오름이 제일 많은 것 같다. 그리고 제주도 오롬들 중 참대나무가 숲을 이룬 곳은 지미오롬에 조금 있고 매오름~도청오름의 죽림竹林은 꽤 큰 것 같다.

육지부 좋은 명산에는 절간들이 많으나 제주도 오롬에는 절간들이 많지 않다. 그러나 매오롬의 낙원정사는 꼭 있어야 할 곳에 자리 잡은 것 같다. 더욱이 매오름과 도청오름이 모여지는 두 날개 사이에 자리 잡아서 더욱 정겨워 보인다.

용눈이오롬은→'오롬박물관'이다: '용의 누운 자리'와 같다 하여 '용눈이'이라 하는데 세 개의 분화구를 가진 복합오롬이다. 오롬의 굼부리는 마치 용의 침실처럼 부드러운 양탄자가 깔린 듯하다. 용눈이 굼부리 본체는 용녀의 침실 같은 3개의 분화구를 가지고 있다.

용눈이 오롬 본체는 복합오롬으로 동쪽 끝에는 말굽형, 서북쪽에는 말굽형태의 독립된 작은 오롬의 모습, 서쪽에 알오롬 하나, 동쪽에는 독립된 네다섯 개 알오롬 군락이 있다. 그리고 본체 서쪽 끝에는 작고 귀여운 원형분화구도 있다.

나는 저마다의 이름을 지어주어 주고 싶었다. 작은 원형분화구는 '아끈용눈이' 서쪽에는 '머리알오롬' 동쪽에는 '꼬리알오롬' 본체 동쪽의 말굽형 꼬리, 그 너머에 '꼬리알오롬' 북쪽의 독립된 '북쪽팔굼치' 등, 용눈이오름에는 원형, 원추형, 말굽형, 복합형 네 가지 모습을 모두 볼 수 있으니 가히 오름박물관이다.

'누가 용녀의 해산을 보았는가?' 제주오롬에 미쳐서 사진 찍다가 요절한 사진작가 김영갑이 살아 있다면 용눈이의 아름다움을 더 담아내지 않았을까? 김영갑이 그토록 극찬한 오롬의 곡선이 정말 아름답다. 그러나 김영갑도 보지 못한 '용녀'의 진정한 모습(포토존)이 있다.

용눈이는 보는 각도에 따라 그 모양이 다양하다. 필자는 용눈이를 '용녀'라 칭하는데 용녀의 모습을 밝히 볼 수 있는 곳이 아끈도랑쉬이다. 아끈도랑쉬 사잇길에 봄꽃이 필 때면 용녀는 유채꽃 위에 누워있거나 무꽃 위에 누워있다. 가을, 아끈도랑쉬에 올라 우거진 억새밭 너머로 용녀를 보라! 임신한 그녀는 억새밭 위에 누워 있다.

용눈이오롬의 서쪽 알오름은 머리, 남쪽 봉우리는 유방, 북쪽 봉우리는 임신한 배, 북서쪽에는 팔꿈치 모양. 동쪽 끝 열린 굼부리는 용녀의 하체를 닮았고 그 아래는 용녀가 낳은 몇 개의 알오롬들이 있다. 그러나 이런 용녀의 모습을 알아보는 이는 아직껏 없었다. 필자는 이런 용녀의 모습에 감탄을 금할 수 없었다.

성불오롬은→사라진 '탐라불교의 역사'이다: 영실 볼래오롬 존자암, 삼양(원당)오롬 불탑사와 더불어 제주 불교의 깊은 역사를 간직한 곳이 성불오롬이다. 18세기 이조의 승유억불정책 강화 시 제주목사 이형상은 절 500, 당 500을 폐쇄 하였다고 한다. 이때 제주시 삼양동 불탑사 5층석탑(보물1187)과 서귀포 영실 불래오롬 존자암 사리탑(유형문화제17호)만이 지금도 유적으로 남아 있을 뿐이다.

탐라불교는 반도의 삼국인 고구려·백제·신라의 북방불교와 달리 남방불교에서 전래하였다. '탐라耽羅', '한라漢拏'도 불교의 나한羅漢들 이름에서 전래 한 것이다. 제주시 아라동我羅洞·오라동吾羅洞·사라봉沙羅峯/紗羅峯도 그렇다. '발타라 존자'는 송당 성불오름으로 와서 '성불암'을 창건하였다고 전하지만 연대적으로는 차이가 있어 보인다.

성불암은 12세기 고려 때에 재건되어 1702년(18세기)경 사라진 것으로 보인다. 성불오름은 성불암이 있다 하여 '성보람'이라고도 한다. 성불오름 남동쪽에는 자연석 바위가 있는데 불상과 같아서 절을 세웠다는데 이형상목사 때 폐쇄하며 불상도 사라졌다고 한다.

원당봉은→'삼양오름'이라 해야 한다: 원당봉의 불탑사는 제주 3대 사찰이다. 동국여지승람·제주풍토기·탐라지에 탐라불교는 '탐모라주 존자도량조'에 의하여 고구려·백제·신라보다 900년 앞서 전해졌다. 석가의 16제자 중 발타라 존자가 불법을 전하고 탐라에서 포교하여 가야와 같은 남방불교가 유래하여 고구려·백제·신라의 북방불교와 다르다.

태국에서 3년을 지내며 베트남·라오스·미얀마·캄보디아 등을 여행하며 느낀 것은 중국을 비롯한 동북아 지역 대승불교와 다른 점이 많은 걸 보았다. 중국이나 한국에서는 산중에 사찰이 있고 사회와 거리가 머나 동남아의 소승불교는 사찰이 기독교교회나 성당처럼 시내에 있어 밀접하다. 물론 조선의 승유억불에 피해도 있었다고 본다.

소승불교를 믿는 동남아 남자들은 마치 군대를 가듯 일생 한번, 소년기에 머리를 깎고 중으로 산다. 그러나 그 시기가 지나면 제대한 군인처럼 자유롭다. 어떤 음식도 가리지 않고 집에서는 작은 불상을 모셔놓고 오가며 빠이-손 모아 합장하여 예를 표하는 것-과 함께 조상을 숭배하기도 한다. 특히 화교들은 조상숭배가 주이고 불교의식은 부수적으로 보였다.

고려시대까지 탐라 3대 불교 유적지인 서귀포 볼래오롬 존자암·제주시 삼양오롬 불탑사·구좌읍 성불오롬 성불암이 있었다. 그러나 이성계가 조선개국 시 유교를 통치이념으로 심는 승유억불정책으로 소외되었다. 이로써 고려 때까지 근근이 이어오던 탐라왕국도 총독역할을 하던 영주瀛州 목사도 조선이 직접통치하며 제주濟州라고 바꿔 불리게 되었다.

원당봉은 본래 삼양오름이었으나 원당사를 세우며 원당봉으로 불리기 사작하였으나 이제는 본래 이름인 '삼양오름'이라고 불려야 할 것이다.

손지오름은→'한라산의 손자'이다: 손지오름은 해발 255.8m, 비고 76m로 제주시 구좌읍 종달리 산 52번지에 있다. 제주어로 '손지'라는 말은 '손자孫子'이다. 제주 오름들 중에 족보를 두고 오름 이름을 붙인 몇 곳이 있는데 할애비를 뜻한다는 따라비오름, 그 아내격인 모지오름, 아들격인 장자오름, 새끼오름도 있다. 손지오름 말고는 모두 표선면에 있다.

몇 년 전 아내와 함께 풀이 무성한 계절에 손지오름을 찾았던 적이 있다. 그러나 오름 한 바퀴를 돌고 사방 어디를 둘러봐도 칡넝쿨·찔레가시·억새가 길을 내주지 않았다. 이대로 포기해야 하는가 생각했다, 어느 겨울날 드랑쉬오름 정상에 올라서 손지오름을 바라보니 억새 우거진 사이로 곱은 길이 보였다. 반가운 생각에 바로 손지오름으로 올라갔다.

이른 아침, 마른 황새와 거친 억새를 헤치고 가시덤불 사이로 스틱도 장갑도 없이 미끄러지며 손 베이며 정상을 올랐다. 정상을 오르고 환성을 질렀다. "야! 네가 누구의 손자인지 알겠다, 너는 한라의 손자야!" 산등성이 위로 중앙에 한라산·좌로 높은오름·우로는 동거문이가 확연하다. 우고악-좌거미(右高岳-左巨微: 우측에 높은오름 좌측에 거미오름)이다.

> 한라산 솟을 때
> 크고 작은 봉봉 남봉여봉男峯女峯들
> 한라 남아 중에는 높은오름 고악高岳이라
> 그가 연모했으니 동촌의 비바리 거무니더라
> 고악이 보았더니
> 올록볼록 고운자태 동거무니 여봉을 짝사랑하더라
> 설문대 할망 한라산에 앉아 빨래 하던 때

고악이가 거무니 연모함을 보았더라
설문대할망이 살짜기 일렀으니
둔지오롬 해지고 도랑쉬 달뜨면 아부오롬 가보거라
거무니도 고악이를 사랑했으니
아부오롬 굼부리서 밤마다 만나더라
지미오롬 해뜰 때 봇물 터져 붉어서
아들 낳아 보았더니 동글동글 요망져서*
할아버지 한라가 동네에 말하기를
나의 노년에 손자를 보았노라
동촌 사람 이후에 이르러 말하기를
한라가 손을 보니 손지오롬이라고

*요망져서: 야무져서, 똑똑해서

문희주 시 '네 조부 뉘시련가?'

어떤 이는 한라산을 닮아서 손지오롬이라 하는데 조금 닮기도 하였다. 너무 퍼지지 않고 교만하게 오뚝하지도 않다. "손지오롬의 할아버지는 누구냐?"고 물어 보니, 어떤 이는 아버지는 따라비오롬, 어머니는 모지오롬이다"고 한다. 그러나 손지오롬에 올라보라! 누가 할아버지, 아버지, 어머니인지 물어볼 필요도 없다. 손지오롬 등성이에 떠오르는 것은 우측에 높은오름高岳, 중앙에 한라산漢拏山, 좌측에 동거미오름東巨門岳이다.

따라비오롬에서는 손지오롬이, 손지오롬에서는 따라비오롬이 보이지 않는다. 제주시 구좌읍 41개 오롬 중에 어디 부모가 없어서 서귀포 표선면에서 할애비를 찾겠는가? 손지오롬에 올라서 보라, 아비 된 높은오롬·어미 된 거미오롬, 누이 된 용눈이·윤드리오롬이 보인다. 어느 날 탐방객 중 한 분이 "손지오롬은 누구의 손지냐?" 묻기에 "한라산의 손자요, 아버지는 고악이요, 어머니는 동거미라" 했더니 "이제 족보가 확실히 잡힌다!"라며 크게 웃었다.

나가는 말: 제주오름, 내 어머니 같은 품

在岳上生下 오름에서 낳고
在岳脚下吃 오름의 젖을 먹고
靠着岳生活 오름에서 살다가
埋在那裏睡 거기, 오름에 묻히니
啊! 有福氣 아! 복되도다
濟州的母親啊! 제주의 어머니여!
在鐘木峯和小月郎峯之間升起的太陽是
윤드리 아끈도랑쉬 새로 떠오르는 해는
向过了漢拿山傾斜 한라산 너머로 기울어지누나
濟州島人, 人生與誰都一樣
제주사람, 인생 누구나 그렇듯이

문희주 시 '오름, 제주를 품다'

이제는 그동안 왜곡되고 뜻 모르던 제주오름들이 바른 이름과 뜻을 찾아야 할 때이다. 이것이 그동안 꿈에도 잊지 못하던 고향에 대한 사랑이요, 사명이라고 여기는 바이다.

그리운 날, 봄날이 간다. 눈감으면 잠깐인 듯싶은데. 부친이 성산읍 난산학교 교장으로 계실 때 어머님과 셋이서 유채나물 된장국, 고등어자반에 함께 밥을 먹었는데. 부모님 가신지도 30년이다. 모고리오름에서 소먹이던 벗들도 노인이 되어 어디서 살고 있겠지? 난산리 오름탐사를 위하여 학교를 찾았더니 폐교된 지 오래다 하였다.

결혼 41년, 중학교 졸업 51년, 고향 세화리로 돌아왔지만, 그 옛날 두랑쉬오름을 함께 오르던 죽마고우를 만난 것도 불과 몇이다. 모고린지, 도고린지 관심도 없던 시절 남도고리(나무함지)에 듬성듬성 고구마 썰어놓고 메밀 범벅 뜯어 먹던 시절, 윤 4월 해 길다 뻐꾸기 우는데 봄날이 간다. 제비꽃이 울다 지친 제주의 봄날이다.

세화마을의 스토리텔링 방법과 실제

세화마을의 스토리텔링에 들어가며

구좌읍에서 '마을서점'을 운영하는 팀들에게 전화를 받았다. '세화리 마을 스토리텔링'을 부탁했는데 리장님이에게서 문희주 학장님을 소개받았다는 것이다. 전화를 받고 '마을서점 팀'들과 현지답사를 한 후 기본안을 요청받고 며칠 밤을 새워 프로그램을 짜고 준비하느라 수고를 겪었다. 본 스토리텔링을 제주지역 발전을 위하여 공유하고자 한다.

언제부터인가 마을에 작은 서점들이 들어서고 있었다. 세화리·상도리·종달리에도 있다. 마을에 살지만, 전혀 예상 밖이다. 금년 봄부터 지역문화를 선도하려고 구좌문예대학을 개설하였다. 구좌문예대학은 '제주특별자치도 평생교육 우수프로그램'으로 선정되어 지원받는 문화사업이기에 그렇지 않아도 스토리텔링을 준비하려던 참이었다.

세화마을 스토리텔링을 위한 준비과정과 주제 선정

스토리텔링을 위한 리서치와 준비과정: 마을 스토리텔링을 위해서는 먼저 '마을의 리서치를 어떻게 하느냐?' 하는 게 가장 중요하다. 이것이 스토리텔링의 기초이기 때문이다. 세화마을을 리서치를 하면서는 이런 점을 염두에 두고 다음과 같은 과정을 거쳤다.

①역사적인 장소들, 그리고 지금도 살아가는 32개 지점을 선정하였다. ②30개 지점을 4개의 길로 분석하여 나누었다. ④4개의 길을 정리하고 이를 포용하는 주제를 정하였다. ⑤이렇게 정리된 것을 스토리텔링의 원안으로 삼았다. ⑥운영상, 시간에 따라 제일 짧은 코스는 1~2번 코스이고 제일 긴 코스는 1~4번 코스이다. 코스는 요청자들의 시간을 감안하여 실행하면 될 것이다.

세화마을을 스토리텔링 하기에 앞서 마을의 변천 과정(역사)과 현재 살아가는 모습(삶의 현장)을 리서치하고 정리하였다. 그리고 종합하여 세화마을 스토리텔링의 주제를 정하고 그 주제에 딸린 4개의 길과 32개 지점을 분류하였다. 이와 같이 리서치하고 분석한 결과에 따라서 아래와 같이 스토리텔링 계획안을 완성하였다.

세화마을 리서치를 위한 기본 상황파악: 세화리 인구는 1999년 2,388명의 정점을 찍었고 가구 수는 785호였다. 그 후 점차 줄어드는 추세로 2017년 현재 2,087명 가구 수는 1,134호이며 각 동네의 사정은 다음과 같다.

1) 세화리 본동네(ᄀᆞ는ᄌᆞᆺ 마을): 4.3사건 때 폐동 되고 그 일부는 전항동에 속해 있다. 당시 ᄀᆞ는ᄌᆞᆺ동네 제일 북쪽의 일부였을 '쾡이앗동네' 만이 전항동에 편입된 것으로 사료된다.
2) 합전동(모들합合, 밭田): '모ᄃᆞᆫ팟'의 한자 표기어이다. ᄀᆞ는ᄌᆞᆺ 동네와 함께 시작된 오래된 옛 동네이다. 그 북쪽은 통항동, 서쪽은 대부분의 세화리 동네들이다.

3) 전항동(앞전前, 거리항巷): '앞거리'를 한자로 표기한 것이다. 당시는 돈 많고 진취적인 남평문씨·광산김씨 등이 새 동네로 새웠고 처음 5일시장이 세워진 곳이다.

4) 통항동(나무이름樋, 거리항巷) '통거리'를 한자로 쓰려 했으나 음차하여 나무이름통樋을 쓴 것은 생각건대 통할 통通자 앞에 물 수水 변을 써야 하나 물수변의 통자가 없으니 음차하였을 것이다. 이 동네에는 모래언덕沙丘을 지나서 솟는 용천수를 우물로 사용하였다. 4.3사건 후 웃드르에서 소거된 사람들이 모여들며 동네가 생겼다.

5) 시장1동(저자市, 마당場): 일제시기 신작로新作路가 생기고 주재소가 생기고 1945년 5일시장이 앞거리에서 옮겨지고, 평대에 있던 면사무사소가 옮겨지며 행정, 경제 중심지가 되었다.

6) 중앙동(中央 가운데 중·가운데 앙): 1970년대 보리미슬(머들)을 깨고 그 자리에 5일시장이 옮겨오며 저자거리가 형성되었다. 그리고 새마을 동네들이 들어서며 전항동과 통항동에서 분리되었다.

7) 시장2동: 1970년 말 서쪽 구린질(평대경계길)과 갯머리(평대 동동) 북쪽 바다를 ᄀ는곳ᄆ세 지경의 돌과 흙을 가져와 메우며 세화항구가 들어서고 5일시장이 옮겨오며 새로운 상업지구로 변신하였다. 매립지 서쪽에 농협마트, 중부지소도 생겼다.

8) 월랑동(사라진 도랑쉬 마을): 4.3사건에 소거됐다가 6.25 후 재건됐으나 식수, 학교 등이 불편하여 다시 전항동 등으로 내려오며 폐동되었다. 그 후 세화-송당 온천지구가 폐지되며 재건은 요원하다.

세화마을 스토리텔링의 주제선정: '해향림海鄕林 오롬길'라고 정하였다. 여기서 해海는 바닷길의 줄임 말로 제1코스의 주제인 '낭만과 고난의 길'인 해녀박물관~해맞이길~세화항구까지 이르는 길이다. 이 길은 하도리 면수동과 경계를 이루는 통항동 마을들이 포함된다.

향鄕은 제2코스로 마을 향鄕을 줄인 말이다. 이 길은 '희망과 새 삶의 길'인 세화항구~세평항로~막ᄆᆞ루언덕으로 이어진다. 시장1동과 바다매립, 항구가 생기고, 매립지에는 시장이 이사 오고, 6·25 동란 시 피난민들도 이 길의 테마로 등장한다.

림林은 제3코스인 '학문과 자유의 길'이다. 막ᄆᆞ루언덕~일주동로~세화리사무소로 돌아오는 길이다. 4.3사건에 소거되어 사라진 ᄀᆞ는곶 본 동네와 제주 2개 학당 중 하나인 좌학당-세화초-중-고-동녘도서관 등이 공교롭게도 이 길에 모두 포함되어 있다.

오름길은 제4코스로 '전설과 개척의 길'이다. ᄀᆞ는곶마을~세송로~ᄃᆞ랑쉬오름까지의 서당뿌리, 제석동산, 선돌, ᄃᆞ랑쉬마을로 이어진다. 세화항구-매립지에 쓰인 돌과 흙도 ᄀᆞ는곶ᄆᆞ세(4코스) 것이다. 그 옛날 사냥과 목축하던 얘기, 전설도 들을 수 있는 길이다.

선정된 세화마을 네 개 코스의 해설과 스토리텔링의 실제

제1코스: 낭만과 고난의 길/해녀박물관~해맞이길~세화항구

해녀박물관 앞에서 시작되는 알파A점이다. 이 바닷길, 해맞이로는 지금은 세화해수욕장이 되었으나 그 옛날에는 우리가 뛰놀던 바다와 사구 언덕들이었다. 어머니들은 모래바람 부는 용천수 우물에서 물허벅을 지고 물을 길어 날랐다. 일제시기에는 일본의 부당한 대우에 해녀로서 분연히 일어서 항쟁하던 곳이다.

여기가 바로 제주 출신의 유명한 소설가 현기영 선생이 한계레신문 창간호부터 연재했던 '바람 타는 섬'의 무대이기도 하다. 해녀박물과 용천수지대, 사라진 연듸골 연대와 사구 언덕, 일제침략기에 신사 자리였고 전쟁 후 영화(상록수)를 보며 통곡했던 곳, 해녀들의 고난과 항쟁이 있었던 한편 옛 면사무소 자리가 있던 길이다.

1. 해녀박물관: 세화리, 하도리 동북쪽 경계점이다. '유네스코 인류무형유산'으로 등재된 해녀의 역사가 집결된 곳이다. '해녀항쟁은 1932년부터 500~600명의 해녀가 1월부터 2회에 걸쳐 진행된 항쟁을 기념'하기 위해 해녀항쟁비와 해녀박물관이 세워졌다. 이 지점 동남쪽은 상도리 1번지가 시작된다. 7월에는 문주란 순비기꽃이 피어난다.

2. 연듸골동산: 연대가 있던 골짜기로 '연듸골' 이라고 불렸다. 제주에 11개 연대가 지방문화재로 지정됐으나 여기는 흔적 없고 이름만 남아 있다. 연대는 동부 중심 방어지인 별방진으로 연락되었다. 이곳은 본디 사람들이 거주하지 않던 '사구 언덕'이었다. 4.3사건 후 세화리 ᄀᆞ는곶 일대서 이주하며 마을이 되었다. 중학교 식목일 때는 나무를 심으로 왔었는데 청년 때에는 예비군훈련장으로 사용되었다. 그러다 오랜 항해 끝에 돌아와 보니 해녀항쟁탑과 해녀박물관이 세워졌다. 5월, 언덕에는 아카시아꽃과 돈나무꽃이 핀다.

3. 용천수지대: 중산간 '곶자왈' 땅 밑으로 스며든 빗물은 지하강을 타고 해안가에서 샘솟는다. 제주는 이런 용천수지대를 중심으로 해안 일대 마을이 형성되었다. 1960년대 말 상수도가 들어오기 전까지만 해도 채소와 빨래를 씻던 곳이다.

4. 세화해수욕장: 오래전 여름철에 후릿그물을 놓아서 멸치, 전갱이, 고드리(고등어 새끼) 등을 잡던 곳이다. 1962년경(중 1때) 해수욕장을 개설하며 대대적인 행사를 했던 추억이 있다(里志에는 1970년으로 표기됨). 김여종의 '멜각재기 그물치기' 문희주의 시집 '갈매기의 꿈' 좌여순의 수필 '바다의 딸'이나 이정자의 수필 '불턱의 꽃'도 진해자의 기다리는 등대 등도 이런 제주바다를 배경으로 하고 있다.

5. 옛 구좌면사무소 터: 본디 일제강점기에 신사神祠터로 이용됐던 곳이다(다른

지역도 높은 곳, 동네 내려다보는 곳에 있었다) 1874년 신좌(조천)면과 구좌면으로 분리되었다, 1962년 가을에는 심훈의 소설 '상록수' 영화가 상영되었다. 농촌 계몽운동에 뜻을 둔 두 젊은 남녀인 박동하(신영균), 채영신(최은희) 주연의 영화가 면사무소 마당에서 상영되었다(초 4년 때). 주인공 채영신이 죽는 장면에선 대성통곡을 했었다. 현재, 읍으로 승격된 이후 사무실은 이전 하여서 갔고 이주여성 주민센터, 청소년 아지트로 사용된다.

6. **세화건재상(구 세화상회):** 세화리에서 가장 오래된 상점으로 70여년이 된다. 주로, 목재, 철물, 어망 등을 팔았는데 1960~1980년대만 하여도 제주 동부일대에 가장 큰 점포로 제주시~서귀포에서도 목재나 어망 등을 구매하러 왔었다. 현제 3대째 운영 중이다.

제2코스: 희망과 새 삶의 길/세화항구~세평항로~막ᄆᆞ루동산

세화시장이 들어서기 전 매립된 곳으로 석방렴인 '갯담'이 있었다. 세화항구에서부터 시장1동의 저잣거리와 구좌지서-해녀항쟁로-매립지-막ᄆᆞ루동산까지의 이 길은 삶의 활기가 넘치는 제주 동부일대 최대시장이 있는 곳이다.

바다가 육지가 된 매립지인 이곳은 세화리 리사무소가 있고 시장2동이 제일 뒤늦게 생겨난 곳이기도 하다. 또한 해녀항쟁로 서쪽 지점이 있으며, 세화리와 평대리 동동이 경계를 이루는 구린질과 세평항로 길도 여기에 있다.

7. **세화5일시장:** 일제강점기에 시작되어서 ①1912/전항동-②1927/시장통-③1960/중앙동-1983 현재 위치로 이전하였는데 40년 전부터 매립되었다. 제주 4대 시장으로 제주 동부일대 농산물, 축산물, 수산물이 거래되던 중요한 곳이다. 세화 장날에는 그 유명한 해녀항쟁이 일어나기도 하였다.

8. **세화항구/리사무소:** 40년 전부터 개발이 시작됐다. **쟁반여(해저섬)- 조개왓바당-죽머들코지**가 있었다. 현재 항구는 여기를 매립하여 부두와 항구가 건설되었다. 그 위에 세화리사무소도 세워졌다. 구좌읍사무소까지 매립지는 그 옛날 여름한철 헤엄치고 고기잡던 석방렴인 '갯담'이 있었다. 해방 전에는 세화~오사카大阪까지 화객선 군대환, 복목환(세화~제주~한림~모슬포~서귀포~성산포)이 드나들던 곳이다.

9. **벨롱장터:** 세화리 신 이주민들이 관광객들을 대상으로 개설한 일종의 관광시장인 셈이다. 세화리사무소 앞에서 등대가 있는 방파제까지 매주 토요일마다 열렸다.

10. **구좌지서:** 1929년 경찰관주재소로 시작, 해녀항쟁, 4.3사건 등을 치른 역사적 장소이다. 현재 터는 4.3사건 이후에 문남수가 기증한 것이다. 길 북쪽은 2번째 리사무소, 길 남쪽, 첫 번째 세화리사무소로 문태백(21, 27대 세화리장)씨가 일부 기증하여 건축되었다. 현재는 노인회관으로 쓰인다.

11. **피난민수용소길: 세화 해안(구좌로)~전항동회관(충렬로~세화2길)**까지 길이다. 6·25 때에 흥남부두에서 피난민을 태우고 성산포항구까지 LST 상육군함으로 소거된 피난민들의 수용소가 있었던 곳이다. 현재 남아 있는 곳은 하나도 없다. 당시는 초가로 된 길게 지은 집들이 있었고 부엌 1칸, 방 1칸으로 지어졌다. 지금 기억으로는 10채 정도(10채×10가구=100호×가족 6명=약 600명 정도) 되었다.

12. **세평항로길/구린질(경계를 그은 길)-해녀항쟁로-막ᄆᆞ르동산:** 세화항구 시장 2동과 평대리 동동 경계 지경이다. 동쪽은 세화리, 서쪽은 평대리가 되므로 세평항로길이다. 옛날 이 길 서쪽 끝 지점은 평대 해녀들의 항쟁기점이며 이

언덕은 지금은 많이 깎였지만, 옛날에는 세화 서쪽 끝에 있는 동산이라 '막ᄆᆞ루동산'이라 불렸고 그 아래 세화리와 평대리의 경계를 그은 '구린질'이 있다.

13. 구좌제일교회/해바라기 지역아동센터: 구좌제일교회는 25년 전에 시작되었고 지금은 조천, 세화, 김녕, 성산포, 동남교회와 비슷한 규모의 교회이다. 해바라기 지역센타는 20여년 전 시작되었으며 제주에서 오래되고 모범적인 센터가 되었다.

14. 세화교회: 104년 전에 장로교 1기 졸업생인 이기풍 선교사에 의해 개척된 곳이다. 2020년 현재 104년(동년 세화 • 조천 • 삼양 • 한림교회가 개척설립 됨) 제주 동부에서 가장 오래되고 큰 교회이다. 서귀포는 80년, 법환 • 고산교회는 103년이 된다. 한동 출신 부상규와 세화 출신 문헌주에 의해 시작되었다.

제3코스: 학문과 자유의 길 / 막ᄆᆞ루언덕~일주동로~세화리

이 길은 세화리와 평대리가 나뉘는 길로 제주 좌면 최고의 교육기관인 좌학당이 있던 곳이고 지금은 세화초-중-고-동녘도서관-좌학당 옛터-세화유아원 등이 모여 있다. 이 길은 예부터 배움과 학문의 중심지가 된 곳으로 세화리 전항동 지역이다.

또한, 합전동 이름이 유래한 '모듬팟'도 여기에 있다. 여기서부터 중앙동이 시작되며 옛날 세화마을에 큰일을 한 사람들의 공덕비가 세워진 비석거리와 세화 야학터와 제주에 하나밖에 없는 해녀복제작소도 여기에 있다.

15. 세화중학교: 1950년 6월 세화중학교 발기인회가 모여 중학교 개설을 논의하여 11. 29일 공회당 건물을 빌려서 개교하였다(개교 70년). 당시 좌학당(화촌서당) 문필주 훈장은 세화리 출신 부대현 교육감의 권유로 3800평 땅을 기증하여

현재의 터에 세화중학교가 세워졌다.

16. 동녘도서관과 일주동로: 지금부터 40년 전인 1980년경 읍내를 우회하는 외곽도로를 새로 개설하게 되었다. 막ᄆᆞ루동산~고등학교 입구~상도주유소까지 쭉 뻗은 길이다. 동녘도서관은 도서대여, 성인교육, 취미활동지원과 공연관도 가지고 있다.

17. 전항동회관: 오래전 ᄆᆞᆯ그랑(연자방아)이 있었다. 그 후에 우마용 물터로 쓰던 곳에 지금의 동회관을 짓게 되었다. 피난민수용소 제일 남쪽 끝 지점이기도 하다. 그 서쪽은 뒷골-벳수왓지경이며 동쪽은 쩽이앗지경, 북쪽은 백세기(백석지기) 지경이고 쩽이앗-백세기 4거리 서쪽은 합전동 지경이다.

18. 좌학당 터와 옛 마을들: 백세기 남쪽(농협주유소에서) 쩽이앗 남쪽은 'ᄀᆞ는곶지경'으로 세화리 본 동네가 있던 곳이다. 4.3사건 때 통항동, 면수동(하도리 지경으로 해녀박물관 동쪽) 지경으로 이주해 간 사람들이 많다.

19. 한동시사회와 사장동산: 조선조 제주목은 한림읍 명월리의 우학당과 더불어 제주 동쪽에 최고 학문의 본거지로 여기서 배출된 사람들이 '한동시사회'란 이름으로 문학의 꽃을 피웠다. 사장동산은 모래사장 언덕에서 활을 쏘던 사장**射場동산**이 있던 곳으로 선비들이 궁터로 활을 쏘던 곳이다.

20. 비석거리(세종로 사거리): 과거 세화리에 공헌한 분들의 업적을 그려 세운 공덕비들이 있는 곳이다. 그 서쪽 농협 사거리에는 **해녀복제작소**가 있는데 제주도에 하나밖에 없는 해녀복을 생산하는 곳도 여기 한 곳뿐이다.

21. 세화고등학교: 1952년 시작되어 한때 폐교위기를 겪기도 하였다. 처음

실행된 대학 예비고사를 치르며 제주도에서 1등 하므로 인정받게 되었다. 제주시 서귀포 이외는 세화와 모슬포만이 인문계 고등학교이다.

22. 세화초등학교: 하도교는 제주 북교 다음 두 번째로 개교(2021년에 100년 됨) 4년 후 김녕초교, 4년 후 세화초교는 1938년에 개교되었다. 4.3 사건에는 화재로 손실을 보기도 하였고 사라호 태풍에도 피해를 봤었다.

23. 세화야학터: 일제시기 때부터 소학교를 졸업 못 한(주로 여성) 이를 대상으로 한글을 가르치던 곳이다. 한글터득과 민족의식도 배우게 되어서 해녀항쟁의 시발점이 되었다. 해녀항쟁 후에는 공개적으로 할 수 없게 되어 지역 내 사랑방에서 한글해독과 셈본, 역사 등을 가르쳤다.

제4코스: 전설과 개척의 길 / 세화리사무소~세송로~도랑쉬

이 길은 세화리사무소~세송로~ᄃᆞ랑쉬오롬과 ᄃᆞ랑쉬 마을까지 이어지는 길이다. 서당뿌리, 제석동산, 선돌, ᄃᆞ랑쉬오롬으로 이어지는 웃드르(중산간) 길이다. 도랑쉬까지는 세화리사무소에서 차편을 이용하여 가는 것도 무방하다. 세화항구, 매립지에 쓰인 돌과 흙도 ᄀᆞ는ᄌᆞᆺ 지경에서 실려 나왔다.

그 옛날 농경신에게 제사 드렸던 제석동산, 목축, 사냥하던 얘기, 구좌 3대 환금작물인 당근-감자-무우를 다량 재배하는 농지와 가공시설, 농업교육시설, 메밀과 더덕 재배와 제주의 전설도 들을 수 있다. ᄃᆞ랑쉬오롬에 올라서 세화마을 전체를 내려다보면 남쪽으로는 종달-세화-평대의 경계점인 물징거와 구린질에 대해서도 들을 수 있다.

24. 웃묵이 동산: 세화마을을 벗어나 중산간으로 들어가는 초입이다. 여기서는 세화리 바다가 보일 만큼 지대가 높아지기 시작한다. 서북쪽으로는 동녘도서관,

세화중학교가 보이고, 동북쪽으로는 좌학당 옛터와 펭이왓 동네가 보인다.

25. **충혼묘지**: 구좌읍 관내의 용사들의 묘지이다. 그 남동쪽은 궹이앗동네, 동쪽은 세화리 본 동네였던 ᄀ는곶마을의 끝이다. 서쪽으로는 벳수왓동네가 있었던 곳이다.

26. **임업조합 펜션**: 지금은 3개의 펜션들이 들어서 있다. 그 옛날에는 ᄀ는곶 마을 서쪽 끝 지점이었다. 그 동쪽은 합전동으로 이어지는 길이 있는데 건너편 동부농업기술원은 동부지역의 농업기술, 농기계 교육 등을 실시하는 곳이다.

27. **지미동산 삼거리**: 세송로-충렬로-한전동 길로 이어지는 로타리는 과거에 3개의 크지 않은 선돌이 있었다. 옛날에는 나뭇짐을 지고 가다가 이 동산 쉼팡에서 짐을 내려놓고 쉬었다. 도로포장 할 때인지 로터리가 만들 때인지 무식한 사람들이 역사적 유물을 모르고 없애 버렸다. 김정파 시인은 '이여도의 율동'에서 오롬이 춤추며 한라로 오르는 환상적인 시를 선보이며 쉼팡을 뛰어넘어 가려는 환상을 본다. 그의 설문대 할망 전설도 들어 봄 직하다.

28. ᄒᆨ**담밭 삼거리**: 세화 웃드르 두 번째 로터리로 우회전하면 송당-비자림, 직진하면 ᄃᆞ랑쉬로 간다. 이 지경 흙은 유난히 검어서 ᄒᆨ=흙+못담潭을 써서 ᄒᆨ담밭이라 하였을 것이다. 여기는 ᄆᆞ쉬(말과 소)들이 물 먹던 곳이었다. 희한하게도 지금은 건너편에 농업용수탑이 서있다.

29. **다올 농산물 가공공장**: 3거리 동쪽 길에는 'ᄀ는곶ᄆᆞ세' 지경으로 세화리 매립지에 돌과 흙들이 실려 나가고 그 자리에 '무세척 가공공장'이 들어섰다.

30. **제석동산**: 우회전하면서 낮은 언덕을 올라가게 되는데 그 옛날 농경신에게

제사 지내던 제석단이 동쪽으로 있다고 전해지나 아직껏 찾을 수 없고 명칭만남아 있다. 여기서는 제주 3대 농경신 문도령, 자청비, 정만수에 전설도 들을만하다.

31. **진쟁이ᄆᆞ루**: 세화리 마지막 지경으로 사거리가 있고 동서로는 ᄃᆞ랑쉬북로가 있다. 우로는 비자림(서쪽), 직진은 송당, 좌로는 ᄃᆞ랑쉬(동쪽)로 나가는 로터리가 있다. 그 옛날에는 식량으로 보리, 조, 메밀이 심겨졌었다. 1960년 이후에는 환금작물로 유채, 맥주보리, 고구마가 심어지다가 지금은 구좌 특산인 당근, 감자, 무가 많이 재배되는 지경이다.

32. **ᄃᆞ랑쉬, 아끈ᄃᆞ랑쉬, ᄃᆞ랑쉬마을**: 남쪽은 주구물ᄀᆞᆺ 너머로는 송당, 서쪽(오른쪽)으로는 돗오롬과 비자림, 너머로는 평대, 동쪽(왼쪽)으로는 물징거 지경으로 종달과 경계를 이룬다. 여기가 세화리의 오메가Ω 지점이다. 박재형의 동화 '다랑쉬 오롬의 슬픈노래'는 4.3 때 도랑쉬굴에서 희생된 슬픈 사연을 다루고 있다

세화마을 스토리텔링을 마치며

세화리는 과거에 좌학당과 한동시사회를 통하여 많은 문사와 지도자들을 배출하였다. 세화항구에서는 일본 여객선이 오사카까지 출항하여 일본에서 공부한 이들이 많았다.

필자의 부친도 소학교를 마치고 일본 오사카 경판상업학교에서 주경야독 하여 졸업하고 교편을 잡으셨다. 출향 인사들의 사회활동은 야학운영 등으로 해녀항쟁에 기폭제가 되었으나 또 한편 4·3 때에 피해자로 찍혀 일본으로 떠나간 이들도 많다(구좌읍은 재일교포가 제일 많은 곳이다)

한국동란 시 피난민들을 수용하여 그들에게 제2의 고향이 되기도 하였다. 필자의 은사 중 한 분이셨던 노정선 박사(연세대교수)는 6·25 때에 세화리에서 피난생

활 하였다고 했다. 세화중, 고등학교를 졸업한 이들 중에는 두 명의 국회의원과 두 명의 도지사, 또한 부산항만청장, 제주세관장, 제주시장, 부시장과 국방계 인사로는 국방연구원 박사와 해군참모총장까지 배출됐다.

세화를 중심으로 한 구좌읍에는 공무원들이 많이 배출되었다. 또한, 교육자로 활약한 이들 중에는 학교장, 교감 등 많은 교사들과 대학교수 등을 배출하였다. 전문직으로도 통역사·변호사·조종사 등과 지역에서는 산림조합장, 농협과 신협의 직원, 조합장 등을 역임했거나 활동하고 있는 이들도 꽤 있다.

세화는 예부터 학문과 자유와 평화를 수호해온 의로운 고장이다. 또한, 제주문협회장을 네사람이나 배출하였고 지금도 제주문협 등에서 문필활동 하는 이도 많은 문화와 예술의 고장이다. 그러나 앞으로도 고향에 대하여 잘 숙지하여 조상의 얼을 빛내고 고향을 살리는 사람이 돼야 할 것이다.

또한 이곳 제주에서 새 삶을 시작하는 신이민들은 앞으로 함께 살아가는 제주에 대하여 깊은 이해를 가지고 적응하며 살아가야 할 것이다. 제주라는 전혀 다른 '탐라문화권'에서 자기가 살던 다른 문화를 고집하기보다 제주에 대하여 바로 이해하고 풍속을 익히고 보호-보존하며 더불어 살아가는 지혜가 필요하다.

미션 메시지&미션 논단

01 실크로드의 배경과 선교적 관점
- 중앙아시아 4개국의 비교분석적 관점에서

02 아름다운 끝을 맺자, 디모데 2신 4장에서
- 『실크로드 선교행전 I 집』에서

03 중국의 교회가 지켜야 할 절기
- 『실크로드 선교행전 II 집』에서

04 한국 미셔너리의 한어권 미션전망
- 동남아 4개국에 대한 Research적 입장

실크로드의 배경과 선교적 관점

– 중앙아시아 4개국의 비교 분석적 관점에서

들어가는 말

필자는 지난 25년간 중국 선교사로서 또한 선교부 코디네이터로 세계각지를 탐방하며 리서치를 해왔다. 그중에 실크로드 탐방은 필자의 여러 사역 중 뜻깊은 일이었다. 실크로드는 당나라 서울 장안(오늘날 서안)에서 로마까지 가는 비단길이다.

여기서 로마는 이태리 로마가 아니고 동로마 서울인 콘스탄티노플로 그리스 시대에는 비잔틴이었으며 후에는 튀르크족에게 점령당하며 이스탄불이라고 개명된 곳이다. 지금의 이스탄불은 유럽 땅으로 터키의 제2 도시다.

중국(당나라)에서 로마까지 가기 위해서는 천산산맥을 넘어야만 하였다. 천산산맥을 중심으로 천산산맥 남쪽의 천산남로는 중국 땅이고 천산북로는 중앙아시아로 몽골, 카자흐, 타지크, 우즈베크, 키르기스 등이 자리 잡고 있다.

필자는 1996년 1월, 중국 선교사로 파송 받아 사역하는 중 내몽골 지경과 둔황, 투루판, 신장우르무치지역에 이르는 천산남로에서 선교사역을 하던 중 2013년, 시진핑이 등극하며 그 땅에서 추방당하게 되었다.

필자는 중국에서 추방당한 후 선교부의 코디네이터 직으로 동남아시아 여러나라와 동북아시아 지역을 리서치 하여왔다. 그러던 중 2018년 7월부터 9월까지 3개월간 천산북로의 중앙아시아 지역을 리서치 하게 되었다.

이 기간에 첫째는 카자흐 알마티에서 열리는 실크로드 선교대회에 참석하는 것이요, 둘째는 중앙아시아 지역을 탐방하며 리서치 하는 일이요, 셋째는 이 지역에서 사역하는 선교사들의 활동을 살펴보는 것이요, 넷째는 실크로드 지역의 선교적 관점에서 특성과 비전을 보고자 하였다.

> 실크로드 나라들이 모였습니다 말씀과 믿음으로 금식하며 기도하려 모였습니다/ 실크로드 따라서 가려 합니다 둥둥둥 북소리 울리고 함께한 깃발들 펄럭입니다/ 알타이산맥 넘어 몽골 이르고, 고비사막 건너면 카자흐 초원이요 파미르·천산 넘으면 우즈베크 평원도 멀지 않습니다/ 호랑이가 포효하고 늑대가 울부짖습니다 그러나 사탄과 마주하여 싸우는 병사들의 군기가 천지 가득합니다/ 나는 복된 소식을 챙기고 등 밝힐 기름도 채웠습니다/ 산을 넘어 평지로 강을 건너 계곡으로 사막 지나 오아시스 찾아서 떠나렵니다/ 복된 소식 전하기 전에는 나의 순례도 끊이지 않으니 그분 따라 또 다른 마을로 떠나갑니다[1)]
>
> – 천산북로 복음의 길

실크로드 지역의 역사와 정치적 배경

실크로드 남쪽의 대부분은 오래전부터 중국의 정치적 배경하에 놓여 있었다. 물론 여러 민족이 흥망성쇠가 없었던 바는 아니나 지금은 중국이 대부분 실지 지배에 놓여 있다. 이렇게 말하면 당지에 사는 민족들은 말도 안 되는 소리라 할 것이다. 이들이 자신을 소개하라고 하라면 무어라 말할까? 아마도 "우리는 위구르스탄(동키르스탄) 사람이다"고 말하지 않을까? 어떻든 천산산맥 남쪽(중국의 서북지역)이나 북쪽의 중앙아시아나 역사적으로 모두 험난한 세월을 겪어왔다.

---

1) 문희주, 『실크로드 순례자2』, 지식과 감성, 2019, p.21

비단길 실크로드의 지역의 특색은 천산산맥 북쪽은 초원과 사막과 오아시스 지대인대, 남쪽은 사막과 불모지대인 중국 서북지역의 위그루자치구로 나눌 수 있다. 천산남로는 내륙지방으로 건조한 기후로 황량한 사막과 고산지대로 오아시스를 중심으로 모여 산다.

중앙부의 드넓은 타림분지는 오아시스 도시들이 세워져서 비교적 많은 인구가 모여 산다. 원주민들은 유목민과 정주민으로 구분하는데 크게는 이란계 우즈베크 40%와 타지크는 정주민이 많고 튀르크계인 카자흐와 키르기스는 유목민이 많은 편이다. 여기서 중앙아시아의 정치, 종교, 역사를 서사적으로 쓴 『역사는 수레를 타고』라는 한 편의 시를 살펴보자.2)

> 비단길을 따라간다 천산북로 길. 역사에 개입하는 하나님의 수레다 먼 옛날 노아의 세 아들 황둥이 셈, 검둥이 함, 흰둥이 야벳이 살았더라//
> 야벳 자손 중 게르만·라틴·슬라브·아리안이 있었으니 우랄산맥 서쪽에 살더라 아리안의 한 형제는 인도 무굴제국 눌러 터를 잡고, 한 형제는 페르시아로 수레 모니 오늘날 이란·아프간·타지크더라//
> 페르시아는 파미르서 발원한 아무다리강이 아랄해로 흐르는 삼각주에 터 잡으니 머리칼 검으나 파란 눈 반짝여 보석 같고 이집트·아시리아·페르시아·그리스·로마 대제국 중 하나라//
> 알렉산드로스·징기스칸 피바람이 분 뒤 티무르가 페르시아 영광을 되찾으나 그 사후 제 각각 수레를 몰았으나 소련에 70년 뺏겼다 찾으니 카자흐·키르기·우즈벡·타지크로 나뉘더라//
> 아리안이 불교를 페르시아가 배화교를 알렉산드로스가 경교를 싣고 가더니 마호메트가 수레 잡고 이슬람도 싣고 가는데 소련이 빼앗아 정교회도 실으니 차곡차곡 쌓여 시루떡 같더라//
> 산은 제자리에 머물고 물도 그 길 따르나 역사의 수레는 쉼 없이 달리니 내리고 싶어도 내릴 수 없고 오르고 싶어도 오를 수 없으니 수레를 이끄는 주인의 뜻이라

중앙아시아는 아시아 백인종인 아리안족 이란계이나 후에 몽골족 튀르크계의 침입으로 혼혈의 특성을 보인다. 타지크는 이란, 아프간, 인도와 같은 아리안족

---

2) 문희주, 『실크로드 순례자2』, 지식과 감성, 2019, p.14-15

백인계이나 우즈베크는 60:40 정도의 백인이나 카자흐, 키르기스는 몽골족 투굴계이다.

이들은 동쪽의 몽골과 중국, 서쪽의 이란계에 밀고 밀리며 민족, 종교, 역사적으로 동서양이 혼재된 특징을 보인다. 중앙아시아에 처음 출현한 '스키타이'는[3] 최초로 등장한 강력한 유목국가다.

"마을도 성곽도 없이 이동하며 기마 궁사들이 주 병력을 이루며 농경보다 목축으로 살며 집은 짐승이 이끄는 수레였다."[4] 이것이 전형적인 중앙아시아의 모습이다. 그 중 이란계가 빠져나와 형성된 '대월지'는 유목민족 국가다. 이들은 중앙아시아 동부, 현재 중국의 위구르 자치구 지역에 살고 있었다.

BC 2세기경 흉노족에게 군주가 죽자 우즈베크로 이동한다. 이 과정에서 인도북부의 박트리아 왕국이 대월지에 의해 정복당한다. 이 후 중앙아시아 초원지대와 산간 목초지대는 흉노·유연·돌궐·위구르 등 다양한 유목민족들의 불편한 동거가 시작되었다.

흉노는 BC 3세기말 몽골서 일어나 대월지를 격파하며 몽골을 통일하고 사막의 오아시스 지대도 점령하며 세력을 키우며 한漢 왕조에 대항할 정도로 강력해진다. 한 무제가 먼저 흉노에게 크게 데였던 아픔이 있는 대월지와 동맹 맺고 흉노를 물리치자 제안한다. 이를 전달한 장건은 파란만장한 고생을 겪는다.

대월지 노중에 흉노에게 10여 년 붙잡혔다. 탈출 후 먼 길을 돌아 대월지에 도달하나 대월지는 흉노에 심하게 데어 한 무제의 제안을 거절한다. 그는 허탈하게 귀국 하던 중 다시 흉노에 붙잡혀 13년 간 포로생활을 하다가 재 탈출하여 장안으로 귀국한다.

대월지와 동맹은 못 이루나 한나라는 중앙아시아의 많은 정보를 얻고 이후 세력을 뻗는데 큰 도움이 되었다. 이로써 중앙아시아와 사신 교환하고 비단은 중앙아시아를 거쳐 서아시아, 로마까지 수출하게 된다. 그 당시 로마에선 중국을

---

3) https://www.fmkorea.com/407770770

4) 그리스의 역사가 헤로도토스는 스키타이에 대한 표현이다.

'Seres', 'Serica'라 했는데 이 뜻이 바로 비단이다.

한나라는 중앙아시아가 중간에서 이익을 보는 게 싫어서 BC 104년 경 이광리 장군을 두 차례나 중앙아시아 페르가나 지역에 파견한다. 기원전 60년경, 오아시스 도시 '쿠차'에 도호부를 설치하고 후한시대는 반초와 그 부하 감영을 로마로 보내려 하나 시리아에서 포기하고 귀국해 버린다.

흉노는 이 때 분열되어 왕족 간 다툼으로 계속 서쪽으로 이동하다 핀족, 슬라브와 융합해 스칸디나비아에서 '훈족'이라는 새 민족을 형성하게 된다. 그리고 4세기경에는 러시아 남부 초원지대에 재등장하고, 5세기경에는 유명한 맹장 아틸라를 필두로 유럽을 침입하게 된다.

실크로드 지역의 문화와 종교적 배경

중앙아시아의 불교는 경전을 번역하는 데 멋대로 해석해버리는 부분들이 많았다. 그래서 대강 뜻이 비슷하면 원래 자신들이 따르던 유교의 사상이나 도교의 경전에서 그 용어를 가져다 쓰면서 본질에서 멀어지게 된다.

그 예로서 '공空'이라는 대승불교의 개념을 도교의 무無와 같은 것으로 해석하기도 하고 '열반涅槃'이란 개념도 도교의 무위無爲로 바꿔 버린다.[5] 둔황은 석불 등의 유명한 불교 유적들이 많으나 후에 회교도들이 침입으로 많은 부분이 회손되었으나 아직도 그 잔류를 볼 수 있다.

힌두교의 역사는 BC 1500년경 러시아 남부와 중앙아시아 초원지대에 살던 유목민들은 유럽과 이란과 같은 혈통인 인도·아리아인의 선조로 산스크리트어와 철기문화를 가져온 사람들이다. 아리아인들은 아시아 흑인계인 무굴제국을 누르고 인도반도를 침입하게 된다.

인도 서북부는 모헨조다로·하랍파 유적과 같은 고도로 발달한 청동기문화를

---

5) 열반涅槃: 모든 번뇌에서 벗어난, 영원한 진리를 깨달은 경지, 또는 덕이 높은 승려가 죽거나 입적에 들어가는 것을 말함.

누리던 원주민이 자리 잡고 있었다. 그래서 힌두교는 ①인도 유럽적 요소, ②인도·이란적 요소, ③토착민 적 요소가 발견된다. 그러나 중앙아시아에서는 큰 영향을 미치지 못하였다.[6]

중앙아시아에서 힌두교와 불교는 역사적으로 이리안 시대에 있었다 하지만 천산남로의 둔황유적지 등과 달리 천산북로에서는 박물관에서조차 유적을 찾기가 어려운 실정이었다. 그러나 페르시아가 지배하던 시기에는 크게 영향을 받아서 페르시아의 국가종교라 할 배화교 영향을 아직도 민간에서 그 영향을 찾을 수 있고 박물관에서도 확인된다.

그러나 이슬람이 지배한 이래로 배화교의 유적들은 지역에서는 전혀 찾을 수 없었다. 그러나 박물관에는 그 일부를 찾을 수 있었고 이슬람 초기에는 배화교의 영향을 받은 유물들도 볼 수 있었다.

흔히 중앙아시아는 오랫동안 오스만 튀르크의 지배를 받아왔다. 중앙아시아는 우즈베크·카자흐·키르기스·아프가니스탄·투르크메니스탄·타지크를 통칭한다. 그러나 아프가니스탄은 중동의 영향을 받으며 남아시아의 일부로 보는 경향이 있다. 반면 나머지 5개국은 2차 대전 후 소련연방국들이 되며 러시아 정교회가 대대적으로 전파되었다. 중앙아시아 지역 농촌은 이슬람 회당 대부분이나 도시에서는 아직도 러시아 정교회가 건재하다.

천산북로 나라들은 타지크 같은 정주민족과 카자흐, 키르기스, 우즈베크의 40% 이상은 유목민족들이다. 이들은 초지를 찾아 이동하기에 역사기록은 별로 없으며 한 때 칭기즈 칸과 게르만을 침략한 훈족, 아틸다 같은 명장들과 코카서스 기병들도 유럽세계를 떨게 하였다.

'천고마비天高馬肥'라는 말이 있다. 국어사전에는 '하늘이 높고 말이 살찐다는 뜻으로, 가을이 썩 좋은 절기임을 일컫는 말'[7]이나 실은 북방 유목민들이 '추수할 때가 되었으니 남쪽에 농사한 것을 뺏으러 가자'는 말을 아는 이는 많지 않다.

---

6) '힌두'란 원래 인더스 강의 산스크리트인 신두(Sindhu:대하大河라는 뜻)의 페르시아 발음이다.
7) 한컴사전에서

인터넷, 핸드폰, 노트북을 가지고 자유롭게 이동하는 현대인들을 '디지털 노마드'라 부르며 유목민족 생활방식으로 높이 평가하니 시대의 변화가 무쌍하다.

1980년대 소련 붕괴 후 중앙아시아의 변화는 급격하였다. 독립을 원해서가 아니라 러시아가 살기 어려워 쫓아내었다 해야 할 것이다. 이로써 경제적으로 어려움의 봉착했다는 이야기를 여행 중 들었다. 그래서 러시아어만을 국어로 사용하다가 자기 나라 언어를 국어로 채용하며 함께 거주하던 러시아인들은 대부분 귀국하게 되었다.

그리고 그 자리에는 정치적으로 권위주의, 사회적으로 민족주의, 종교적으로 이슬람주의가 채우게 되었다. 이로서 가장 큰 어려움에 봉착한 것이 고려인들이다. 각기 자기 나라를 찾아 러시아, 독일, 이스라엘 등으로 귀국하였으나 고려인들은 그곳에 살고 싶어도 그 나라(중앙아시아에 속한 나라) 언어를 모르니 그곳에 실기가 어려워졌다. 아래 필자의 시는 그런 아픔을 그리고 있다.

> 두샨베 가는 길 구불구불 굽이도는 신작로新作路 있다. 좌로 높은 산맥 장군처럼 굽힘 없고 우로 낮은 언덕 마을 따라 굽이돈다//
> 동산 넘은 불승은 오지를 않고 서로 간 무당도 오지 않는 다 해 따라간 배화도拜火徒의 불은 꺼졌고 경교도景教徒의 찬양도 끊어진 지 오랜데 흰 모자 흰 수건 쓴 사람들이 언덕 넘어 골에서 집을 짓더라//
> 독일 전차 뒤를 러시아 탱크가 뒤쫓고 미루나무 심으니 까치와 까마귀가 같이 날더라 우물가 엄마 따라 아이들 소란한데 망태 멘 농부는 씨를 뿌리고 망치든 장정 뒤로 완장 찬 이 호각 불 때 북치고 나팔 불며 뒤따르더라//
> 한 무리 비둘기 떼 하늘 맴돌다 지붕 위에 내려앉자 장미꽃이 피더라 북에서 온 이는 북으로 가고 서에서 온 이는 서로 가는데 동에서 온 이들만 아리랑 부르며 밭을 갈더라//
> 해 뜨니 미루나무 줄줄이 마중한다. 새 길 따라 마을 집들 참새처럼 소곤대던 내 어린 날 어머니와 외갓집 가던 그 길, 타지크 신작로 길 거기 있더라//[8]
>
> – 산 넘어 신작로 길

---

8) 문희주, 『실크로드 순례자Ⅱ』, 지식과 감성, 2019, p.38-39

실크로드 지역의 현실과 선교적 관점

소련 붕괴이후 중앙아시아의 가장 큰 변화는 경제적인 어려움이었다. 각국에서 들은 공통적 입장은 소련의 경제지원 단절, 산업시설의 붕괴, 시장경제체의 부적응 등으로 정치, 종교, 사회적으로 큰 혼란에 직면하게 되었다. 어쩌면 소련 공산당의 배급제도가 사라진 자리에 찾아든 기독교의 빈틈 전략은 성공적이었다.

또한 중국의 개방 이후 만주 땅에 거주하던 조선족을 시작으로 선교하게 된 것처럼 중앙아시아에서도 고려인을 통한 선교가 그 시작으로 보인다. 그리고 그들과 더불어 중앙아시아의 선교가 발전해 갔음을 알 수 있었다. 그러나 중앙아시아 각국에서의 선교는 케이스 바이 케이스라고 본다.

타지크는 중앙아시아 중에 가장 보수(완고?)적이었다. 종교적으로 이슬람 영향이 가장 강하여 여자들은 휘잡을 쓰고 통치마를 입어서 금방 알 수 있었다. 수도 두샨베는 물론 제2 도시 후잔드, 제3의 도시 쿠르곤테파나 촌으로 갈수록 더 보수적이었다.

2019년 현재까지 카자흐·키르기스·우즈베크가 무비자인데 타지크만이 비자를 내야하고 자치구인 파미르는 그중에서도 가장 심하였다. 마치 초기 중국이 개방하였을 때와 비슷하였다. 한국인들 중에는 유엔기관·의료사업· 아프간 난민 구제 사역 등을 하고 있었다. 당분간은 이 이상의 사역을 바라보기도 어려워 보였다. 교환학생이나 러시아어 연수 과정 등을 통한 사역을 기대해 본다.

두 번째 어려운 곳은 우즈베크이다. 타슈켄트는 구소련시대 중앙아시아 서울이라 할 만큼 중앙아시아 중에 가장 큰 도시다. 한국의 대우자동차를 비롯한 공장들이 터 잡으며 한국과 관계가 가장 일찍, 가장 대규모로 이루어진 곳이다.

또한, 고려인들이 가장 많은 곳이기도 하다. 이는 레닌 시대에 연해주에서 강제로 이주당한 3곳 중 한 곳이 여기 있기도 하지만 고려인들이 교육-문화방면으로 발전된 타슈켄트로 모여들었기 때문으로 보인다. 그러나 고려인들도 구소련붕괴 이후 많이 떠났지만 그래도 중앙아시아에서 가장 고려인들이 많은 곳이다.

개방 초기에는 필자와 같이 선교사로 훈련을 받고 파송 받았던 이들도 있었지만 얼마 안 돼 쫓겨나고 지금도 그 사정은 변하지 않았다.

중앙아시아에서 가장 자유스러운 것은 키르기스이고 그다음은 카자흐이다. 키르기스는 정치적으로 무비자 지역이고 장기비자도 비교적 무난한 지역이다. 그래서 한국의 많은 사역자가 이곳으로 몰려오고 있다. 한국에 미션단체에서는 두 개의 종합대학을 개설하고 있었다. 그중에 필자가 방문했던 국제대학은 러시아에서 기자로 사역하던 Y총장을 중심으로 몇 개의 학과를 개설하고 있었다.

실크로드 가는 길 국제대학 있으니
중앙아시아의 학문의 전당이라//
지식을 구하나니 천산의 높음이요
지혜를 바라나니 이스쿨의 깊음이라//
제자를 사랑함이 어미 새 같고
스승을 존경함이 어버이 같아라//
새 시대 새 학문 새 길을 여니
실크로드 중앙의 보배로구나//
국제인 바라는 인격의 도장이니
아~! 길이 빛나거라 국제대학아!//

– 빛나라 국제대학

키르기스는 비자문제·거주문제가 어렵지 않고 선교사란 이유로 쫓겨날 염려도 없다. 그러니 하나님이 중앙아시아에 열어놓은 '미션도어'라 할 것이다. 아쉬운 점은 타슈켄트나 알마티는 직행노선이 있으나 아직 한국-비슈케크 간 직행노선은 없다. 그러나 키르기스는 아시아의 알프스라 할 만큼 아름다운 천산이 있다. 필자가 천산에서 만난 서구에서 온 트레커에게 물었더니 '신이 주신 최고의 선물'이라 친찬하였다.

또한 한국 직행노선이 없어도 큰 문제가 아니라 본다. 고급택시로 비슈케크-알마티 간 50 달러로 집에서 집까지 운행해주니 문제될 게 없다. 중국은 일대일로 계획에 따라 실크로드 복원을 위하여 아시안 고속도로를 건설하고 대규모 물류타운을 선설 중이다. 그러나 중국 사전에 공짜가 없으니 그것이 키르기스의 국가부채로 남겨질까 두렵다.

카자흐는 키르기스보다 장기거류비자를 받기가 다소 어렵다. 그래서 초기 몇 년 간은 알마티에서 비슈케크까지 가서 다시 비자를 받고 돌아와야 한다. 그러나 일단 영주권을 받고 난 다음의 미션이 큰 문제가 별로 없다. 그래서 한인 선교사들은 한인교회는 물론 현지교회 개척, 신학교사역 뿐 아니라 다양한 사역을 하고 있었다. '카자흐'는 '자유로운 영혼'이라 한다.

한 후배 선교사는 필자에게 카자흐 사람들을 비교해 한 가지 얘기를 해 주었다. "알마티 시내를 걸으며 러시아 집인지, 고려인 집인지, 카자흐 집인지 알 수가 있어요. 집안에 꽃이 있으면 러시아인 집이고, 채소가 심겼으면 고려인 집이고, 잡초가 무성하면 카자흐인 집이지요" 그 말을 듣고 웃었지만 '이것이 곧 자유로운 영혼의 카자흐인들이구나' 하는 생각을 해본다.

키르기스의 비슈케크는 1960년대 한국의 거리를 보는 듯하였다. 또한, 청년들이 노는 것도 1960년대식으로 노는 것을 보았다. 그러나 알마티 시내를 걸어보니 한국의 2000년대보다 더 자유롭다는 생각이 들었다. 알마티의 홍대 앞거리 같은 곳은 젊은 남녀청년들이 함께 어울려 춤추는 것을 보니 서울 아이들을 뺨치는 모던댄스라 놀라웠다.

이 정도라면 학생사역이나 젊은이들을 대상으로 하는 어떤 사역도 가능하다고 본다. 또한 이들을 향한 한국인의 사역은 한국의 국력만큼이나 가까이 다가와 있다고 본다. 한국의 방탄소년단을 보고 싶어 하는 그들에게서 한국선교의 앞날을 보는 듯하다. 미션 역시 한류를 타고 중앙아시아를 채우고 싶다는 게 선교사가 본 실크로드 나라들의 현상이었다.

실크로드로 나가면서

주여! 어둔 밤 봉홧불 밝히듯 낮에도 꺼지지 않는 연기 피워 올리듯 성령의 기름으로 타게 하소서/ 주여! 천리마로 날며 읽을 말 주소서 홀림과 형식·강포와 사상에 억눌린 이 땅 구할 열심 채워 주소서/ 주여! 사막을 건널 때 실족 않게 하시며 산을 오를 때 낙상 않게 하시며 초원을 지날 때 도적 막아 주시고 강을 건널 때 안보 하여 주소서/ 주여! 담에서 돌이 외치고 집에서 들보가 응답하며 주의 광이 하늘 덮어 찬송 퍼질 때까지 주의 말씀을 전하게 하소서!

– 복음의 길 가게 하소서[9]

9) 문희주, 『실크로드 순례자II』, 지식과 감성, 2019, p.22

아름다운 끝을 맺자

- 디모데후서 4:9~18

메신저 : 문희주

오늘은 우리 동북훈련원의 뜻깊은 첫 기수 졸업식입니다. 이 졸업식이 뜻깊다고 하는 것은 지난 1년간의 만남을 위해서, 여러분을 제자로 부르기 위해서 오래전부터 계획하고 준비했습니다. 그리고 동북 삼성에서 여러분을 추천받고 면접하고 선택하였습니다. 또한, 여러분도 이곳 동북훈련원에서 여러 교수님을 통하여 많은 것을 배우고·익히고·훈련받고·실습하고·체험한 일들이 여러분 생애의 좋은 추억으로 남기를 바랍니다.

이같이 저희 교수들과 여러분들의 만남은 주님의 나라를 이뤄나가는 데 중요한 뜻이 담겨 있습니다. 이를 위해서 저희 교수들이 이 땅에 온 목적이 있고 또한 이것이 우리 주님께서 말씀하신바 '땅끝까지 이르러 내 증인이 되리라"는 선교의 명령을 피차에 이뤄나가는 것입니다. 이를 위해서 저희는 여러분을 제자 삼아 가르쳤습니다. 이제는 여러분이 지난 1년 동안 저희에게 배운 바대로 그 명령을 이루기 위하여 떠날 때가 되었습니다.

'제자'란 말이 탈무드에 나타나는 히브리어는 '배운다: 익힌다, 길들다'란 말입니다. 이에 비하여 신약의 헬라어는 '마데테스(mathetes)'라 쓰였는데 이는 주로 예수를 믿고 그 훈련을 받은 자로 그를 따르는 자의 총칭으로 쓰였습니다. 사도행전에서 마데테스는 '예수를 메시아로 고백하는 모든 사람 즉, 크리스천'이란 말입니다. 그러나 유명한 교부 안디옥교회 감독 이그나티우스(Ignatius)는 그의 저서 35경에서 제자라는 말은 '순교자'란 말과 동의어로 쓰였습니다. 예수님은 '요한복음 8:31'에서 말씀하시기를 "너희가 내 말에 거하면 참 내 제자가 돼…리라"고 하십니다. 제자의 도는 이처럼 '엄하게, 예수에 대한 충성이 요구되었고 참 제자가 되기 위해서는 자기의 세상 일체의 욕망을 버리고 십자가를 지고 따르는 것'이 절대적으로 요구되었습니다.

오늘 본문은 바울 선교사가 기록한 13권의 성경 중 마지막으로 로마 감옥에서 쓰인 유언의 편지입니다. 본문에서는 선교사 바울의 여러 제자가 나타납니다. 저는 이들 중에서 네 사람의 제자를 두 가지로 분류해 보았는데 하나는 아름다운 끝을 맺은 제자, 즉 성공적인 제자와 실패한 제자로 분류하여 말씀드리고 싶습니다. 그렇다면 누가 성공한 제자인지, 누가 실패한 제자인지 살펴봅시다.

첫째로 실패한 제자 중 한 사람은 데마입니다(4:10): 한국에서는 목사나 선교사가 2중 직업을 가질 수 없습니다. 오로지 교회가 주는 것으로 먹고 사역합니다. 그러나 바울이 선교사로 활동하던 1세기 때에는 선교사나 목사나 할 것 없이 교회가 주는 생활비나 사역비로 활동하지 않았습니다. 그 당시도 선교를 위해서 귀한 예물들이 헌금 되기도 했지만, 사도행전 18:3절에서 보면 선교사 바울의 직업은 장막을 짜는 직업이라고 하였습니다. 바울 선교사 일행은 먹고살기 위해서, 자신들의 신분을 보장받고 안전을 위해서, 전도를 위한 접촉점을 만들기 위해서 직업이 필요했으리라 봅니다. 이 방법을 여러분에게 권하는 이유도 이와 같은 세 가지 이유가 있으므로 사역지에서 꼭 유념할 필요가 있습니다.

직업을 가지고 있었는데 그냥 놀고먹지는 않았겠지요? 실라도 업을 가지고 전도했을 것입니다. 그런데 젊은 데마에게 그의 동료들은 뭐라고 했을까 저는 생각해보았습니다. 아마도 그의 동료들은 그에게 이렇게 말했을 것입니다.

"데마! 자네는 지금 나이가 몇인데 저축해서 장가도 가고 그래야지, 남자들끼리 어울려 살면서 희망 없이 그렇게 살려는가?"

그래도 데마는 단호히 "이 사람들아! 무슨 소리야, 나 같은 사람이 그 훌륭한 바울 선생님의 택함을 받고 함께 할 수 있다는 게 얼마나 값진 일인 줄 아나, 자네들은 몰라서 그런 말 하는 거야!"하고 답했을 것입니다.

그러나 불신자인 그들과 늘 함께하며 자주 듣다 보니 마치 이슬비에 옷 젖는

줄 모르듯이 어느 사이에 저도 모르게 세뇌되어 선교사보다 세상 친구들을 선교보다는 세상을 더 사랑하여 선교를 버리고, 스승인 바울을 버리고 세상 속으로 사라져 버리고 말았습니다. 본문에 보면 "데마는 이 세상을 사랑하여 나를 버리고 데살로니가로 가...다"라고 하였는데 한국인들은 이를 비유하여 용두사미(龍頭蛇尾)라고 하는데 중국인들은 호우토우 서웨이(虎頭蛇尾:호랑이 머리에 뱀 꼬리)하고 하더군요. 데마처럼 호우토우서웨이, 용두사미가 되지 맙시다!

둘째로 실패한 제자 중 또 한 사람은 알렉산더입니다(4:14-15): 본문은 그의 직업이 '구리장색'이라 하였고 개혁개정판 성경은 '구리세공업자'라고 합니다. 그 당시 구리세공업자는 오늘날 한국에서는 청동장인(青銅匠人)을 말합니다. 대단한 기술직이죠.

이집트 피라미드에서 출토된 유물 중에서 청동거울은 청동경(青銅鏡)입니다. 또한, 얼마 전 한국 고령지방 가야유물에서 출토된 유물 중에도 청동경이 있었다 합니다. 어째서 주전 1-2천 년 전에 고대인들의 무덤에서 청동경이 출토된 것일까요? 역사학자들은 구시대 왕들이 가지고 있던 청동경은 통치자만 가지던 통치의 상징인데 당나라 유물인 병마용에서도 청동경이 출토되었습니다.

고린도전서 13:12에서 보면 "우리가 이제는 거울로 보는 것 같이 희미하나 그때에는 얼굴과 얼굴에 대하여 볼 것이...나 그때에는 주께서 나를 아신 것 같이 내가 온전히 알리라"고 합니다. 여기서 말하는 거울이 바로 청동거울입니다. 바울이 선교하던 당시 고린도는 부유한 항구도시였는데 이집트나 가야 시대 때는 통치자의 상징으로 왕만이 가질 수 있던 것이 로마 시대에 이르러서는 부잣집에서도 부의 상징으로 가졌고 부잣집 딸들이 시집갈 때는 혼수품목 일호로 선호했을 것입니다.

그런데 이런 부잣집에서나 가질 수 있던 청동경을 만드는 청동장인인 알렉산더야말로 누구나 할 수 있는 선교사 바울의 직업인 장막 지기와는 격이 다릅니다. 또한, 회사에는 투자를 많이 한 만큼 커질 수 있을 것입니다. 주식회사에는 투자를 많이 한 만큼 커질 수 있지만, 하나님의 주인 된 신주회사(神主會社)는 세상 가치에 의해서 평가되는 게 아닌데 알렉산더는 세상의 가치를 가지고 바울 선교사에게 대적하였던 것입니다.

본문 14:15 절에 보면 "알렉산더가 내게 해를 많이 보였으매…저를 주의하라 저가 우리말을 심히 대적하였느니라"라고 합니다.

이러한 알렉산더에 대하여 딤전 1:19-20 말씀에서 보면 "믿음과 착한 양심을 가지라 어떤 이들이 이 양심을 버렸고 그 믿음에 관하여는 파선하였느니라. 그 가운데는 후메네오와 알렉산더가 있으니 내가 사단에게 내어준 것은 저희로 징계를 받아 훼방하지 말게 하려 함이니라"라고 합니다.

데마는 돛대도 삿대도 부러져 한 바다에서 조난 당하여 유리 방황하고 있다면 알렉산더는 암초에 걸려 타이타닉처럼 침몰하고 만 것입니다. 저는 알렉산더에게 부치고 싶은 이름이 있는데 배은대적(背恩對敵)이라는 것입니다. 사역에 있어서 그는 돌이킬 수 없이 크게 실패한 사람입니다.

셋째로 성공한 제자 중에 가장 아름다운 끝을 맺은 제자는 누가입니다(11, 16): '누가'는 의사로서 의료선교를 통하여 사도바울의 선교사역의 길을 열어 줄 뿐 아니라, 바울의 주치의로, 선교단원들의 건강을 책임지고 있었습니다. 성경에서는 훌륭한 사람들이 많이 나타나는데 그중에 실수가 없는 사람들은 많지 않습니다. 그런데 '누가'는 성경 어디에도 실책이 나타나지 않습니다. 그의 성격이 남달리 온유했던 것 같습니다.

본문 16절 상반 절에 보면 "내가 처음 변명할 때에 나와 함께한 자가 하나도 없고 다 나를 버렸으나, 11절에는 누가만 나와 함께 있느니라"라고 합니다. 처음 시작할 때는 많은 사람이 선교사역에 동참하였으나 시간이 지남에 따라서 한 사람씩 한 사람씩 선교사 바울의 곁을 떠나갔습니다. 그러한 상황에서도 '누가'는 마지막까지 옥에 갇힌 선교사 바울의 옥바라지를 하고 있습니다.

저는 누가에게 이런 이름을 붙여주고 싶습니다. 시종일관(始終一貫), 즉 처음부터 마지막까지 일관되게 자기에게 주어진 사역을 잘 감당하였다는 것입니다. 누가야말로 우리가 본받아야 할 가장 아름다운 제자의 모습입니다. 여러분도 이런 제자가 되기를 부탁 올립니다.

넷째로 성공한 제자 중에 아름다운 끝을 맺은 제자는 마가입니다(11하): 마가의 외삼촌 바나바는 바울을 사도들에게 소개한 안디옥교회 출생으로 요셉이었지만 자기 밭을 팔아서 사도들의 발 앞에 둘 만큼 착하고 훌륭하였습니다. 특히 권하고 위로하는데 뛰어났기에 '권위자'라는 이름을 얻었습니다. 마가가 일차 선교여행 때에 동행할 수 있었던 것은 외삼촌의 생질인 조카였기 때문입니다.

알려진 바로는 오순절 다락방에서 120명의 사람이 성령강림을 체험하게 되었던 곳이 바로 마가의 집이었다고 전해집니다. 이만큼 마가는 부잣집 도련님으로 고생을 모르고 지냈으니 그에게 선교여행은 정말로 힘든 여행이었을 것입니다. 제가 중국에 처음 왔을 때만 하여도 털털거리는 소련제 「라다」라는 택시가 대부분이었습니다. 이 택시를 타고 가다 보면 '털커덩' 하고 문이 열리는가 하면 한 시간쯤 타고나면 궁둥이가 다 깨지고 온몸이 노곤하였습니다. 그런데 마차를 타고 여행을 하다 보니 "외삼촌, 엉덩이가 다 깨지는 것 같아요" 하고 징징거립니다.

저의 제자 중의 김원길이라는 제자가 있습니다. 이 학생이 배를 타고 항해실습을 하고 돌아왔을 때입니다. "원길아! 배탈만 했어!" 그랬더니 그 학생이 대답하는데 "교수님! 자살하고 싶었어요!" 하는 것입니다. 그에게 물었더니 뱃멀미를 하느라고 먹지 못한 것은 물론 쓸개 물까지 다 토하고 나니 하늘이 노랗더라고 합니다.

마가가 그랬겠지요. 사도행전 13:13절 이하에 말씀에서 보면 '바울선교단'은 예루살렘에서-실루기아로-배를 타고 구브로 섬으로 가서 선교하고-다시 배를 타고 밤빌리아 버가에 이르렀을 때 마가는 완전히 탈진했던 것 같습니다. 그래서 외삼촌에게 말했겠지요. "삼촌! 나 자살하고 싶어 배 타고 마차 타고, 다시 배 타고 마차 타고 가자니 도저히 더 못가겠어요!" 외삼촌이 뭐라고 할 수 있겠습니까? "조카야! 그렇다고 어찌 자살이야 하겠냐! 그러면 너 먼저 돌아가거라" 했을 것입니다.

그런데 문제는 2차 선교여행을 앞두고 발생하였습니다. 사도행전 15:36 절 이하 말씀에서 보면 2차 선교여행 계획을 세우는데 "바나바는 마가라 하 는 요한도 데리고 가자" 하니 바울이 말하기를 "선교단원들을 떠나 한 가지 로 일하러 가지 아니한 자를 데리고 가는 것은 옳지 않다"라고 하므로 이 일 로 대사도인 바나바와 바울은 심히 다투어 피차에 갈라지게 됩니다. 바나바 는 마가를 데리고 배 타고 구브로로 가고 바울은 실라와 더불어 떠나게 된 것입니다.

이 일로 인하여 마가는 바울 사도를 다시 볼 수 없었고 외삼촌 바나바에게도 면목이 없게 되었습니다. 그러나 마가가 알렉산더나 데마와 다른 것은 그 일로 인하여 넘어지지 않았다는 것입니다. 그는 외삼촌과 더불어 열심히 선 교사역에 힘썼던 것 같습니다. 이처럼 심기일전하고 열심히 일하는 마가의 소식을 바울이 들었던 것으로 보입니다. 그래서 바울은 사랑스러운 아들 같 은 제자 디모데에게 편지하기를 "디모데야! 네가 올 때에 마가를 데리고 오 라 저가 나의 일에 유익하니라"라고 합니다.

사도를 떠났었으니 전에는 무익했습니다. 그러나 이제는 유익합니다. 그러니 다시 일어서서 열심히 전력하였기에 이제는 유익하다는 것입니 다. 바울은 이제 로마 감옥에서 순교할 날이 머잖은 것을 알고 그의 순교 이 후에 사역을 위해서 세 사람에게 맡기려 합니다. 좌左마가·중中디모데·우右 누가 세 사람인데 이것은 로마 시대에 잘 알려진 세 마리 말이 끄는 트로이 카라는 마차입니다.

13명 여러분도 이제는 부름을 받았습니다·훈련받았습니다. 그러나 택함 받은 이는 8명에 지나지 않습니다. 그러나 여러분은 소정의 교육과 훈련 을 마치고 드디어 선교사로 출발하게 되었습니다. 제자는 주의 이름으로 '말씀과

기도로 훈련되고, 길들어 그 말씀에 충성하다가 끝내는 순교하더라도 주님의 뜻을 이루는 사람입니다. 주님은 여러분 모두가 그런 사람이 되기를 바랄 것입니다.

사람은 약합니다, 그러나 하나님은 강합니다. 능력자이신 그분을 믿고 나간다면 결코, 알렉산더나 대마처럼 실패하지 않을 것입니다. 비록 누가와 같이 시종일관하지 못하여 넘어져도 다시 일어나 반듯이 선교의 열매를 맺어야 합니다. 여러분의 중국선교가 곧 백 투 예루살렘하여야 합니다. 실크로드의 새로운 선교행전을 써가야 합니다. 그리하여 '유종의 미'를 맺기를 축원합니다.

중국교회가 바로 지켜야 할 절기

CMA·Academy Director Zebedee. M

1. 서론

필자가 중국에 입국한 지도 이제 16년을 맞는다. 그동안 중국교회 예배에 참석하여 체험하고 느낀 것 중에 제일 중요한 사실은 중국교회 대부분 목회자가 교회력에 대해 잘 모르며 안다고 하여도 피상적이고 '교회력이 과연 목회와 어떤 관계이며 목회에 어떻게 적용할 것인가?'에 대해서 모르기에 목회 계획에 이용도 잘하지 못하고 있다.

필자는 본 소고에서 성서가 말하는 절기는 어떤 것이며 이절기를 교회는 어떻게 발전시켜왔는가? 그리고 한국교회에서는 이를 어떻게 적용하고 있는가에 대하여 알아보고 중국교회가 잘못 행해지고 있는 절기의 관습과 앞으로 어떻게 절기를 수용해야 할 것인가에 대하여 살펴보고자 한다.

본 소고에서 밝히는 지역은 주로 중국의 동북 삼성 지역에 한하나 다른 곳들도 사정은 비슷하다고 본다. 아울러 앞으로 각 지역에 따라서 절기에 따른 의식조사를 통해서 더 자세하게 파악해 보고자 한다.

2. 구약성서의 절기에 대하여

유대력에 의한 구약 절기의 안식일은 출애굽기 20장 8절, 유월절은 신명기 16장 1절, 오순절은 출애굽기 23장 16절에 기록돼 있다. 이상의 절기들은 유대민족들이 스스로 제정하여 지켜오고 있다. 그런 까닭에 이 절기들은 유대민족의 종교문화를 정착시키는 절대적인 요소로 자리 잡게 되었다. 따라서 이 절기들은 후에 서술할 기독교 교회력과 밀접한 상관성을 갖는다. 그러므로 구약에 절기를 잘 이해할 필요가 있다.

안식일: 안식일은 유대력 구조의 뿌리가 되는 중요한 위치에 있다. 이스레엘은 안식일이 없이는 존재할 수없다고 할 만큼 생활에 절대적인 영향을 미치고 있는 날이다. 안식일의 기본은 근본적으로 하나님이 6일간 천지를 창조하신 후 하루를 인식한대서 출발하며 십계명을 주실 때 약속해 주신 복된 날이다.

이 날은 육체를 쉬는 기쁜 날일 뿐 아니라 예배를 통해 종교적 가르침에 날로 승화 시켰다. 그래서 이 날은 가정 관습에까지 영향을 미쳐서 자녀교육이나 여러 가지의 삶의 형태가 엄격하게 규율로 정해져서 적용되며 현재의 토요일에 행하되 금요일 해져서부터 토요일 해질 때까지 지켜진다.

유월절: 이날은 이스라엘 3대 명절 중 하나요, 모든 명절 중에 명절이다. 이집트에서 종살이 하던 유대 백성을 인도하여 출애굽한 날이다. 이 날은 해방을 회상하는 절기로 단순한 기념일이 아니라 이스라엘의 건국일로 하나님의 은혜를 영원히 기리는 감사와 축제의 제사드리는 절기다.

유월절 이후 한 주는 무교절로 누룩 없는 떡과 쓴나물을 먹으며 조상들이 출애굽 시 서둘러 그 전날 저녁에 준비한 효모/누룩을 넣지 않은 반죽 덩어리를 가져온 일을 경험하고 철저히 회상하기 위해서다. 또한, 월력 첫 달인 니산월에 어린양을 골라서 그 피를 문설주에 바르고 고기는 구워서 유월절 음식으로 먹으며 출애굽

전야의 역사를 재음미하는 절기이다.

오순절: 이날은 유월절 후 칠 안식이 지나는 날이므로 칠칠절, 출애굽 후 50일이 되므로 오순절, 첫 열매를 드리는 날이라서 초실절, 첫 열매인 보리를 추수하고 드리므로 맥추절이다. 이스라엘은 유목생활을 하던 중 농경사회로 들어서면서 1년 동안 햇빛과 비를 내려주신 하나님께 첫 곡식을 드리므로 감사의 신앙을 키웠다. 후기 유대교에서는 이 절기를 시내산에서 십계명을 주신 날로 재해석되어 견신일로 부활시켜 모세 신앙을 확립하는 기념일로서 예전을 갖는다. 여기서 그들은 하나님을 단순히 육체의 양식을 주시는 분으로 제한시키지 않았다. 그들은 하나님을 민족의 영혼과 정신을 새롭게 출발시키는 분으로, 십계명과 율법을 주신 분의 의미를 강조한다. 이 같이 강한 신앙적 접근은 계약의 갱신을 강조한 절기로 지키게 되었다.

장막절: 유대인들에게 이 절기는 연중 마지막 절기로 현재의 10월에 해당하는 타슈레월 보름부터 한 주간이다. 유대인들은 광야-집 밖에서 장막을 쳐서 드리므로 장막절이라 하고 장막을 풀로 짓기에 초막절, 추수하여 저장하게 됨을 감사하여 드리는 명절이기에 수장절이라고 한다.

이 절기는 조상들이 광야에서 40년 동안 방황하는 동안 장막에 거했음을 기억하고, 그 경험을 재현하는 소중한 절기다. 선조들의 불신앙으로 광야생활을 하게 된 내력, 그럼에도 기업의 땅으로 인도해 주심을 깨우치고 기억하는 절기다. 이 기간은 여호와의 뜻을 신뢰하고 순종할 때 받게 되는 은총을 마음 깊이 되새기는 절기이다.

유대인들은 자신이 세운 천막에 거하며 지시된 의식에 참여한다. 이 의식은 '기쁨을 누리는 축제'라 하고 기도 시 "오 주여, 구하옵나니 우리에게 구원을 베푸소서! 오 주여, 구하옵나니 우리에게 번영을 허락해 주옵소서!" 기도한다.

3. 교회사를 통해서 본 절기의 역사

유대 땅에 오신 예수 그리스도로 인하여 새로운 복음의 세계가 시작되었다. 예수님은 유대인들에 의해 이단아로 심한 핍박과 저항을 받으셨다. 그러나 자신은 '율법이나 선지자를 폐하러 온 것이 아니라 완성하러 왔다' 하므로 유대의 전통 위에 성실하게 절기를 지키셨음을 알 수 있다.

또한, 이러한 스승의 가르침대로 제자들 역시 성전과 회당을 출입하며 안식일과 전통적 절기에 반대하지 않고 성실히 지켰음을 복음서와 사도행전에서 볼 수 있다. 그러나 예수님이 부활과 승천은 기독교가 유대교와 구별된 새로운 차원으로 변화되었다. 그 결과 안식일은 주일로, 유월절은 부활절로, 오순절은 성령강림절로 새 전통을 수립하게 되었다

변화된 주일: 주일은 초대교회가 제일 처음으로 지정한 날로서 가장 오래된 축일이다. 이날은 부활하신'주님의 날-주일主日'로 영원히 부활을 기념하는 날로 지켜지게 되었다. 로마의 핍박 끝에 로마에 의해 승인된 기독교는 321년 콘스탄틴 황제에 의하여 'Sunday-엄숙한 태양의 날'로 선포되고 363 라오디게아 회의에서 주일예배가 의무화되고 주일에 노동을 정죄하는 결정을 내리게 되었다. 개신교는 카톨릭 교회에 의해 잃어버린 예배 예전의 전통을 찾는 운동을 통해 교회력의 복원이 시작되었다. 장로교 본가인 스코틀랜드 교회가 1940년 펴낸 예배모범에 현재의 교회력이 시작되었다.

여기에는 대림절부터 부활절·승천일·성령강림절·삼위일체 주일과 그 후 주일들로 이루어졌다.

대림절/대강절: 성탄절 4주 전부터 시작되며 과거에 오신 아기 예수의 사건보다 장차 올 주님을 영접하고 준비하는 현재적 의미가 중요하다. 또한, 세상 끝 날 재림하시는 주님을 영접할 미래의 소망을 다짐하고 준비함에 의미가 있다. 대림절

은 엄숙하고 진지한 자세로 자신의 죄를 정리하고 주님을 맞을 신앙의 자세를 갖는 것이 중요하다. 특히 성탄을 앞두고 들뜬 감정으로 벌이는 사람들의 축하 행사와 상업주위에 팔리지 않도록 특별한 관심 기울여야 한다. 대림절에 준비가 잘 될수록 성탄의 의미는 더 깊고 크다.

성탄절: 초대교회에서 성탄절은 12월 25일부터 1월 6일까지 계속된 축제 기간이다. 성탄절은 4세기 이후 제정되어 급속히 확산되어 세계 제1의 축제가 되었다. 이 절기는 왕 중의 왕으로 오신 주님을 맞는 승화된 의미를 갖는 것이 이 절기의 본래 의미다. 그러나 최근 들어 세속의 상업적 탈선에 휘말려 잘못된 유희문화로 착각되는 현실은 성탄의 본 의미와 정면으로 위배 된다. 그러므로 교회는 소란하고 휘황찬란한 장식보다 말구유를 통해 지상에 오신 낮아지신 주님을 찾는 것이 매우 중요하다. 목자들과 같은 서민들 속에 찾아오신 깨끗한 마음, 소박한 생각, 이러한 그분을 맞을 내 마음의 방을 마련하는 것이 성탄의 중심 메시지가 되어야 한다.

주현절: 이 절기는 주님의 현현하심에 그 뜻이 있다. 1월 6일부터 5주간 계속되며 주님의 수세일과 산상변화주일이 포함돼 있다. 동방박사가 아기 예수를 찾아와 경배한 기간도 이때이며 특별히 빛으로 오신 예수님을 통해 하나님의 영광을 나타내고 주님의 공생애기간 동안 복음사역에 중점을 두는 절기이기도 하다. 이날의 중요성은 동방정교회 성탄절이 1월 7일로 서방기독교회의 마지막 성탄절 날인 주현절이 동방정교회의 성탄절이 될 만큼 중요한 날임을 알아야 한다.

사순절/수난절/고난절: 주님이 십자가를 지시고 구속하신 사건을 중요하게 생각하는 교회들은 사순절을 부활절 못지않게 중요시한다. 이 절기는 참회수요일에서 시작하여 성금요일에 끝난다. 주일을 뺀 40일로 종려/수난주일과 성주간이 절정을 이루게 된다.

부활절: 부활절은 기독교 축일 중에 제일 오래된 축일이며 교회력의 근원이 여기서 시작되었다. 주일은 한 주간, 한 주간이 부활의 축일이며 부활절은 기독교의 가장 큰 생명의 날이며 다른 종교에서는 찾을 수 없는 기독교만이 가진 특별한 축일이다. 부활절은 새로운 존재로서의 출발을 강조하는 의미에서 세례식을 행하기도 하며 생기에 찬 교회의 모습에 초점을 맞춘다. 또한, 부활절은 죽음을 정복한 초자연적 승리를 이루신 구원의 주님을 모신 기쁨이 교회에 가득하게 된다. 이러한 승리를 사순절 기간 부르지 않았던 '할렐루야' 또는 '영광송'을 부르게 된다.

오순절/성령강림절: 유대교에서는 성인식을 가져서 어른이 되고 율법을 준수해야 할 의무를 가졌다. 기독교는 이런 전통을 오순절에 견신례를 받고 입교인이 되어 그 의무와 권리를 갖게 되기도 했다. 성령강림절을 기점으로 그 다음 주는 삼위일체주일이고 대강절에 이르는 반년간의 긴 기간이다. 로마교회는 '오순절 후 주일'로 칭하나 개신교에서는 '삼위일체주일 후의 주일'로 부르다가 지금은 오순절 후 주일로 통일되었다.

오순절은 성령강림에 의한 교회의 출발이라는 새로운 역사가 시작되는 절기로 교회의 시작과 성숙과 성장에 관심을 두는 절기이다. 실제로 침체 속에 빠져 있던 사도들을 다시 불러일으켰던 새로운 역사를 부여하여 성령의 역사와 은사 및 성령의 열매를 통한 교회의 삶과 관련되어 있다. 그러므로 교회는 인위적 단체가 아닌 성령의 역사 속에 있는 생명체로 열매 맺어야 할 사역에 중점을 두어야 한다.

4. 한국교회가 절기를 지키는 예

한국교회 교회력 역사 : 한국교회가 예수님의 생애에 맞춘 교회력에 따라 예배와 설교를 계획하고 행해지게 된 건 불과 오래지 않다고 본다. 필자가 중학생 때부터 장년이 될 무렵만 하여도 부활절, 성탄절이 거의 전부였다. 필자의 기억으로도

30년 전 신학교 다닐 때만 하여도 절기에 대해서 크게 관심두지 않았다.

비로소 서울의 신대원에서 수업하면서 은사인 정장복 교수가 절기의 중요성에 대하여 강조하셨다. 그리고 그 무렵부터 정장복 교수님의 목회 캘린더가 제작되기 시작하였고 몇 년 후부터 『X연도 교회력에 따른 예배와 설교핸드북』 책을, 본 교단에서는 한국장로교출판사에서 『X연도 목회와 설교자료』 집을 출간하기 시작하였다. 또한, 필자의 모교인 장로회신학대학교에서는 해마다 교회력 캘린더를 제작하여 본 교단에 속한 전교회에 배부하기 시작하였다. 목회자들은 그에 따라서 목회, 설교, 행사를 계획할 뿐 아니라 봉사위원들을 통하여 교회의 강단이나 장식에 대한 것도 이에 따르게 되었다.

교회력에 따른 목회의 실제 : 예로서 목사가 두르는 수건(후드), 회중의 대표기도, 성가대의 찬양, 강대상의 수건, 강단의 꽃꽂이 등 전 분야에 걸쳐 절기를 통하여 지금 교회에 역사하시는 예수그리스도를 향한 절기의 표징을 수건의 색상, 강단의 꽃꽂이, 선포되는 메시지, 드려지는 기도, 울려 퍼지는 찬양을 통하여 전교회적으로 통일을 기하고 있다.

목회자는 목회 계획 시 반듯이 교회력에 따라서 계획하고 교회력의 중심에서서 (교회력에 따라서) 예수그리스도의 생애를 전 성도들에게 주지시키고 모든 봉사자들이 교회력에 따라서 봉사할 수 있도록 확실하게 교육하고 설교로 선포되어야 한다. 그때 성도들은 예수그리스도가 살아 역사하는 것처럼 믿음의 눈으로 바라보고, 느끼며 살게 된다.

이처럼 목회자는 설교의 본문, 설교의 제목과 내용 그 모든 것을 교회력에 따라서 예수그리스도 중심의 메시지를 전해야 한다. 그뿐 아니라 각 자치단체에서 이루어지는 절기의 행사들도 맥을 같이 해야 한다.

교회력에 따른 한국교회의 실천: 한국교회는 절기를 중심으로 일사불란하게 행해진다. 아래 그 예를 살펴보자. 교회는 대강절부터 성탄절을 카운트다운하며 각 기관, 교회학교는 행사를 연출하되 예배를 포함하여 각 기관, 교회학교는 행사를 연출하되 예배를 포함하여, 한 시간 반 이내로 진행하고 성탄절 날은 성가대가 칸타타를 찬양한다. 필자의 교회에서는 성탄전야에 전 성도가 저녁 식사를 함께한다. 식사는 간편한 쇠고기 국밥으로 하고 각 자치단체별로 발표회를 갖는다.

이때 메시지는 아주 짧게 전한다. 그리고 각 자치단체별로 오락회를 여는 게 보통이다. 이때 교회가 준비한 떡이나 과자, 과일 등을 각 단체별로 나눈다.

교회는 성가대와 청년회, 지원자를 뽑아서 몇 그룹으로 나눠서 새벽송을 하며 성탄절 새벽기도회는 하지 않는다. 새벽송을 할 때는 각 가정이 과자, 사탕, 작은 돈을 주기도 한다. 이때 모여진 것들은 성탄절 식사 후에 함께 나누어 먹는다. 성탄절 식사는 보편적으로 떡국을 끓여 먹는다.

주현절: 한국교회의 경우는 이 기간에 총회선교주일, 전국여전도회주일 등, 전 교회가 총회를 위해 동일한 메시지와 기도, 헌금 등의 순서를 가지고 그 헌금은 총회로 보내진다. 교회는 빛으로 오신 예수님을 전하기 위해 각 지단체별로 전도 행사를 하거나 여러 교회가 연합하여 선교를 위한 대규모 행사를 갖기도 한다.

수난절/고난절 : 이 기간은 특별기도회가 새벽·저녁·금요철야-심야기도회 등에 이뤄진다. 어린이부터 학생·직장인·주부 할 것 없이 특별기도회에 참석하기 위해 힘쓴다. 남선교회가 중심이 된 헌혈운동은 헌혈 차를 대기시켜서 예수그리스도의 보혈 피를 체험하고 동참하는 깊은 뜻과 사회적으로 부족한 피를 헌혈하는 사회운동에 앞장선다. 이로써 성도들의 의로운 피가 사회에서 역사케 한다. 여전도회는 이 기간에 폐기·방치·작거나 커서 쓸 수 없게 된 옷·가전제품· ·책 등을 수집·세탁하여 고치고·닦고·정리하여 바자회를 연다. 먹거리 장터도 열어서 그 수입은 부활절에 가난한 이웃을 방문하여 부활에 기쁨을 함께 나눈다. 이것이 우리를 향하신 주님의 뜻임을 알아야 한다.

한국교회는 수난절 동안 유흥, 음주가무를 절대 금하며 결혼식, 각종 잔치와 화려한 의복도 금하고 무채색, 보라, 자주색 등을 권장하여 실제로 그리스도의 고난과 만민을 위해 대신 죽으신 그분을 고요한 중에 깊이 명상한다.

부활절: 한국에서는 새벽에 각 도시별로 초교파적인 연합새벽집회가 열린다. 공설운동장 같은 곳에서 열리는 이 집회에는 전 도시의 교회들이 몇백에서 몇천 명이 연합성가대를 이루어 찬양한다. 시장·국회의원·시의원 등이 유불신을 막론하여 참가하고 축하한다. 여기서 모인 헌금은 유용한 곳에 쓰인다.

한국교회는 부활절에 발표회(연출)를 하는 곳이 거의 없다. 왜냐하면, 부활절 준비를 위해서는 수난절 기간에 준비해야 하므로 고요한 중에 명상하고 참회하며 기도할 기회를 갖지 못하기 때문이다.

필자가 목회하던 교회는 부활절에 각종 푸른 봄나물·볶음 쇠고기·계란 프라이를 얹은 식사와 백설기 떡을 함께 나누고 남은 것은 이웃에게도 전해준다. 바자회 수익이나 남녀선교회비로 음식을 준비하여 각 지단체별로 불우한 이웃을 찾아 하루를 함께 보내며 부활의 기쁨을 함께 나눈다.

성령강림절/맥추절 : 구약의 오순절-초실절·맥추절이며 모세가 시내산에서 십계명을 받으므로 유대교 생일이기도 하며 신약에서는 오순절을 지키러 예루살렘으로 왔던 디아스포라(흩어진 유대인)들이 다락방에서 임한 성령을 받으므로 신약교회가 탄생한 교회의 생일에 해당된다. 필자의 교회에서는 성령강림절에 맞춰서 맥추감사절을 지킨다. 강단은 여름과일·채소·꽃으로 장식한다. 예배 후 식사는 보리밥-보리쌀·찹쌀·감자· 완두를 넣어서 밥을 짓고 마당에서 장작불로 지었는데 모든 성도들이 좋아한다. 각 구역이 밥·볶음된장 채소·나물과 반찬·떡과 음료·과일과 열무김치 등을 각 구역이 돌아가며 준비한다. 준비된 밥은 큰 양푼에 보리밥을 볶음된장과 열무김치에 비벼 먹는데 성도들이 굉장히 재미있어 한다.

추수감사절: 예수님 생애의 교회력과는 무관하나 구약의 장막절·초막절·수장절에 해당하는 날이다. 현재 추수감사절은 청교도들이 미국에 도착 후 첫 수확으로 하나님께 감사의 제단을 쌓은 11월 3째주에 드려졌다. 필자의 교회에서는 맥추절과 같은 방법으로 차리나 교회에서 함께 준비하고 쇠고기국밥으로 식사를 나누었다.

〈교회력의 절기색·의미·메시지 방향〉

절기	색상의미	기간	메시지의 방향
대강절	보라/준비	성탄 전 4주~ 성탄 전까지	아기 예수로 오시는 주님을 영접하기 위한 의 뜨거운 사랑을 새롭게 조명함
성탄절	백색/순결	12.25/성탄절~ 재의 수요일	왕으로 오신 주님을 영접·희망과 감격이 솟구치게 함. 왕을 맞는 목자의 청빈한 마음
사순절	보라/구속	재의 수요일~ 부활절 전2일	부활을 위한 참회·고백·경건 속에 십자가의 수난 통한 구속의 진리 전함 음주가무금지
부활절	흰색/승리	부활절부터~ 오순절 전날	부활의 주님 안에서의 기쁨·죽음에서 승리, 부활이 안겨준 환희·소망·생명에 동참
오순절	잭색/은사	오순절부터~ 대강절 전까지	성령의 은사·교회의 시작·새로운 역사의 시작·성장과 성숙·성령의 은사와 열매를 강조

5. 중국교회가 바로 지켜야 할 절기

수난절 : 중국교회들은 절기마다 노래하고 춤추고 장기를 펴는데 정말 좋은 풍습이다. 그러나 문제는 설교를 한 시간 동안 길게 하고 발표는 두 시간이 기본이고 서너 시간은 보통이다. 그도 부족해서 이틀씩, 두 번의 주일씩 하는 경우도 있다. 그러나 짧게 아쉬울 만큼 하는 게 좋다고 본다. 그리고 가장 중요한 것은 성탄절이나 다른 절기는 좋지만, 수난절이 없는 부활절은 정말 심각한 지경이다. 경건하게 주님의 수난에 참여하는 프로그램은 거의 없고 지금 예수님이 수난

중인데 성도들은 날마다 부활절 발표준비를 한다고 웃고 떠드는 소리만 들린다. 주님이 지금 어디 계신지를 직시하자.

부활절 : 필자는 부활절에 중국인 현지교회 예배에 참석하였다. 그런데 그 교회는 부활절 예배가 아닌 평범한 예배를 드리고 설교 역시 부활절과 무관한 설교를 하는 것이다. 나는 담임교역자에게 물었다. "오늘이 부활절 날인데 왜 부활절 예배를 드리지 않나요?" 물었더니 그는 "우리는 다음 주일에 지키기로 하였습니다." 하는 것이다. 주님은 그 교회에서 예수님은 수난도 당하지 않으셨으니 부활도 기대되지 않는다.

성탄절: 어느 성탄절 날 아내와 평소 아는 교회 예배에 참석하였다. 목회의 현장에서 예배와 설교를 살펴보고, 어려운 교회에 헌금이라도 하려는 것이다. 그런데 그 교회는 성탄절 예배를 드리지 않는 것이다. 나중에 물었더니 중국은 성탄절이 휴일이 아니라서 지난 주일에 성탄절 예배를 드렸다 한다.

어느 성탄절 예배에 참석하였는데 예배 중에 성탄찬송도 없고, 설교는 성탄과 전혀 무관한 '아브라함이 본토, 친척, 아비 집을 떠나 하나님이 지시한 땅으로 갔다'는 것이다. 한 번은 꽤나 유명한 교회의 성탄절 예배에 참석하였다. 그 교회는 성도가 워낙 많으니 그런지 모르나 성탄절 예배에 떡 한 조각·선물 하나도 없었다. 성탄에 즐거움이 한 조각의 떡보다 못한 경우이다.

성령강림절/맥추절: 중국교회는 성령강림절을 지키지 않는다. 이날은 성령과 교회의 생일이요, 구약에서 오순절·칠칠절·초실절·맥추절에 해당하는 성서적 의미가 있는 날이다. 무엇보다도 중요한 것은 이날은 성령이 강림하신 역사적인 날이며 구약에서는 맥추절이기도 하다. 필자는 "중국교회가 왜 성령강림절이요, 맥추절인 중요한 절기를 지키지 않습니까?" 물었더니 "우리는 보리농사를 짓지 않기에 맥추절을 지키지 않습니다."하는 것이다.

"그렇다면 왜 벼농사를 짓지도 않으면서 추수감사절은 지키나요?"라고 했더니 대답을 못 한다. 추수감사절이 하나님의 은혜중에 반년을 지내게 해 주심에 감사하여 드리듯이 지난 반년 동안 은혜 중에 반년을 지내게 해 주심에 감사하여 드린다. 이것이 맥추절이다. 추수해서 드리는 예배라면 도시교회는 추수감사절을 드릴 필요가 없지 않은가?

또한 추수감사절은 추수하므로 드리는 것도 아니요, 예수님의 생애에 맞춘 교회력 상에 절기도 아니니 드리지 못할 수도 있으나 맥추감사절은 주님이 약속한 성령이 강림한 날이니 추수감사절보다 더 중요한 날임을 알아야 한다.

이상의 네 절기 봄의 부활절·여름의 맥추절·가을의 추수감사절·겨울의 성탄절로 이어진다. 교회는 이 절기를 축제가 있는 즐거운 교회가 되게 한다. 그리고 절기를 통해서 주님의 구속역사를 알게 하고, 몸으로 체험하여 살아 움직이는 성도가 되게 한다. 또한, 축제를 통한 친교는 하나 된 주님의 몸, 하나 된 교회가 되게 하는 귀한 일이다.

절기를 지킬 때: 성서에서는 하나님께 나와서 몸으로 보이고, 빈손들과 오지 말고 헌물로 감사하는 성도가 되도록 교육되어야 한다. 말라기 선지자의 지적처럼 바로 드린 자만이 축복을 받을 것이다. 가인같이 되지 않도록 해야 한다. 그래서 절기 전에는 절기 헌금을 미리 준비케 하여 꼭 감사하는 성도가 되도록 교육돼야 한다.

사역을 돌려주라: 목회는 목회자 혼자 행하는 게 아니다. 제1 종교개혁이 평신도에게 성경을 돌려준 것이라면, 제2 종교개혁은 평신도에게 사역을 돌려줘야 한다. 이미 사도행전에서 보면 초대교회에서는 사도들이 기도와 말씀 전하는 일에 전념하기 위해서 집사를 세워 사역을 넘겨주었다. 그때 비로소 목회자와 평신도가 일체 된 생각과 모양으로 절기 속에 역사하시는 주님의 뜻을 찾게 될 것이다.

6. 결론

필자는 앞에서 절기의 성서적·역사적 배경을 말하였고, 쉬운 예로서 한국교회가 어떻게 교회력에 따른 목회를 하고 있는가에 대하여 피력하였다. 교회력은 예수님의 생애에 맞추어 짜였다. 요즘 젊은이들은 만나서 100일이요, 1년이요, 결혼기념일이요 하고 챙긴다. 그리고 그날을 모르고 지나면 이혼 소리가 나오기까지 한다.

또 집안에서는 부모님의 생일·기일·어버이날·노인절·설춘절·단오·추석-중추절 등의 명절을 지내기 위해 달력을 본다. 한 집안의 행사도 관리하는데 어떻게 만왕의 왕이요, 이 땅 위에 하늘나라를 대행하는 교회가 그 주인이신 예수님의 기일을 무시할 수 있겠는가?

교회는 역사적으로 성탄절과 부활절을 지키는 문제로 인하여 한 교회가 동서교회로 나뉠 만큼 중대했던 일을 우리는 그렇게 무심할 수 있는가? 이것은 만왕의 왕이요, 왕 중의 왕이요, 교회의 머리 되신 예수님의 대한 태도도 천국을 대신하는 이 땅의 천국인 교회가 할 도리도 아니다.

추수감사절은 교회 사정대로 혹 그날을 바꿀 수 있으나 성탄절·부활절· 성령강림절은 무시하거나, 의미대로 날짜를 바꿀 수 없다. 교회력을 바로 알고, 그에 따라 목회를 계획하고, 바른 본문과 메시지를 전하는 참된 교회, 참된 목회자로 중국의 목회자들이 바로 서기를 기대하는 바이다.

한국 미셔너리의 한어권 미션전망

- 동남아 4개국에 대한 Research적 입장에서

Ⅰ. 서언: 타의적 사역 철수의 아픔

2013년 중국에서는 시진핑이 등장하면서부터 동북아시아의 정치변화는 많은 미셔너리들에게 큰 풍랑을 일으켰다. 이 일로 인하여 떠밀리거나 강제로 쫓겨나 사역지에서 강제 철수하는 상황이 벌어졌다.

창의적으로 접근하던 사역자들은 이런 사태가 일어날 것을 늘 염두에 두고 조심스럽게 접근하고 있었지만 막상 강제로 떠밀려 사역지를 떠나야 하는 그 황망함은 당해 본 사람만이 아는 아픔이다. 강제철수를 당한 이들은 이러한 일들로 극한의 정신적 충격을 겪으며 특히 자녀들을 대동한 학부모인 경우는 3중 4중의 어려움을 겪는다.

그러나 이들을 파송한 후원처나 세계사역본부는 이들의 아픔을 싸매 주기는 커녕 오히려 아린 곳에 소금을 치는 격이다. 강제철수 당한 이들은 이런 입상에서 쫓겨나고도 위로받지 못하고 후원하던 곳마저 끊기는 경우가 비일비재하다. 2013년 이후 동아시아에서 강제철수를 당한 사역자들은 지난 25년간(1994~2017)에 추방된 수의 다섯 배에 이른다. 그러나 세계사역본부는 이렇게 많은 문제점이 발생하였지만 아무런 도움도 주지 못하고 있다. 필자는 이러한 상황을 돌파 책을 찾고자 직접 발로 뛰며 리서치 하였다.

필자는 2013년 강제철수를 당한 후 한 달여간 동남아 지역의 화인·화교커뮤니티를 방문, 리서치 하였다. 그래서 본 리서치를 통하여 동아시아 공산권·서아시아 회교권·서남아 힌두교권·동남아 불교권·구소련정 교회권에서 한어로 사역하는 이들의 활로를 찾고자 하였다.

본 리서치는 화인·화교 디아스포라를 대상으로 하는 사역자들의 면담과 증언을 토대로 작성되었다. 그래서 강제 철수 당한 사역자들이나 그러한 위기를 겪는 이들의 진로를 여기서 제시하고자 한다. ①동남아시아 화인(시민권자) 모임들과 ②기타 국가 화교(대만국적 영주권자)모임과 최근 ③중국국적으로 출국하는 기업·노무자·유학생들의 모임에 대하여 아래와 같이 살펴보고자 한다.

Ⅱ. 한국 미셔너리의 한어권 미션전망

1) **캄보디아:** 캄보디아는 젊은 이형식 후배가 마중 나와 주었고 프놈펜 한인교회 담임 서병도 선배와 현지 사역자인 오태근 후배가 숙식을 제공하여 주었고 현지화인들의 실정을 전해주고 만나야 할 분들을 주선하여 주었다.

캄보디아는 폴포트 정권 당시 수만의 캄보디아인들을 죽음으로 몰아넣었다. 이때 많은 화교들도 탈출하였으며 그런 와중에 일부 희생도 있었다.

필자는 킬링필드 현장을 찾아보았는데 그곳은 바로 중국인(華人)들의 묘지로 쓰던 곳이다. 필자는 거기서 몇 개의 한자로 된 비문을 볼 수 있었다. 비석들은 이미 100여 년 전 화인들이 캄보디아에 살고 있었음을 말해 준다. 그 후예들은 떠나거나 죽임당했으며 끝까지 시대를 지켜 온 화교들은 일부 화인 혼혈아들이다.

캄보디아는 다른 나라처럼 중국어 간판이 많지 않았으나 프놈펜 시내의 중국어로 된 간판 중에는 약국·미장원·식당·양장점·수리점·잡화점·호텔도 볼 수 있었다. 이들은 대부분 동남아에서 개방 이후 흘러온 화인 디아스포라들이다. 듣는 바로는 최근 대륙의 자본가들이 대단위 투자를 시작하였다고 한다.

필자는 대만에서 한어를 배우고 캄보디아에서 한어 학원과 화인 채플을 하다가 문 닫았다는 최 선생을 만났다. 그는 한어를 배우려는 이들은 한족 혼혈아들이거나 한어를 배워서 대륙에서 진출한 기업에 취직하려는 이들이라고 한다. 이들은 권유하여도 모임에 참석하지 않아서 결국 캄보디아인 대상으로 사역을 바꿨다고 한다. 필자는 프놈펜 시내에서 화인 채플을 찾으려 애썼는데 한두 곳은 있지 않을까 했으나 찾지는 못하였다. 그러나 장차중국투자가 시작되고 화교들이 진출하면 갈수록 증가되고 화교 디아스포라채플도 요구되리라 본다.

프놈펜에서 사역하는 B.G. Kim 사역자는 필자를 만났다. 그는 "가끔 대륙의 지하 채플 젊은이들이 아울리지 중에 찾아온다."라는 것이다. 그가 만난 대륙에서 온 아울리지 팀들은 '주님의 뜻을 이루겠다'는 의지를 가지고 있더라'는 것이다.

그래서 그들을 보며 '자기의 채플에서 교육 시켜주고 싶다'는 것이다. 그래서 "항공료는 누가 부담하느냐" 했더니 "그들이 자부담하도록 하면 되지 않겠느냐" 하였다. "그들에게 문의해 보았느냐?" 했더니 아니라고 한다. "항공료를 부담하고 초청하는 게 아니면 직항노선도 없는 이곳에 누가 올 수 있겠는가? 그렇다면 직행노선으로 갈 수 있는 제주도보다 나은 조건이 없으니 실효성 없는 계획일 것이다"라고 전해주었다.

캄보디아에서 한국인의 체류는 큰 문제는 없다. 그러나 저들도 기틀이 잡혀가면 회사 등을 꾸려야 비자를 받을 수 있도록 비자 법이 변경될 움직임을 보인다고 한다. 그런데 대륙 사람들은 아마도 캄보디아에서 한국인처럼 비자도 자유롭지 않은데 대륙인을 대상으로 하는 사역은 어려울 것으로 사료된다.

2) 인도네시아: 인도네시아(이후 인니로 씀)는 싱가포르에 근접한 바탐섬 바탄시(인구200만)를 중심으로 리서치 하였다. 바탐시는 인구 2억 5천의 1%도 안 되는 지역이나 그럼에도 전체 인니를 추론할 수 있는 것은 인니어를 쓰고 인니의 행정이 골고루 미치고 인니인종이 대부분이기에 샘플 채취에 별반 다르지 않다고 본다. 바탐시는 화인 채플이 7곳인데 필자는 이 중 3곳을 방문하고 면담하였다.

인니에서는 배터랑의 D.C. Kim이 모텔과 자택의 숙소와 식사와 교통편을 제공해 주었고 인니 화인 커뮤니티에 대하여 설명해주고 바탐시 사역자들을 초대하여 식사할 기회도 주선해 주었다.

인니는 스와르토 대통령 당시 중국어漢語를 폐지 시키고 중국 성씨도 못쓰게 하고 창씨개명을 강요당했다고 한다. 이는 일본이 인니를 점유할 때 배운 문화통치의 배경이 아닐까 사료된다. 이러한 배경으로 화인들은 민족채플을 표방하지 어로 메시지를 전할 수도 없고 들을 수 있는 사람도 60대 이상의 사람들뿐이다. 그래서 화인 채플에서는 한어로 메시지를 전하면 인니어로 통역하는 게 상례이고 때로는 노년 대상의 한어 채플과 젊은이 대상의 인니어 채플을 분리해서 드리는 예도 있다고 하였다. 필자가 인니에 도착하던 날 화인 가정의 초대를 받았는데 50대 초반의 남편은 인니어 밖에 몰랐다. 그러나 한국인 아내는 한국어·영어·인니어를 모두 잘했고 그 아들은 3개 국어는 물론 한어 학원에서 배웠다는 한어도 수준급인데 앞으로 대륙에서 중국어를 다시 배우겠다고 하였다. 또한 한 오누이를 만났는데 35세 오빠는 한어를 전혀 모르고 33세 여동생은 한어를 듣고 말하기는 꽤 잘하였다. Kim은 자신의 회원 중 몇 명의 여 청년들은 한어를 읽고 쓰지 못하여도 듣고 말하기는 괜찮은 편이라 하였다.

필자가 바탐시에서 처음 소개받은 화인 모임은 Wati라는 인니 여전도사를 통하여 화인 여전도사를 만났다. 이 여전도사는 60대로 한어를 잘하는 편이었다. 이 전도사에게서 들은 바는 한국 채플의 신앙적 전통과 뜨거운 헌신·성령의 체험적 역사·신학적 발전에 대하여 대단한 존경을 표하였다. 그녀는 필자에게 이곳에 머물며 메시지도 전해주고 성도들의 신앙 성장과 영적 체험·낙심자들의 심방과 권유·병자들을 위한 치유기도 등을 도와주면 좋겠다고 하였다. 그래서 필자는 숙소를 제공해 준다면 고려해 보겠다고 하였다.

인니에서 두 번째 소개받은 곳은 필자가 들어서자 "혹시 목사님이 아니시냐? 고 물어서 "그렇다" 했더니 그녀는 필자를 사무실로 인도하여 주었다. 이곳 채플은 700석 이상 돼 보이는 큰 규모로 그날은 세 분 목사님 중 두 분을 만나서 10여

분쯤 대담하였다.

이곳 채플은 오전에는 중국어(漢語)로 진행하고 인니어로 통역하며 오후에는 중국어로만 진행하는데 필자에게 "중국어로 메시지를 전해 줄 수 있는가?" 하여서 30여 분간 한어로 메시지를 전하였다. 그들은 필자의 메시지를 듣고 "은혜받았다" 라며 "싱가포르에 나가 있는 당회장님을 만나 뵈면 좋겠다." 하였지만 며칠간 더 머물 수 없어서 당회장은 만나지 못하였다.

인니에서 세 번째로 소개받은 채플에서는 대륙에서 온 남전도사 한 분을 만났다. 그는 인니에 온 지 6년이 되었고 4년간 중국어 신학교를 졸업하였고 자신은 셴양瀋陽에서 온 42세의 QIN이라고 하였다. 그는 이 채플에 온 지는 2달이 되었는데 한어 메시지를 전한다고 하였다. 그는 보통화는 잘하지만 인니어는 미숙하였다. 조금 기다렸더니 68세의 담임인 SURYA WIJAYA를 만났다. 그는 25개 처 채플 사진을 보여주며 이곳들은 어려운 곳들인데 매달 생활비를 지원하는 데 한 곳당 한화로 월 15만 원 정도를 도와달라고 하였다. 그리고 4,000평의 땅이 있는데 거기에 신학교를 짓는데 합작하자고 하였다. 그래서 필자는 그와 Qin 둘을 앉히고 부흥회를 열었다. 과거 구미 선교사들이 한국선교 시 교회당을 지어주고 생활비를 지원한 게 아니다.

선교사들은 한국교회가 스스로 교회당을 짓고 목회자 섬기는 것을 가리켰고 이를 실천한 한국교회들은 오늘날같이 성장한 것이다. 한국교회 목회자들은 교인들이 밥 먹을 때 밥 먹고 죽 먹을 때 죽 먹으며 자립하는 교회가 되었다. "나는 돈도 물질도 없지만, 한국의 신앙 선조들이 전해준 신앙을 전해주고 싶다. 그러면 인니 교회들도 모두 자립할 것이다." 하였더니 인니어로 통역을 세워야 하는데 통역해줄 사람이 없다고 하였다. 20XX년 가을 말레이시아 페낭에서 열렸던 '타의적 사역 철수자들을 위한 세미나'에서 인니 화인 교단 대표들이 참석하여서 한국 미셔너리로서 동아시아 지역에서 철수한 사역자들이 인니로 와서 우리를 도와 달라"는 고무적인 전언이 있었다.

이는 성경 상 드로아 환상 중에 바울을 부르던 마케도니아 사람들보다 더 확실한 부름이라 사료 된다. 또한, 이러한 요청은 미국에서 온 미셔너리 SOUNG·인천화교교회 강다윗님의 증언을 통하여 확인된다. 또한, 동아시아에서 활동하다가 필자보다 앞서 철수한 H.M.Pak(MCNW)의 증언을 통해서도 확인된다. 이에 대하여 인니에서 22년간 사역해 온 D.C. Kim은 동아시아에서 철수한 후 인니에서 사역할 때는 중국어로 메시지를 전할 수는 있지만 인니에서 계속 사역을 원한다면 인니어를 배우라고 조언하였다. 아울러 중국어는 글자를 보고도 사전을 찾아야 발음할 수 있지만 인니어는 발음기호 없이 쉽게 읽기에 뜻이 무엇인지 몰라도 바로 읽을 수 있고 1년만 배워도 인니어로 메시지를 전할 수 있으니 인니어를 배우고 사용할 것을 권하였다.

대륙인으로 인니에서 사역하던 TAN의 경우는 16년간 사역해도 인니어를 모르기에 목회에 한계가 있었다. 한어를 사용하여 메시지는 전할 수 있어도 노년층이고 대부분 젊은이는 인니어만 하기에 인니어가 아니면 목회가 불가하다고 한다. 인니는 2억 5천만의 인구대국·자원대국으로 동남아의 맹주로 떠오른다. 그래서 중국은 인니에 더 많은 투자유치를 하기에 인니 청년들은 만다린어漢語 배움에 열망이 대단하다. 인니 화인은 인구5%인 1천만 명이 넘는다(몽골 인구 3배). 이렇게 볼 때 인니의 한어(만다린어) 쓰임새는 무궁무진하다. 그러기에 한국인 한어 사역자들은 대단히 적합한 사람으로 좋은 기회를 맞고 있다. 이는 인니에서 사역하는 한인 사역자들의 유력한 증언이며 필자가 보고 들은 바이다.

3) **말레이시아**: 필자는 싱가포르에서 싱화(싱가포르달러) 10달러의 배낭여행자 숙소에서 자고 2~3달러에 전철을 타고 국제버스로 말레이시아 최남단 조호바르를 출발하여 말라카·쿠알라룸푸르 그리고 중국인들이 세운 최북단 페낭까지 리서치하였다. 말라카에서는 J.H. LEE 내외의 마중과 따뜻한 식사·숙소·각종 편의를 제공받았다. 쿠알라룸프르에서는 동아시아에서 함께 지내던 S.D. LEE 내외가 식사와 숙소를 제공해 주었다. 또한 페낭시에서는 Ko,Kim 두 분이 편의를 제공하여 리서치를 도와주었고 3일간 모텔을 이용하였다.

인니에 비해 말레이시아는 정치적으로 중국어사용이 통제된 적이 없었다. 그래서 화인(중국인 국적자)들도 한어를 사용하며 아이들은 화인소학교에서 한어를 배울 수 있다. 그러나 중·고등학교는 영어학교를 많이 보낸다. 인니가 오직 인니어만 고집하는 것과 달리 말레이시아는 한어사용의 제한을 두지 않고 바하사어도 많이 사용하지 않고 주로 영어를 모국어처럼 사용한다.

말라카에서 2년째 사역하는 J.H. LEE는 서울대학 출신의 유능한 미셔너리다. 그가 사는 동네는 월 30만 원의 서울 강남 같은 동네로 교수·의사·변호사 등의 전문직 부자화교들이 산다고 한다. 그들은 가족 간에도 영어를 모국어처럼 쓰고 모국어인 중국어를 어렵게 여긴다고 한다. 말레이시아인들의 영어실력은 대단하여 언어 경쟁력이 있고 말라카에는 7개의 화교채플이 있으나 자신은 중국어를 쓰는 화교채플을 모른다고 하였다. 바하사어는 인니어와 같은 뿌리로 70~80% 유사하며 말레이어·인니어를 통칭하여 말하는 것이다. 쿠알라룸푸르와 해안에 접한 페낭시(섬)·이포·말라카·조흐바르 등은 중국인들이 세운 도시다. 이들은 영국 식민지 때인 15세기에 건너 왔고 주로 광둥어(켄토니스)를 사용하는 중국 남방인들이다.

또 인도 타밀족과 바바뇨냐BABANYUYA(중국인+말레이=해역중국인)들은 주석광산을 따라 왔거나 일본군을 피해서 이주해 온 사람들도 많다고 한다. 켄토니스는 어느 곳에서는 호켄위(복건화;후젠어, 영어로는 호켄)를 쓰는 사람들이 모여 산다고 하였다. 말레이의 원주민들은 말레이족이 아니라 '오랑아슬리'인데 이들은 말레이인과 비슷하여 구별하기 어려우나 그들은 잘 구별한다. 말레이는 회교공화국으로 말레이인은 타종교로 개종할 수 없다는 세계에서 가장 강력한 회교법을 가지고 있다. 그래서 말레이인은 절대로 개종시킬 수 없고 개종하여도 말레이에서는 모든 혜택을 받을 수 없기에 살 수 없다고 한다. 또한 회교로 개종할 때는 집·토지·직장 등의 혜택과 동시에 일시불 현금으로 회수하기에 개종이 어렵다고 한다.

동말레이시아는 사라왁, 사바 두 주가 독립 당시에 말레시아연방으로 편입되었으나 비교적 반도인 서말레이시아보다 훨씬 자유롭고 채플도 말레이어로 드려진다고 한다. 그러나 정부의 이슬람교 정책으로 인하여 점차 이슬람 개종자들이 많아지는 것은 말레이시아에서의 기독교 미션에서 큰 문제점으로 지적된다. 쿠알라룸푸르에서는 중국어 채플을 드리는 곳들이 있으나 말라카의 경우에는 중국인 채플도 주로 영어로 드려진다고 한다. 페낭 화인신학(침례교) 교수 I.S.KO의 소개로 EDDY TANDELA박사를 만났다. 그는 2시간여 동안 인터뷰 중에 필자의 원하는 바를 직파했는지 KO교수가 소개했는지 페낭 채플의 주소록을 내놓고 설명하였다.

페낭에서는 4가지로 채플을 드리는데 E:영어·M:만다린어·H:호켄=복건어·T:타밀=인도어이다. 각 채플은 이 중 1~2개, 많으면 3가지 언어 채플이 있고 이 중 만다린어 채플 중 4곳이 목회자가 없는데 각각 40~70명의 채플들로 한국인 미셔너리들 중에서 오신다면 적극적으로 초청하겠다고 하였다. 페낭에서 두 번째 만난 사람은 G.J. KIM 목사다. 그는 영국 에든버러 신학교를 졸업한 수재로 페낭시에서 7년간 목회 중이라고 하였다. 그러나 아직까지 계약하지 않고 그저 한 해 한 해 목회할 뿐이라 하였다. 말레이시아 화인들은 사회적·지적·경제적으로 상당한 실력자들이지만 반면, 말레이시아 목회자들은 모든 점에 뒤지기에 목회자를 종 보듯이 한다는 것이다.

자신은 3년 동안 그릇을 씻는데 "인제 그만두시죠." 하는데 사모가 설거지를 그만두는 데는 5년이 걸렸다고 한다. 이들이 자기를 뽑은 것은 영어를 잘해서보다 설거지하며 섬기는 것을 본 것 같다고 하였다. 목사의 리더십을 인정하지 않는 이들을 보면 자존심이 상한다고 하였다. 이들은 목회자가 없는 것을 즐긴다고 한다. 목회자가 없으면 사례비도 아끼고·높은 콧대를 높이는 기회도 되고·다른 목회자의 메시지를 외식처럼 즐긴다는 것이다. 그래서 4주 연속 강단에 서면 "싫증도 안 나느냐?"고 해서 할 수 없이 이웃 채플과 강단을 교류한다고 한다. 이러한 말레이시아 화인들 자세를 받아주고 그런 각오를 하지 않으면 9/10는 실패한다고 말하였다. 이들은 돈·학식·명예로 돈 안주고 목사를 이용하려는 것을 보고 기분 상하나 그래도 하나님의 능력은 할 수 있다고 하였다.

G.J. Kim 목사는 특히 '강제로 철수한 한국사역자'들이 말레이시아로 올 경우 몇 가지를 말하였다. 첫째로 제3국으로 가기 전에 반드시 '소금기를 빼고 가야 한다'고 지적한다. 특히 대륙에서 사역하던 이들은 너무 중국화 되어서 높은 위치에서 내려다보고 너무 열정이 지나쳐서 좌충우돌 하는데 그것은 홍콩·대만 같은 중화권도 같다고 한다. 그들은 똑같은 안경으로 세계를 보고 현지문화를 받으려 않는 것이 문제다. 그러기에 일정 기간 희석하고 새로운 문화가 들어갈 공간을 비우고 시작해야 한다는 것이다.

두 번째는 섬기는 자세로 와야 하는데 대륙에서 온 사역자들은 시키는 자세로 하려 한다는 것이다. 그러기 때문에 말레이시아에서 사역하는 데 힘들다고 한다. 이들은 평신도들도 신학적 지식이 매우 높다고 한다. 말레이시아 채플의 평신도들은 1년 몇 차례씩 외국의 유명한 신학자들을 초청하여 신학 강의를 듣는다. 그러니 목회자를 필요로 하지 않기 때문에 목회자는 바닥부터 길 생각을 하고 와야 한다는 것이다.

세 번째는 말레이시아에 대해서 미리 리서치하고 와야 한다는 것이다. 중국어를 쓴다고 다 같은 중국 화교로 보면 안 된다는 것이다. 대륙의 중국인과 동남아의 화인, 특히 말레이시아 중국인은 전혀 다르다고 봐야한다는 것이다. 이들은 한국계 미국인과 코리안 한글세대 또는 한국인과 조선족과 탈북자와 같이 그 격차가 크다고 한다.

어떤 사역자 한 분은 영어와 중국어에 능하고 그 부인도 동말레이시아 사람이라서 원하는 모든 조건을 다 가졌으나 7년여간 있다가 귀국했다고 한다. 대륙에서 앞서 나온 쿠알라룸푸르의 LEE도 7년이 돼서야 겨우 메시지 한번 전하였다 하며 말라카에서 만난 LEE도 2년이 되었을 때 한 번 메시지를 전하고 7년이 지나는데 아직껏 강단에 서보지 못했다고 한다. 말레이시아 화인들은 경제적 부유·신학적 지식·사회적 지위에서 성공했기에 목회자들이 너무 어렵다고 한다. 대륙에서 오는 사역자들은 이런 상황을 이해하고 섬김의 목회·선교적 목회·차세대를 키우는 목회가 필요하다고 하였다.

말레이시아에서 가장 어려운 것은 비자 문제로 보통 3개월밖에 주지 않고 반드시 비행기 입국 시 공항에서만 발급하기에 어렵고 관광비자로 입국 시 비자 때문에 트라우마로 벌벌 떤다고 한다. 일전에는 학부모로 비자를 받았으나 이제는 그마저도 부모 중에 한 사람만 준다고 한다. 한 사모님은 공항에서 입국 시 발가벗겨 검사 당하고 난 후 말레이시아를 돌아보려 하지도 않는다고 한다. LEE는 말레이시아 한국기업 주재원 부모로 비자를 받았으나 이후에도 비자를 받는다는 보장은 없다고 하였다.

4) **필리핀**: 식사 장소에서 만난 한 분은 다년간 필리핀에서 사역하다가 은퇴한 후에 지금은 말레이시아에서 안식 중이라는 분을 만났다. 그는 필리핀에서 신학교를 관계하기도 하는데 필리핀 화인(중국인 국적자) 채플 현황은 40년 전에 필리핀에 도착했을 때 이미 중국인 신학교가 있었다고 한다.

그리고 그곳은 질 높은 신학생이 배출되며 필리핀뿐 아니라 전 동남아 화인채플과 홍콩·대만·본토에서도 신학생이 오며 박사학위까지 배출하는 학교라고 하였다. 그러기에 필리핀 전 지역에 화인(중국인 국적자) 목회자가 있는 것으로 안다고 하였다.

그러나 이 말에 대하여 대륙에서 최근 강제 철수 당하여 1년간 필리핀에서 화인교회에 대하여 리서치 하였다는 J.C. Kim은 최근에 말레이시아로 막 들어왔다고 하였다. 그는 자신을 파송한 한국의 후원처가 말레이시아를 고집하지 않았다면 아마도 필리핀에 머물며 화인 사역을 하였을 것이라고 하였다.

그는 앞서 박사의 말은 마닐라 같은 큰 도시 몇 곳의 얘기며 특히 필리핀 남섬 민다나오를 비롯한 바사어 화교 벨트에서는 많은 화인·화교(화인은 그 나라 국적을 가진 시민권자, 화교는 대만 국적의 영주권자)채플들이 목회자가 없어서 비어 있는 곳이 너무 많다고 하였다. 남섬 민다나오는 최근 회교분리주의자들에 의하여 테러가 자행되어서 국가치안이 몹시 불안하다.

이들 분리주의자들은 자신들의 존재감을 나타내고 자신들의 분리주의 주장을 세계에 알리려고 외국인을 납치하고 무참하게 목을 베는 참수형을 감행하고 있다. 최근에 한국에서도 잘 알려진 사실이다. 이러한 문제가 아니라면 당연히 화인사역에 나서야 한다고 주장하였다.

이후 필자는 필리핀 방문 시 마닐라에서 화인 채플을 찾았지만 찾을 수 없었다. 가까운 사람들에게 화인·화교 채플을 수소문했으나 모른다고 하였다. 필자는 짧은 여행 기간 직접 화인들을 만나서 한어 사역에 대하여 자세히 대담해 보고자 했지만 실패하였다. 필자는 각국의 사역자들을 만나서 그 나라의 화인·화교채플을 리서치하며 문의하고 있다. 또한 대륙을 감싸고 있는 각국의 한족디아스포라 교회에 대하여 계속적으로 조사, 연구하는데 아직도 부족함이 많다고 본다.

5) 구미·호주 등지에 광부로 간 화교들: 한국에서 독일로 간 첫 번째 이민자들은 광부였었다. 대륙의 노동자들도 독일로 간 것이 이때라고 한다. 이들 대륙 노동자들도 한국 광부들같이 그 후에 독일에서 정착하게 되었는데 지금도 독일에는 화인 노동자들의 교회가 많으나 목회자들이 필요한 것으로 알려진다. 또한, 호주의 서부 지역에서 발견된 광산촌에도 많은 중국인 노동자들이 이민하였는데 이들 교회 역시 한어 사역자들을 요청한다고 전해진다. 유럽이나 미국 등 여러 나라들도 화인들이 없는 곳은 없다. 이처럼 화인들이 가는 곳이면 화인채플도 있으며 화인목회자도 당연히 있어야 하지만 대만이나 대륙에서는 본국 사역도 손이 모자라 감당할 수 없는 처지기에 한어를 하는 한국인 사역자들이 감당해야 할 부분이라고 사료된다.

최근 미국으로 간 대륙인들을 상대로 뉴욕에도 대륙인 채플이 세워졌다. 그런데 필자가 사역하던 대륙의 YB해양대학을 졸업한 후 뉴욕으로 간 제자는 뉴욕에서 대륙화인채플을 개척하였다고 한다. 이러한 입장은 한국에서 이민 나간 곳마다 한인채플이 있는 것같이 한어가 쓰이는 곳이면 어느 곳이 나 화인이민자 채플 역시 필요한 것이다. 그래서 각국 한인채플들을 통해 이를 세밀히 조사하고 화인

디아스포라 대상의 정보들이 수집되기 바라나 이제껏 회신이 없다. 그러나 한인채플의 사역자들이 손 닿지 않으나 앞으로 한인사역자들과의 긴밀한 네트워크를 구성한다면 화인미션 사역에 더 가까이 다가설 수 있으리라 사료된다.

III. 난제의 파도를 타고 넘어가기

대륙에서 강제로 철수 당한 사역자들은 현지국가 선교사로 허입되는 데 난제가 너무 많다. 대륙에서 나온 선교사들이 현지 국가선교회로 허입하려 할 때 현지 선교사회가 허입에 여러 가지 조건을 붙여 어렵게 하고 난제를 통과하면 일등병으로 새롭게 시작하도록 강요당한다. 이처럼 타국 현지선교사회는 강제 철수 당한 선교사들에게 이중 삼중의 고생을 시키고 있다. 이러한 난제들을 어떻게 해결해야 할까에 대하여 필자는 각국 선교사들이 견해를 알아보았다.

1) C국 M.S. LEE의 증언: 이번 리서치 중에서 만난 LEE는 남미에서 인도차이나 C국으로 허입하게 되었다. 그는 고산병으로 건강에 심각한 타격을 입고 어려운 상황에서 한국에서 치유하며 안식하고 있었다. 그러던 중 석 달도 안 되어 C국 한인교회의 청원을 받게 되었다. 그는 건강이 채 회복되지 않은 상태에서 C국 한인교회에 부임하였다. 그런데 LEE는 이미 M국에서 10년 넘게 사역하던 중이고 나이도 꽤 많다. 그런데 그와 한 시내에서 사역하는 젊은 사역자가 뺑뺑이를 돌렸다는 것이다. 이에 대하여 해당 국가 선교사들 중에서도 젊은 그 선교사에게 사과하라는 얘기를 들었다. 그러나 이런 일들로 C국 국가선교회는 한 시내에 있어도 한 국가선교회로 각각 소속을 달리하고 있다.

2) I국 D.C. KIM의 증언: I국에서 만난 D.C. KIM은 그 국가선교사회 회장이다. 그는 아직 자신이 소속한 국가선교회에 타국 소속의 선교사가 허입된 경우는 없지만 아마도 그렇게 되면 피차에 관계가 어려워질 것 같다고 하였다. 그래서

그는 이러한 어려움을 고려하여 “바로 또 다른 국가선교회로 이전하려고 하지 말라고 한다. 안식년으로 먼저 와서 있으면서 리서치하고 그 국가선교회의 회원들과 친분을 쌓은 후 차차 관계가 좋아지면 그 국가 선교회로 가입하는 것이 어떻겠냐?”고 자신의 사견을 전해주었다. 그러나 필자의 견해로는 이것도 온전한 방법이 아니라 보는 것은 시스템에 문제가 있는데 1년간 그들과 교제한다고 달라지지는 않는다고 본다. 물론 그것마저도 없으면 안 되지만 온전한 치유책은 아니다.

3) M국 G.J. KIM의 증언: M국에서 만난 G.J. KIM은 합동 측 선교사로 그 국가 선교회에서 10년이 된다. 그는 새로 허입되는 선교사와 허입을 요청받은 해당 국가선교회 간에 문제가 많다고 하였다. 그래서 그는 대륙에서 오는 사역자들은 자신의 입장을 배제하고 오라고 한다. 이는 기존 국가선교회 멤버들과 문제가 된다는 것이다. 이들 강제 철수 당한 선교사들은 선임이거나 선배일 수 있다. 그래서 가입하려는 국가모임의 말을 듣지 않고 좌충우돌하니 지역 국가모임의 문제가 된다고 하였다. 그는 아직 강제 철수당하거나 이전하는 사역자들의 아픔은 생각하지 않고 자신의 입장에서 말한다고 하지만 강제 철수 당한 사역자들이 자신의 입장에서만 생각하지 말고 자신이 가야 할 국가모임의 입장도 유념하라고 조언하였다.

4) M국 S.D. LEE의 증언: 그는 합동 측 사역자로서 이미 7년 전에 강제 철수 당한 고통을 겪고 그 국가모임에서 총무의 직분까지 맡을 만큼 그 국가모임에 잘 적응한 경우이다. 강제 철수당하여 제3의 국가모임에 허입을 원하는 이들의 입장을 충분히 자기도 겪은 바이나, 허입 하려는 국가모임과 좋은 관계를 맺고 나가는 것이 좋지만 현재 자기가 소속된 M국 국가모임은 만장일치제로 허입을 결정하기 때문에 한 사람이라도 거부하면 가입을 할 수 없다고 한다.

좋은 법은 아니나 쉽게 바뀔 수 없기에 신중히 처리할 수밖에 없다고 하였다. 그래서 현재 대륙에서 M국 모임에 허입 하려는 한 사역자는 허입에 한번 실패하고 다음 기회를 기다리는 중이다. 그는 이미 대륙에서 나와서 사모와 아버지보다도 키가 큰 두 아들을 대동하고 있었다. 그러면서 다른 사역자 게스트룸에서 지내며 집을 빌리러 다니고 있었다.

이렇게 황망한 일이 어디 있겠는가? 만약에 그 국가모임이 다시 거부한다면 그는 가족을 데리고 다시 이삿짐을 싸고 제3국으로 떠나야 하는가? 그는 지금 1년 안식년으로 이곳에서 허입을 기다리고 있었다. 이에 대해 LEE는 특별 안식년으로 5년간 허락받고 임시로 자기가 가려는 국가에서 사역하다가 임시 거하는 국가모임에서 가입을 허락하면 있고 만약 허락지 않으면 대륙으로 복귀하거나 다른 곳으로 나가는 것이 좋을 것 같다고 피력하였다. 그러나 이 역시 온전한 해결책은 아니라고 본다.

5) **난제를 바로 보면 길도 열린다**: 필자는 이같이 어려움을 당하는 강제 철수 당한 사역자들이 사역지를 이전하는 데 어려움을 겪었던 이야기와 허입을 결정해야 하는 해당 국가모임의 견해들을 들어 본 결과 다음과 같은 방안을 제안하는 바이다. 이 문제를 푸는 것은, 본국의 사역본부의 입장 표명 만으로도 쉽게 풀릴 문제인데 아직까지 한 번도 대량으로 강제 철수 당한 사례가 없었기에 예상도 못 하고 사태에 직면한 것이다.

두 번째는 모든 사역단체들이 강제 철수 당할 경우에 대한 매뉴얼이 있음에도 본 교단본부는 아직도 대책이 없음은 직무유기다.

세 번째는 강제 철수당한 이들에게 1년간 리서치 하거나 안식년을 하거나 시간을 주고 그동안 본부는 합당한 방안을 내놓아야 함에도 5년이 넘어도 이를 해결하지 못하는 게 큰 문제인데 본부는 무책임하게 다시 4년간 책임자를 연임하였으니 어이없는 일이다. 이 문제를 푸는 데는 다음과 같은 방법들이 있다.

그중 하나는 '본부직할 모임'을 구성하여 강제로 철수 당한 사역자들을 본부가 직접 관리하는 방법이다. 두 번째는 이들로 하여금 계속하여 한어를 사용하며 사역하기를 원하면 '화인·화교선교회'를 구성하는 방법이다. 화인화교 선교회는 어느 곳에서 사역하든지 '한어권역/화인화교모임'으로 분류하고 이전과 꼭 같이 활동하는 것이다. 이로써 강제로 철수 당한 사역자들은 새로운 국가모임에 알력을 겪지 않아도 되고 소속에 대한 변동 없이 한어권을 향한 한어사역을 계속할 수 있다. 그러므로 행정상 겪는 여러 가지 문제로 발생하는 스트레스와 행정력을 낭비할 필요가 없을 것이다.

또한, 대륙에 관계를 맺고 있는 곳이나 사람들을 현재 대륙에서 거주하는 사역자들과 계속해서 관계를 맺거나 관계를 이양하는 데도 좋다고 본다. 또한, 아직도 대륙에서 사역하고 있는 사역자들에게는 이후 강제 철수를 당하여도 '한어권역/화인·화교 모임'에 소속되므로 안도감을 줄 수 있다. 그리고 기왕에 강제로 철수당한 이들은 차후(5년 후) 복위할 때도 사역 지를 소개받을 때 좋은 정보를 제공받을 수 있기에 유익한 점이 한둘이 아니다.

여기에 기본 원리는 성경상 도피성을 가지고 있었던 구약성경의 원리와 다르지 않기에 매우 성경적이다. 그리고 현재 본 교단적으로 볼 때도 평양·평북·용천·함해와 같은 무소속 이북모임들이 있는 것과 같은 이치다. 이 방법은 강제로 철수 당하는 이들의 행정적 소속감에 대한 스트레스를 없애주고 아픔을 치유하고 단절 없이 어느 국가로 가거나 한어를 이용한 사역이 계속하여 이루어질 수 있다.

그러므로 하나님 미션에 최적의 조치로 사료된다. 필자는 대륙에서 사역 중에 강제로 철수 당하여 제3의 현지 국가모임에 허입 하려는 사역자들이 제3의 국가모임과 엄청난 갈등을 겪고 있다는 사실을 국가마다 직접 목격하거나 들어오고 있다. 이에 대하여 필자는 이 풍랑을 만난 이들의 난제를 해결함에 있어서 몇 가지의 제안을 기술하고자 한다.

V. 결언: 아픔을 극복하고 항해하기

대륙이 해방되던 1945년부터 공산화되던 1950년까지 하나님은 이미 대륙에서 준비된 서양 사역자들을 홍콩·대만·동남아 각지의 화인·화교들이 이동하는 곳을 따라가게 하셨다. 그리고 거기에서 동남아 화인채플들을 개척하고 차후의 해방될 대륙의 교회들을 위하여 준비케 하셨다. 미션은 하나님이 하시는 것이다. 그러기에 하나님보다 앞서갈 수는 없고 이러한 하나님의 사인을 바로 볼 수 있어야 한다.

하나님은 대륙 채플이 자신들의 힘으로 이끌 때가 되었다고 보고 계신 것 같다. 그러기에 이제 남은 것은 대륙에 남은 사역자들의 몫으로 돌리고 이제 강제로 철수당한 사역자들은 세계 각국의 화인·화교들과 대륙에서 나오는 상인·유학생·노동자들을 통하여 사역해 나가야 한다. 대륙을 향한 미션에 힘을 더해 주고 대륙에서 철수하게 하신 하나님의 뜻을 바로 보고 읽어야 한다.

결론적으로 '대륙에서 철수 당한 이들이 재파송 시 어디로 가야 할까'를 어드바이스 하고자 한다. 40세 미만은 말레이시아로 갈 수 있다. 그렇게 젊어야 인내하고 빛 볼 날을 기대할 수 있다. 또한, 그래야 그들 자녀들로 인해서 비자 문제도 해결할 수도 있다. 사역 언어로 영어에 능해야 하는 것도 고려해야 한다.

40세 이상이면 두말할 것 없이 환영하는 인니로 가기 바란다. 사역언어로 한어를 사용하고 인니어를 배울 필요가 있다. 인니어는 1년만 배워도 가능하니 기대할 일이다. 50대이면 인니도 도전해 볼 수 있지만, 대만을 추천한다. 대만의 농촌과 산지 고산족들에게는 얼마든지 사역지가 널려 있다. 그리고 언어로 인한 스트레스를 받을 필요도 없다.

필자는 대륙에서 추방되어 너무나 큰 어려움을 겪었다. 그럼에도 불구하고 앞서서 쫓겨난 다른 사역자들에 비하면 그나마 다행이라고 본다. 나이든 부모도 안 계시고 자녀들이 모두 자라서 학교문제로 고민하지 않아도 된다. 그리고 선교사 임기가 많이 남은 것도 아니라서 다행이다 싶어서 감사드린다.

그러나 아직도 강제 철수의 위험 속에 전전긍긍하는 동지들이 있고 현지 국가모임에 허입 하려고 힘든 인고의 시간을 보내는 동지들도 있다. 이에 비하면 필자는 아무것도 염려할 게 아니라 본다.

그러나 대륙에서 20여 년 사역해 온 선배로 많은 시간·물질·건강의 어려움을 감수하며 리서치 하는 것은 미션 정책에 도움이 되기를 바랍니다. 필자는 20대 초 류마티스 관절염으로 주님을 만나 고침 받았다. 29살에 폐결핵 3기로 외항선 일등기관사에서 하선 후 기도 중에 하나님께 소명을 받았다.

추방의 심한 충격은 간암에 이르러 40%의 간을 절제하는 수술을 하였다. 그러나 이렇게 연속된 풍랑을 인연하여서 더 빨리 하나님께 나가게 되었으니 이 또한 축복이라 믿는다. 이번의 풍랑은 은퇴를 앞둔 필자의 마지막 풍랑이기를 바라며 이 리서치 자료를 동지들과 함께 나누고자 하는 바이다.

월랑 문희주 저서의 논찬

01 월랑의 문학세계와 문화적 이해를 향한 삶의 열정

- 문희주 저 『시론적 문예작업』 노귀남 박사

02 천산을 오르며 부르는 노래

- 문희주 시집 『실크로드 순례자Ⅱ』 김성구 박사

03 인간 공동체적인 생명 사상의 고양을 위한 기록으로서의 오름

- 문희주 시집 『오름 부르는 소리』 이어산 박사

월랑의 문학세계와 문화적 이해를 향한 삶의 열정

문학박사 노귀남[1]

본서는 제목과 같이 경험을 토대로 하여 쉽게 시문학에 다가가게 해 주는 '독특한' 개론서이다. 문예이론을 다루지만 결코 이론에 치중하지 않는다. 이 점에서 필자도 이론적 이해에 대한 논평보다는 시 감상과 창작의 실제에 관심을 두고 이 책을 읽어내려갔다. 월랑은 필자와 오래전 연변에서 처음 만나 교류하고 있는 터라 그동안 문학적 대화와 그곳 생활을 서로 나눌 수 있었다.

월랑은 연변문예대학장을 역임하는 등 북간도 시절의 삶을 『당신의 바다』, 『북간도 사모곡』, 『실크로드 순례자Ⅰ』 등의 시들로 태어남을 보았다. 필자는 특히 월랑의 문학에서 우리 역사와 깊은 인연이 있으면서도 '낯선' 땅 간도를 현재적 삶으로 읽어내는 안목을 존중한다. 그것은 오로지 삶에 대한 문화적 이해를 시 작업에 반하기 때문이다.

> 봉긋 솟아 오른 하얀 젖살 내일이면 너희를 앞질러 달음질하리 소망은 푸름으로 치달아 모아산을 오르난디 누이야, 그렇게 젖살 키워라
>
> 「배꽃누이」에서

연변의 상징인 '사과배'는 배의 품종을 개량한 것으로 연변조선족에게 맛과 멋을 안겨 준 특산물이다. 모아산 주변을 비롯해 연변에서만 생산되는 '사과배'는

---

1) 경희대 강사. 세종연구소 객원연구위원. 북한대학원 연구교수 역임. 현재 동북아 미시사회연구소 연구위원, 연변대학 객원연구원. 『북한 청년들은 '새 세대'인가』(공저), 『북한 주민의 의식과 정체성: 자아의 독립, 국가의 그늘, 욕망의 부상』(공저) 등, 주요 논문: 「북한주민의 사적욕망」·「오재론: 분단극복의 시적 행로」·「북한의 선군혁명문학론」·「북중접경지역의 인문학적 이해: 평화를 지향하는 변경문화담론을 겸하여」·「문학의 분단해소와 이북문학의 수용-통일문학의 형성과정을 위하여」 등 다수.

봄이면 '봉긋 솟아 오른 하얀 젖살'처럼 낭만적 정서를 펼쳐 놓는 배꽃으로 장관을 이룬다. 가을이면 사과배의 시원하고 달콤한 맛으로 사람들을 매혹시킨다. 그런 정서를 연변 말이 아니라 우리의 옛 언어로 불러낸 '모아산을 오르난디'… 여기서 우리의 소망이 무엇이랴!

제주에서 간도로 넘어가는 길, 땅과 땅으로 이어지는 문화적 이해 없이 어떻게 열리겠는가? 그래서 월랑의 문학적 사유는 삶에 대한 문화적 이해로 출발한다. 그뿐 아니라 더 나아가 대만·몽골·태국·등 타문화조차도 그 언어(소리)를 직접 들어보고 그 음식을 먹어보고 그 음악을 들어봐야 한다는 것이다.

체험을 통해서야 삶의 실제 내용을 이루는 문화에 대한 감을 얻는다. 월랑은 그럴 만큼 문화의 체험을 중시하여 시 작업을 한다. 문예활동을 통해 문화의 저변을 넓혀가고 문화의 저변이 넓고 깊어질수록 우리의 문화는 더 튼튼해질 것이라는 월랑의 믿음은 문화에 대한 통속성을 넘어서는 이야기이다.

김구 선생이 "오직 한없이 가지고 싶은 것은 높은 문화의 힘이다"라고 했듯이 월랑은 민족과 역사의 희망을 시 정신에 둠으로써 역사-문화-예술-문학-시를 연장하며 인생을 논한다. 월랑이 시를 쓰기 시작한 이래 멈추지 않는 에너지는 어디서 왔을까?

월랑의 표현대로 인간은 누구나 시인이었다. 그러한 동심을 잃어버리며 시심을 잊게 된다. 태어나면서부터 갖는 시심인 시란 꾸밈없는 원래의 것, 순수함을 추구할 것이다. 다시 말해 차별하는 마음, 탐욕에 물들지 않는 눈으로 보는 순수성의 가치가 관건일 것이다.

> 아이만큼 해맑은 생각
> 철학자만큼의 생의 깊이
> 한 밤을 지새 운 시와의 동거
> 새겨 아린 님의 아이를 잉태하듯
> 산고의 아픔을 겪은 시인은
> 비로소 해를 낳듯 시를 낳는다.

『실크로드 순례자 I』 중 「서시」에서

세상사는 모습 어찌 다를까?
희거나 검거나 누렇게 낳았어도//
젖 먹고 자라는 건
모·두·같·더·라//
고기 먹을 때 버러지 먹거나
사과 먹을 때 산열매 먹거나
우유 마실 때 말 젖 먹거나
칼과 창으로 베고 찔러 자르거나
숟가락으로 뜨고 젓가락 집거나
이도 저도 없이 맨 손으로 먹어도//
먹고 배부 른 건/ 비·슷·하·더·라//

『아사셀 애가』 중 「같고 다른 길」에서

말하자면 월랑 문학의 깊이와 삶은 세속적 탐욕과 거리를 둠에 있는 것 같다. 세상사는 모습 중의 모순과 갈등을 넘어서는 대화와 기도가 있다.

그대와의 대화는
하루가 천년 같고 천년이 하루 같은
에덴을 꿈꾸는 아담과 하와
영원을 그리다 죽어도 좋은 기도

-『당신의 바다』중

「대화」와 같은 영원을 향한 그리움이거나 세상의 순례자가 되어 "오직 빈 마음으로 비상"-『아사셀 애가』 중 「비상」에서-하는 순수성이 바로 월랑의 시적 열정이다. 아울러 월랑은 다른 시인이 잊었거나 표현치 못하던 전혀 새로운 분야를 개척하는데 열정을 쏟는다. 필자는 월랑의 시 창작에서 몇 가지 측면을 살펴보고자 한다.

첫째로 월랑의 시작 중에 고어의 시적 채용에 대하여 살펴보자:

월랑은 지난 20여 년간 중국 연변조선족 자치주 YB해양대학 부학장(중국 정부는 외국인에게 교장, 학장을 승인하지 않는다)으로 SA농원대표로서 활동하여 왔다.

그 생활에서 함경도·북간도·제주어의 많은 공통점을 찾아내었다. 월랑은 고향 제주도가 "삼국시대 때에 고구려에서 제주도로 내려가서 탐라왕국을 조성하였다"고 필자에게도 말한 바 있었다. 그래서 월랑은 북간도 언어 중에 사라진(고어화된) 언어나 풍습 등을 발굴하려고 애썼다.

그리고 그 결과는 자신의 시작에서 많이 채용되었다는 점이다. 한국의 고어는 이미 사라졌거나 시의 어미나 일부 단어에 남는 정도이다. 하지만 월랑은 고향 제주어(고어)를 이용하여 한 권의 시집 『유채고장 피민 삼월이우다』을 내놓았다. 여기서 제주어(고어)를 이용한 제주어의 보존은 물론이고 제주어의 아름다움과 제주어의 품격을 한층 더 높여주고 있다.

> ᄃᆞᆯ뜨는 ᄃᆞ랑쉬 다랑쉬 오름 ᄃᆞ랑쉬
> 어스름 ᄃᆞᆯ뜨거들랑
> ᄃᆞ르멍 ᄃᆞ르멍 가게예 ᄃᆞ랑쉬 오름
>
> -「ᄃᆞ랑쉬 오름」에서,

> 제주에 오거들랑 입을 다뭅서
> 선 바위 모로 눈 돌
> 뒤 자란 낭도
> 제주선 돌도 낭도 말을 헙네다//
> 선 듯 안진 듯 마러시 이서뵈도
> 몇 철년 거기시멍 ᄆᆞ다 봐수다.//
> 몇 백 산 낭 그 뜻 몰란 ᄉᆞᆯ랑이는디
> 미시 거 알미로렌 말을 허쿠가[1)]
>
> -「제주에 오거들랑 입을 다뭅서」에서

1) (제주어 번역) 제주에 오거들랑 입을 다뭅서: 오거들랑 입 다무세요 선 듯 안즌 듯 마러시 이서뵈도: 선 듯 앉은 듯 말없이 있어 보여도 거기시멍 모다 봐수다: 거기 있으며 모두 봤는데 몰란 ᄉᆞᆯ랑이는디: 몰라 살랑이는데 미시 거 알미로렌 말을 허쿠가: 무엇을 아노라 말할 건가요

둘째로 월랑의 시작과 의미양상에 대한 시론적 해설에 주목해 본다:

월랑은 「겨울산」이라는 시를 통하여 수평적으로는 구문적 방향을, 수직적으로는 의미론적 방향을 완벽하게 표현해 준다(본문 134~138쪽 참조).

시인 문덕수는 "일상적이고 사전적인 의미보다 이 연관 관계를 발전해 나가도록 노력하라"라고 하면서 이에 대해 구체적으로 합당한 시를 예시하지는 못했지만, 월랑은 시 「겨울산」을 통해서 이를 시론적으로 제시하고 있다.

셋째로 월랑의 시작 중에 운율에 대한 남다른 관심과 시론적 평가가 돋보인다:

시론상 운율은 리듬·율격·운율·율동·격조·운· 운들을 말하는데, 한국에서 운율론에 대한 의견은 분분하다. 월랑은 본서에서 운율법에 대한 인식이 남다르며 여러모로 이를 규명하려고 노력하고 있다(본문 150~154쪽 참조).

그중 가장 눈에 띄는 발견은 압운으로 「사라봉」은 시의 운을 앞에다 맞추는 두운에 대하여, 시 「욥의 노래」는 시의 운을 뒤에 맞추는 각운에 대하여, 「그리운 건 아직 멀다」라는 시를 통해서는 중간운에 대하여 잘 설명해 주고 있다.

그중에 가장 눈여겨볼 것은 아직 세계 시단에 발표된 적이 없는 복합(중복)운의 창안이다. 시 「오래된 우물과 녹슨 펌프」는 월랑이 말하듯이 그의 시 중에도 유일한 시이며 유일한 운율로서 복합운을 이용하고 있다는 점이다. 일반적으로 두운과 각운은 가끔 볼 수 있고 시론 상에 나타나는 기법이지만 복합(중복)운은 월랑이 개발한 유례없는 시작으로 크게 평가할 점이다.

이처럼 월랑은 한국문단에 새로운 바람을 불러일으키는 각고의 노력을 펼치고 있다.

독창적 면모와 함께 월랑은 서정시·서사시·극시·정형시·자유시·산문시·등 다양한 시 형식을 구사하는 시인으로서 시문학의 이론적 개념을 직접 자작한 시로 설명하고 있다.

이로써 더 실제적인 문학 안내서를 내놓은 점은 '생활문화를 풍요롭게 하고 인간의 시심을 회복게 하자는 시인의 사랑이지 않은가!' 하여, 『초보자의 시문학 입문서』의 출간을 진심으로 축하한다.

천산을 오르며 부르는 노래

김성구 박사(시인, 문학평론가. 국제문학 발행인)

시인 월랑이 새로 출간하는 시집의 평설을 부탁해 왔다. 선교문학을 추구하며 국제문학을 발행하고 있는 필자에게 평설을 부탁한 지 한 달이 넘도록 진전이 없었다. 선교현장에서 생명을 담보로 살면서 써 내려간 시편들을 읽는 데만도 오랜 시간이 걸렸다. 도대체 이 시편을 어찌 평할 것인가? 도저히 앞으로 나아가지 못하고 숨을 멈출 수밖에 없었다. 하나하나의 시편들이 수천 년 역사의 수레를 타고 떠난 현장이다.

시인이 생명의 복음 수레를 타고 달린 흔적들을 분석해 볼 방법은 하나, 오직 성령님의 인도하심이어야만 가능하다. 필자는 평론의 이론을 다 던져 버리고 시집의 순서를 따라 감동되는 대로 써 내려가기로 작정하였다. 울어야 했고, 마음을 졸여야 했고, 선교문학을 이끌어 가는 작가의 입장에서 시인 월랑의 작품에 대하여 독자들과 함께 나누고 싶은 이야기로 정리해 보았다.

아프간에 배 띄우고 천산을 오르는 시인

시인 월랑이 '역사의 수레를 타고' 천산북로 비단길을 달리는 데 필자도 함께 타 본다. 사방에 펼쳐지는 실크로드 파노라마를 4D상으로 시청한다. 때로는 스스로 스위치를 켜고 주인공이 되어 그들과 뒹굴며 사막의 모래바람에 노출되기도 한다. 노아의 아들 삼 형제들이 걸어가고 알렉산더 대왕과 칭기즈 칸의 마병부대가 쓸고 지나간 거리.

티무르가 일으켰던 페르시아의 영광은 구소련에게 빼앗겼다가 찾았으나 여럿으로 찢긴다. 산은 제자리에 머물고 물도 그 길 따르나 역사의 수레는 쉼 없이 달린다. 그 길을 모르니 내리고 싶어도 내릴 수 없고 오르고 싶어도 오를 수 없으니 수레를 이끄는 주인의 뜻이니 시인은 실크로드 제국의 흥망성쇠를 통하여 선교의 비전을 꿈꾸고 사망의 길이 널려 있음에도 사막의 모래 폭풍을 두려워하지 않고 그 순례의 길에 들어선다.

> 맹부인 남편 생각 잠 못 이루니 사랑으로 바늘 삼고 동삼 긴 밤 실 삼아 옷을 짓더라. 맹부인 옷을 품고 몇 천리 길 떠났으니 남편 찾아 울며울며 길 헤매더라
>
> -「소쩍새, 극락조를 부르다」 중에서

시인은 단순히 맹부인의 애절한 사랑을 소개하려는 것이 아닐 것이다. 그 여인의 애절한 이야기는 선교지를 향한 시인의 심정과 교차한다. 복음을 들고 떠나는 심정이 생사를 모르는 남편을 찾아 떠나는 맹부인의 심정과 같은 것이다. 맹부인은 죽은 남편의 시체라도 찾으러 가지만 시인은 '죽은 자들을 찾아가 하늘의 생명을 전하고 살려내려고 가는 것'이다. 소쩍새는 극락조를 부르지만 시인은 택한 자를 찾아 천산, 곧 시온성으로 떠난다.

「천산북로 복음의 길」을 가는 시인의 심정은 실크로드 '금식 복음선교대회'에 참석한 후 순례를 떠나며 쓴 시에서 잘 나타난다.

> 호랑이가 포효하고 늑대가 울부짖습니다 그러나 사탄과 마주하여 싸우는 병사들의 군기가 천지 가득합니다
> 나는 복된 소식을 챙기고 등 밝힐 기름도 채웠습니다
> 산을 넘어 평지로 강을 건너 계곡으로 사막 지나 오아시스 찾아서 떠나렵니다
> 복된 소식 전하기 전에는 나의 순례도 끊이지 않으니 그분 따라 또 다른 마을로 떠나갑니다.
>
> -「천산북로 복음의 길」 중에서

시인은 순례자로서 선교지를 향하여 나아가는 중에 또 다른 마을로 떠나간다. 이러한 시인의 간절한 마음은 곧 시가 되고 노래가 된다.

주여!/ 어둔 밤 봉홧불 밝히듯 낮에도 꺼지지 않는 연기 피워 올리듯 성령의
기름으로 타게 하소서/(중략)
주여! 담에서 돌이 외치고 집에서 들보가 응답하며 주의 영광이 하늘 덮어
찬송 퍼질 때까지 주의 말씀을 전하게 하소서!

－「복음의 길 가게 하소서」 중에서

B는 갔습니다 푸른 잎새를 단 귤나무 울타리에 피어나던 동백꽃, 붉은 꽃봉
오리만 떨구고 갔습니다 …
바쁘지도 않은 길 훌훌 벗고 떠납니다 천국을 지으려 떠나갑니다

－「치자꽃 B」 중에서

천산을 향해 가는 시인은 아프간을 바라보며 탈레반에 순교한 B 선교사를 기억하며 이 길은 다시 돌아오지 못할 길임을 각오한다. 실크로드 비단길은 아름다운 길로 보이나 그 길을 따라 순례를 떠나는 시인은 계곡 지나 낮은 곳을 찾아 흐르는 강물과 같다. 파미르 계곡에서 바흐시강·아무다리강·펜지강에 이르는 것으로 비유된다. 그러나 시인은 「아프간에 배 띄우」자에서 순교자 손양원 목사처럼 사랑의 원자탄으로, 복음을 위해 불타는 횃불을 치켜들고 행진하며 펜지강에 이른다.

아프간 타쉬튼족 난민 무리들
총탄 나르는 땅 맨몸으로 사지 떠나 출레반 하여도 한 형제 타지크 이란도
감당치 못한다
40년 광야 헤맨 히브리인들처럼 발펴고 누울 땅은 언제이련가?
비린내 치즈 냄새·허술한 옷 사이로 스멀스멀 방치된 영혼들
열아홉 살 소년 바샬, 스물한 살 샤지아는 언제쯤 학교갈까?
절벽 기어오르는 담쟁이들이여 네 손톱마저도 보기 딱하구나 주여! 이 영혼
들을 어찌합니까?
주여! 익은 곡식 거둘 자는 어디에 있나이까?

주여! 나는 죄인이로소이다 부끄럽게 이리 바라만 봅니까?

-「출레반을 만나다」 전문

시인은 출레반이 아프가니스탄에서 탈레반을 피해 탈출한 사람들을 지칭하며 '유랑민'이란 뜻을 가진 이스라엘 민족이 출애굽 하는 것과 비교한다. 이들은 전쟁으로 모든 것을 잃었으며, 절벽을 기어오르는 담쟁이와 같이 갈기갈기 찢어진 손톱으로 생존을 위해 허덕이고 있었다.

여기까지 다다른 시인의 가슴에서 저들을 향한 연정은 애절한 인간의 절규가 되어 울부짖는다. 시인은 복음을 지고 해발 4천 미터 천산을 넘어가는 최고파 동지를 만나고 그의 간증을 듣는다. 그의 품에는 아직 사리분간 못 하는 어린아이가 안겨 있다. 아무것도 모르고 아빠의 품에서 잠든 아이를 데리고 죽음의 골짜기를 건너서 무모하게 천산을 넘는 동지의 간증은 시인에게 제2의 자아로 시가 되었다.

무모한 자여!
이 밤을 어디서 새우려는가?
누가 있어 이 밤의 이슬을 막을까?
이방 땅에 이미 해는 졌는데

-「무모한 자가 산을 넘도다」 중에서

시르다리야의 별을 쏘는 시인

천산을 오르는 시인은 시르다리야강에서 별을 쏜다. 구수한 타지크의 식빵을 앞에 놓고 하늘의 빵을 주기 위해 이곳까지 흘러온 자신과 그곳에 살고 있는 여러 종족들을 향해 희망을 선포한다. "까만 꽁지 찰랑거려도 너는 예쁘다 어디가 고향이고 어디가 타향인지 가리지 마라 널 사랑하고 널 챙기는 이 저리 많으니 샤론아 슬퍼 마라! 샤론아 울지 마라!"고 위로한다.

시인은 페르시아 길가에 뽕나무는 있으나 말을 들으러 뽕나무에 오르는 삭개오가 없음을 한탄하며 복음전하기를 소망한다. 그러나 타지크에서 함께 나누는 식탁과 둥근 빵에서 하늘의 식탁을 비유하며 즐거워한다.

둥글고 구수한 빵
타지크 논향 솔솔 퍼진다 화덕에서 갓 구워낸 황금빛이여!
(중략)
향기롭고 색 색 고와 또 정겨워라 이역 땅 타지크의 조반상 받나니!

–「타지크 향빛」 중에서

너의 고향이 타지크인지 너의 고향이 러시아인지 묻지 않으마 동그란 눈빛
반짝거림마저 눈물겨운 아이야 별처럼 서러운 아이야
(중략)
하늘을 보라! 네 눈을 들어 더 높이 보아라 네 날개 펼치는 날 백조가 되리니
샤론아 슬퍼마라! 날개를 펴라! 우린 고향 찾아 더 멀리 떠나야 해

–「날개 펴라 샤론아」 중에서

좁은 길목 잡아끄는 페르시아 상인은
옛날도 오늘도 그 자리를 지키고
뽕나무도 변함없이 그 자리를 지키는데
오늘, 그 말을 전할 수 없으니
뽕나무에 오를 삭개오도 없구나

–「후잔트 삭개오」 중에서

시인은 시르다리야강을 거슬러 키르기스 땅으로 가기 위하여 〈산 넘어 신작로 길〉을 따라 두샨베로 나간다. 시인은 이 시에서 중앙아시아의 종교적 역사를 시적으로 잘 해석해 주고 있다. 즉 동쪽에서 간 샤머니즘과 자생적인 페르시아의 배화교(조로아티스트)와 서쪽에서 온 네스트리우스의 경교가 지나가고 난 뒤에 지금은 회교도들이 집을 짓는 중앙아시아의 역사를 잘 이해하며 그려준다.

제2차 대전시 독일군대와 그 후 소련의 공산화가 될 때 전쟁 이후에 러시아인은 북쪽으로, 유대인은 서쪽으로 가는데 고려인들만 고국으로 돌아가지 못하고 살아가는 현실의 아픔을 보게 된다. 그 옛날 외갓집 갈 때의 향수 어린 길이지만 시인은 그 속에서 민족의 아픔과 눈물을 보게 된다. 시인은 그러한 아픔 속에도 서정적 아름다움을 찾는다.

두샨베로 나가는 자산마을 산골에서는 수가성의 여인을 보며, 자작나무 숲을 보면서는 푸른 히잡 휘날리며 거니는 페르시아 공주의 고뇌를 연상하며 비유를 이끌어 내는 시인의 놀라운 관찰력을 발견하게 된다. 시인은 다만 저들을 향해 복음을 전하기는 실크로드가 왕 되신 분이 함께 가는 길이라는 감사와 사랑을 복음으로 전하기 위해 또 다른 마을로 향한다.

> 자산마을 단풍들면 색을 겨루고
> 자산마을 눈 내리면 빛을 더하고
> 자산마을 집집마다 살구꽃 피면
> 온 산 찬란하게 봄이 또 오겠지?//
> 파란 눈이 고운 페르시아 여인은 통치마에 히잡 쓰고
> 냇가로 가는데 순례자는 눈 들어 자산을 본다
> 시온성 나의 집 본향 이르면 그 곳의 자산에도 해가 뜨겠지?
>
> -「자산마을」 중에서

선교를 위하여 또 다른 마을로 나가는 순례의 길에 펼쳐진 자연 경관은 과연 에덴동산과도 같다. 선교를 위한 순례 길에 들어서지 않았으면 경험할 수 없는 감동이 밀려온다. 그 것은 시인이 바라는 시온성의 모습과 같으리라.

> 검은 점점 패인자리 하얀 미디치마
> 푸른 히잡 휘 날리는 붉은 날 오후
> (중략)

자작나무 숲길 거니는 공주는 무슨 꿈 저리 깊어 있을까?

-「페르시아 공주」 중에서

선교지의 아름다움은 자연풍경의 조화로운 사람들의 움직임에 더함 없는 극치를 발한다. 시인은 아직도 진리를 모르는 이방의 혼들을 바라보는 선교사의 안타까움이 어려있었을 것이다.

친구야 천산에 함께 오르자

천산을 오르는 시인의 심장은 감격의 뜀박질로 부풀어 오른다. 어느 누가 이 감격에서 자유롭겠는가! 아마도 시편 기자가 예루살렘을 오르며 노래 부르던 것처럼 시온성을 향하는 시인 월랑의 멈출 수 없는 아름다운 서정이 어우러진 노래를 들어보자.

천산에 가거든 줄을 던지자
산봉우리에 닿도록 긴 줄을 던지자//
하늘까지 따라 오르는 백양목
청청 푸르러 언제쯤 나이들까?
무거운 죄 짐이 따라붙더니
갸우뚱거리던 알마티가 저만치 따라온다//
푸르던 잎새에 황금을 뿌렸다
순록 뿔에 찰랑이는 황금옥을 보았는가?
신라 천년의 바람인가 하더니
금관을 드린다, 비로소 내가 천산에 안긴다//
소자야 오느냐! 님이 부른다//
천산에 이르러 줄을 놓는다
진득이 달라붙던 죄 짐이 풀린다
땅 위에 내가 간 곳 없더니, 아!

세상도 이미 간 곳 없더라

-「천산에 가거든 1」 전문

시인은 수고하고 무거운 짐 진 자들을 향하여 천산을 오르며 생명줄을 던진다. 그리고 천산의 오색구름, 푸른 하늘의 창조솜씨를 보며 세상친구들을 향하여 '소자야 어서 오라!'는 메시지를 전한다. 이는 시인의 바라는 시온성에 이르는 과정을 비유하고 있는 것이다.

천산에 가거든
레몬티 한 잔을 들어보세요//
천산 한번 바라보고 티향을 맡으니
산 너울에 우정도 둥둥 퍼지고
각설탕을 두 개 넣고 다시 한 번 산을 보니
두고 온 세상도 간 곳이 없고
세 조각 레몬을 더하더니
산바람 스치듯 산이 내게 안긴다//
천산 호연지기
레몬티 한 잔을 들어 보세요

-「천산에 가거든 2」 전문

구원의 감격을 가지고 천산을 오른 시인은 마음 통하는 동지들과 함께 레몬티를 마시며 천산에 품에 안기는 호연지기를 맛본다. 이 기쁨이 어찌 시가 되지 않겠는가! 시인은 북방 민족들을 찾아 함께 호흡하며 흩어진 민족들을 모아 노래하며 천산에 오르기를 소망하는 것이다.

천산 지으신 이 내 갈 길도 보이시니, 그가/ 내 가는 세상길 나침판이라/ 그 주신 나침판 내게 향한 말이니, 그가/ 심은 말이 내게서 자라도다 「천산에 가거든 3」 중에서 천산의 맑고 깊은 물은 하늘 호수와 같구나! 그 물 맑음에 얼굴을 씻으니 광채가 나고 그 깊은 물에 옷을 빨아 천산 높은 곳에 빨래 널듯이 천산

바람에 널어 보고 싶은 월랑의 흥분된 가슴은 주체 못 하고 표출한다. 그러나 이것은 자신을 향한 것이며 또한 세상을 향한 시인의 심성이리라.

> 하늘 한번 바라보고 천산을 보라보니 흰 눈처럼 바랬소 나도 하얗게
>
> -「천산에 가거든 4」 중에서

월랑이 카자흐에서 머무는 동안 먹어보는 음식과 생활문화를 통하여 원주민들의 삶의 모습을 잘 표현해 주는 시가 「카자흐 초원의 맛」이다.

> 카자흐 고기값이 비싸기로는/ 넷째가 쇠고기요/ 셋째가 양고기요/ 둘째가 닭고기요/ 말고기의 맛이 첫째라는데
> 질기지 않고 물컹이지 않으니 11월 바닷가 피데기의 쫄깃함이다/ 씹을수록 우러나는 담백한 육즙이 10월 하늘의 깔끔함이다/ 후추를 안 넣고도 잡 내 없으니 9월 카자흐의 초원 향긋함이다//
> 카자흐 말고기를 먹어보지 않고서 말고기의 맛을 논하지 마라/ 중국 지상 일미는 말과 나귀나/ 카자흐 말고기는 중국·몽골·제주 다른 고급스러움이니 누구나 먹는 서민의 맛이 아니다//
> 알마티 마당에 꽃이 심겼으면 러시안 집이요/ 채소가 심겼으면 고려인 집이요/ 잡초가 무성하면 카작인 집인데/ 카자흐, '자유로운 영혼'//
> 마당의 잡초는 작은 일이요 초원을 달리는 큰 뜻은 자유를 찾는 말고기의 풍미련가?/ 초원의 맛 가르쳐 준 방승수가 그립다
>
> -「카자흐 초원의 맛」 전문

월랑은 천산, 하나님의 산을 오르고 계속하여 실크로드를 걷는다. 동에서 서로 향한 발길, 세계의 끝으로 향하는 순례자의 걸음에 한 박자 반의 쉼표가 붙는다. 주님을 모르고 세상으로 향한 인생은 메마른 길가의 한 포기의 풀과 같다. 시인은 풀 한 포기 나무 한 그루도 용서치 않는 메마른 산봉우리를 바라보며 영혼의 기갈로 쓰러져 가는 이들을 바라본다.

"아! 후잔트, 소천 앞 둔 할머니의 앙상한 몰골이여"라고 탄식한다. 순례자가 가야 할 길은 아직도 멀다. 그러나 해는 이미 서산에 걸렸으니 이를 어찌할까? 서산 올라지는 해를 장대로 고일까? 순례자 갈 길을 재촉하도다

-「석양」 중에서

월랑은 선교현장에서 흐르는 시간에 안타까움을 더한다. 아직도 복음을 들어야 할 부족들이 골짜기마다 우상의 종노릇 하며 살아가는데 어느 세월에 저들에게 구원의 소식을 다 전할까? 친구야 함께 가자. 땅끝을 향한 복음의 행진을 위해 천산을 오르자 허허……. 어느 세월에 천산 봉우리 하얗듯 월랑의 머리도 흰 눈이 내리려는데 천산이 저 멀리 있는 게 아니라 바로 내 앞에 있었구나

춤추는 우즈베크에서

월랑은 순례자로 「부하라 가는 열차」를 타고 과거로 향하여 남으로 떠난다. 기차는 시내를 건너고 언덕 아래 작은 오두막집을 지나며 할머니의 옛 얘기가 소곤대는 작은 동네도 지난다. 그리고 낮은 언덕 감싸며 사막을 달리는 기차 안에서 창밖을 본다. 사막을 오가는 상인들의 목축일 오아시스가 어디에 있을까?

마른 빵 한 조각 찍어 먹는 찻잔이 출렁이며 페르시아의 역사를 투영한다. 이는 순례자가 전해야 할 선교지의 다양한 상황이요, 사막의 뜨거운 태양이 쏟아지나 추수를 앞둔 목화송이를 보듯이 추수 때가 이른 순례자의 사명을 보고 있는 것이다. 시인은 우주베크로 들어서며 희망을 본다.

히잡도 쓰지 않고/ 한국도 보지 않고/ 한국어 가이드로 우리를 놀래킨/
살아 있는 이름, 우미다
희망을 전하는 이

잠든 역사 속에 새 시대를 사는/ 3천 년 유네스코도시 부하라/ 칙칙한 역사 속에 피어날/ 살아 있는 페르시안, 우미다/

희망을 전하는 꽃

건조한 사막 중에 피어난/ 오아시스의 꽃 부하라/ 쨍쨍 한 여름 구름 없는 하늘빛을 닮은/ 살아 있는 생명의 빛, 우미다/ 희망을 전하는 색

우미다여 희망을 노래하라!/ 부하라가 다시 꽃필 것이라!/ 누가 페르시아 영광을 보았는가!/ 살아 있어 영화로운 그 이름, 우미다/ 희망을 전하는 노래여!

－「우미다여 희망을 노래하라」 전문

월랑은 부하라에 도착하여 수많은 기대를 가지고 가슴이 벅차오른다. 부하라시를 향해 '너는 희망을 전하는 꽃이며, 건조한 사막 중에 피어난 오아시스의 꽃'이라고 한다. 그러나 언젠가 꽃은 시들고 옥토가 사막이 되리니 오늘을 자랑하지 말고 내일을 기약하지 마라'고 선포한다.

순례자여!/ 보고 싶어도 언제 다시 올까?//
기약을 하지 마라//
해가 지면 당연히 자고 가야 하리니/ 초막이라 탓하랴/ 하룻밤 눈 붙이면 그만인 것을/ 호사한 호텔일까?//
기약을 하지 마라/(중략) 등 붙이고 다리 펴 머무르고 싶어도/ 때 이르면 소꿉장난 버려두고/ 좋았던 짝꿍도 두고 헤어지리니/ 툭툭 손을 털라, 언제 다시 만날까?//
기약을 하지 마라

－「부하라여 기약 마라」 중에서

소돔성에 이주한 롯의 가족이 복음 맡은 자로 역할을 감당하지 못하고 멸망의 날에 도망 나가는 비참한 신세가 되듯 '순례자 또한 선교지에 젖어 살아도 안 되리라'는 교훈을 얻는다. "제국을 꿈꾸고 서진과 동진을 교차시키나 발목이 꺾이듯 꿈도 꺾이고 황후가 사라지듯 세월도 가니 한없을 것 같은 아모르의

꿈이 저물"던 것처럼 지상 낙원의 꿈은 이뤄지지 않는다. 순례자는 비단길 4천 년 역사 위에서 오직 복음의 발자취만 남기려 노래한다.

> 오, 아모르여!
> 그대 장미를 사랑하기에 장미위한 사원을 지으려 했으니 오! 아름답도다. 바자르 오가는 모든 이들 장미를 보듯이 그 아름다움 치하 하도다, 그러나 보라//
> (중략) 아, 미련의 순간이여!/ 연정은 사라져도 자국은 남는 것 한순간 도발이 큰 죄가 되니 몸에 쏘인 자국이 너무 깊도다 사자는 남의 체취 용납지 않으니 장미의 기다림이 무참히 꺾였도다//
> 아, 비비한늠!
> 한 마리 벌침에 자국을 남겨 한 마리 사자에게 죽임을 당하니 아, 죽음의 키스여! 아모르만 사랑함이 일장춘몽이더라//
> 오, 아모르여!
> 때늦은 그대의 후회가 무슨 소용이랴! 죽어서 미묘를 꾸민들 무엇하랴! 사랑의 향기는 날아가고 장미는 이미 잘려 사라졌거늘// (중략)
>
> -「비운의 왕후 비비한늠」 중에서

순례자는 우즈베크의 결혼식 풍경에서 춤추는 소녀들을 보았다. 내가 여기까지 온 것은 너희를 그리스도의 신부로 중매하려고 한다. 비비한늠의 죽음의 키스가 아니라 하늘이 내린 구원의 말을 듣고 감사의 노래를 부르자'라며 축복한다.

> 남녀노소 다 나와 노래하며 춤춘다 태양이 나뭇잎을 희롱하며 춤추고 새들이 반짝임에 노래하며 춤춘다 온 동네 시끌벅적 혼사마당 즐겁고나 우즈벡아 춤추자! 상제가 내리신 축복이로다!
>
> -「춤추자 우즈베크」 중에서

키르기스의 아름다움에 현혹될까?

순례자가 머무는 숙소의 담벼락을 기어오르는「담쟁이」가 푸른 성벽을 이루어 아름다운 풍경을 선사한다. 잠시 풍광에 잠겨 시상에 빠졌다가 천산의 소리를 들으며 정신을 차린다.

> 어린 나무들이 산을 타고 오르는데 오르지 못하는 등성이 풀들이 타는 가슴 열어서 피 토하더라 골 타고 내리는 물 옥수라 하더니 구름이 벗겨 논 하늘 빨아서 파란 물 부글부글 흰 거품이다 순례자여 옷을 빨라! 순례자여 옷을 빨라! 소리쳐 외친다//
> (중략) 내가 산에 안긴다 산이 내게와 숨을 내 쉰다 천산아! 네가 바로 여기 있었구나!
>
> -「천산아 네가 여기 있었구나!」중에서

순례자가 현지 생활에 익숙해지다 보면 나그네인지 원주민인지 정체성을 잃어 간다. 인생 또한 그렇다. 이 땅에 살아가는 동안 나그네 인생으로 천산을 향한 순례자라는 사실을 망각하게 된다. 그러나 월랑은 시인이지만 복음의 순례 길을 쉬지 않고 가고 있다. 그리고「천산아 네가 여기 있었구나!」감탄을 연발하며 동지를 향하여 노래한다.

> 전설이 된 사람 국적을 묻지 마라/ 몇 만 리 길이더냐 온 길도 묻지 마라/ 너무도 아득하여 꿈에나 그릴라//
> 모국의 언어가 아직 채 익기도 전/ 비행기 내리는 손 아직 채 놓기도 전/ 부모의 역할을 아직 생각하기도 전//
> 하늘의 사명을 세우려 했으니/ 키르기스 땅을 너무 사랑했으니/ 아버지 나라 또한 그렇게 세우리니//
> 딸 팔아서 키르기스 사위를 사고/ 아들 팔아 키르기스 며느리 사고 (중략)//
> 살아서 이미 전설이 되었으니/ 죽어서도 못 떠날 키르기스 땅이리/ 류동수가 키르기스 그만큼 사랑하니//

오늘도 전설을 만들어 가더라

－「전설이 된 사람」 중에서

월랑은 기쁨은 키르기스의 성육신적 동지를 만난다. 월랑은 류동지가 살아온 이야기를 들으며 그 모습을 보게 된다. 류동지의 삶처럼 순례의 길에서 밀알로, 소금으로, 빛으로 살아가는 모습을 또한 국제대학에서도 보게 된다.

실크로드 가는 길 국제대학 있으니 중앙아시아의 학문의 전당이라

－「빛나라 국제대학」 중에서

순례 길에서 시인이 보고 감격한 것은 자신이 중국의 해양 대학에서 오랜 세월을 사역하던 것을 상기하며 국제대학 교정에 서서 노래했기 때문이다. 그러나 정작 복음을 지고 순례의 길을 가는 자신의 자식을 보며 죄스러움을 밝힌다.

아들아, 내 죄가 크다/ 네게 금수저 물리지 못한 것/ 너 위한 기도를 게을리 한 것/ 네게 본을 보이지 못한 것/ 그래서 네 가는 길을 닦아주지 못한 것// 나는 네게 더 이상 해 줄게 없어 슬프다/ 네 보기에 내가 답답할지 모르나/ 부모 된 내 가슴은 더 쓰리고 아프다/ 나는 널 내려놓지만/ 하늘 아버지는 널 내려놓지 않기를 바랄 뿐/널 잡아 주기를 바랄 뿐/ 언젠// 가는// 머언// 길을// 돌고// 돌아// 올지// 라도// 하나님 아버지가/ 널 기다려 주길 바랄 뿐

－「아들아!」 중에서

시인은 순례자로서 긴 세월을 떠돌며 내 자식을 돌보지 못한 책임을 자신에게 돌리며, 하나님을 원망하지 않는다. 오직 자신이 가야 할 길을 벧세메스로 법궤를 끌고 가는 암소처럼 자신의 길을 묵묵히 가는 것을 보게 된다. 그리고 그 하나님이 아들도 천산(시온성)을 향하여 함께 올라가기를 바라는 순례자의 아픔을 노래한다.

못다 부른 노래의 후렴

월랑은 1979년부터 금년, 2019년에 성역 40주년과 더불어 결혼 40주년을 맞으며 이 시집으로 자신을 회고하며 아직 못다 부른 노래의 후렴 부분을 써 내려간다. 떠나야 할 시간이 가까워짐을 아는 순례자는 한자리에 오래도록 머물지 못한다.

시인이 느끼고 감동한 것을 다 노래하지 못했다고 해서 슬퍼하지는 않는다. 그분이 자신을 다 알고 계시기 때문이다. 늑대의 소굴에서, 사자의 발톱에서 건지신 그분을 높여 찬미하며 40년 사역의 뒤안길에서 시로, 노래로 남기고 있다.

필자는 이 시집을 천산을 향하여 가는 이들에게 지침이 되기를 바라는 바이다. 어마어마한 위협과 죽음의 공포, 무섭고 큰 폭풍이었지만 그저 후렴 한 줄로 남기는 이 이야기 들은 순례자의 길에서 큰 상처로 남지만 짧은 시구로 비유할 뿐이다.

> 초대 않은 손님 똑똑똑 노크한다. 문 열자 늑대들이 떼 지어 난입한다. 꼼짝마! 캠코더로 쏘는 놈, 핸드폰을 무는 놈, 킁킁킁 들이대어 노트북 · 컴퓨터 · 카메라 · 스캐너 · 인쇄기 · 인터넷전화 · 사진 · 자료 · 책… 몇 가마니 물어낸다 미친 늑대 종자들. 순간 무밭으로 내 몰린다 쨍그랑! 내 속의 잔이 깨진다 노는 애들 가르쳐 달러 벌어 찢어진 속 채울 땐 고맙다 않더니, 좀비의 말: 그건 네 좋아 한 일이고, 놈들은 막무가내 토사구팽 끌고 간다// (중략) 현지 병원에 입원하여 누웠다 하얀 벽이 깨지며 점점 보랏빛으로 물든다 바벨론 무밭이다. 하얗던 무꽃이 보랏빛으로 변해간다 소리 없는 눈물이 통곡으로 끌고 간다 간호사가 뛰어온다 무슨 일이에요! 아 죄송해요 슬픈 일이 있어서…
>
> -「바벨론 무밭에서-고백 1」중에서

월랑은 40년 순례의 길을 뒤 돌아본다. 제주도에서 시작하여 산골, 대처 목회 15년, 선교사로 중국에서 시작하여 세계선교 25년을 하루 한나절처럼 보내었다. 그러나 아직도 남은 생을 부르심에 감격하며 복음을 전하며 가슴에 쌓인 원망까지 시로써 승화하며 그저 감사를 전하고 있다. 시인 월랑의 마지막 못다 부른 노래의 후렴은 이렇다. 남은 길도 순례의 길 함께하여 주소서! 아름답게 그 나라도 동행하여 주소서!

-「40년 순례의 길」 중에서

필자가 바라기는 월랑의 『실크로드 순례자』 시집을 감상하는 모든 이들이 시인 월랑과 함께 순례자의 길을 다가고 천산(시온성)에 이르기를 간절한 마음으로 비는 바이다.

인간 공동체적인 생명사상의 고양을 위한 기록으로서의 '오름'

이어산(시인, 문학평론가)

표준어에는 '오름'이라고 표기되어 있지만 문희주 시인은 '오롬'으로 발음한다. 자기 지역에서는 그렇게 발음한다고 했다. 『오롬 부르는 소리』라는 시집 제목에서 알 수 있듯 이 시집은 '오롬'의 연작시라고도 할 수 있는데 제주인의 삶에서 오름이 어떤 의미를 지니며 어떻게 가꾸고 보존해야 하는지를 다양한 방법으로 변주하고 있다. 때로는 삶의 깊이와 지혜를 찾기도 하지만 저항과 긴장, 숱한 절망과 인고의 삶 속에서도 영속성의 의지를 이어온 제주인의 밑바탕을 실체적인 내용을 바탕으로 서술하고 있다. 문희주 시인은 오랜 해외 생활 끝에 돌아온 고향이어서 자기의 정체성 확립과 자아발견, 그리고 고향 사랑을 통한 생명의 원동력으로서의 '오롬'을 택했다. 이 주제는 물질문명에 짓눌려가고 개인주의가 팽배하여 비인간화 현상이 나타나고 있는 현대인을 향한 정신적 구원을 갈구하는 울림으로 다가온다.

필자는 제주로 이주해 온지 17년 차이지만 제주의 상징 중에서도 대표적인 '오름'을 주제로 쓴 시집에 대한 해설을 덧붙이는 일이 부담스럽기도 하다. 그러나 이 시들을 읽어보면서 제주의 여러 오름에 대해 비로소 깊은 관심을 갖게 되었으니 시집의 해설을 쓰는 것이 아니라 제주를 좀 더 공부하는 기회로 생각하고 시 속으로 들어가 본다.

님이 보고 싶어요.
님은 나의 봄날 일출봉, 그러나
님은 찾아도 보이지 않네요

님은 여름날 신기루처럼
아!
아!
님은 가을 낙엽처럼 내 마음 속에 쌓여 가네요
눈이 오고 차가운 서릿발이 내려도 내 맘을 헤치지 못해요
봄이 오네요
내 가슴 깊은 곳에 흐르는 물소리,
님의 목소리

님은 청산, 오름처럼 변함없는데
다만 변하는 건 내 마음뿐인 것을

– 『청산오름 바라보며』 전문

문희주 시인의 시적 오브제인 오름은 사랑의 결합으로 환생한다. 그 사랑은 생에 관한 존재론적 탐구인데 위 예시에서처럼 신기루같이 사라지기도 하고 낙엽처럼 마음속에 쌓여가기도 하는 등 세월에 따라 변한 듯 하지만 되돌아보니 변한 것은 님이 아니라 내 마음이라는 고백이다. 시간 속에서 생성되고 소멸되는 사랑의 존재성을 이야기하고 있지만 이것은 오름에 투영한 삶의 본질에 대한 시적장치다.

제주는 척박한 환경 속에서 소외당하고 핍박당한 역사라고 해도 과언이 아닐 정도로 피해의식이 짙게 깔려있는 것임을 제주에 살면서 느껴지기도 했지만 그런 좌절과 비애 속에서도 제주인의 감성은 오히려 삶을 따뜻하게 감싸안으려는 운명애적인 천성을 발견하게 된다. 지난한 세월을 한탄과 원망이 아니라 끝까지 좌절하지 않고 일어서려는 극복의지가 역사의 면면에 흐르고 있는 것이다.

서양 민들레,
오름을 꽉 채운 큰 나라 민들레
같이 살기엔 너무 괴로워

몽골 민들레,
백년을 살았어도 자취가 없다, 소동고스
보고픈 한국 무지개나라

만주 민들레,
이름마저 잃었어 무슨 들레더라?
백두산 깊은 숲 조국 위해 울던 무슨들레더라?

한국 민들레,
반도에서 나라와 돌담 아래도
섬에 자리 잡아 피어난 민들레야

제주 민들레,
함께 할거야, 너는 내 눈물, 자기 땅 내 주고
숨어서 피는구나, 이젠 울지 마라
오름 가득 피어나라 제주민들레
울어도 피어나라 제주민들레

-『제주 민들레야! -자기 땅 내 주고 숨어 피는 눈물 꽃』전문

예시의 부제를“자기 땅 내주고 숨어 피는 눈물 꽃”이라고 달았다. 이 시집의 시에는 모두 부제가 달려 있는데 설명적이긴 해도 문희주 시인만의 특징이기도 하다. 토종은 사라지고 외래종이 제 땅인 것처럼 차지해가는 현실을 효과적으로 묘파하고 있다. 이런 시가 국제 자유도시 제주도에 밀려들고 있는 거대한 물질문명 속에서 나약하고 허약한 자아가 모순된 세계와의 부딪침이 빚어내는 비극성에 초점을 맞추고 있는 것 같으나‘제주민들레’라는 중층적 모티프를 동원하여 실제론 들판의 잡초같이 끈질긴 생명력으로 제주사람들이 존재하고 있다는 역설이다. 현실의 모순과 부조리에 대한 비판의식보다는 사랑의 본성으로 참회와 용서, 희망과 화해의 메시지를 변증법적으로 보여주고 있는데“오름 가득 피어나라 제주민들레/울어도 피어나라 제주민들레”라고 자기구원에 이르는 보습을 보여주고 있다.

낮도 고만
밤도 고만
철모르는 제주상강
서리 언제 오냐 물어 뭣하랴

(중략)

상강으로 가는 오름 하예 지듯이
아내의 머리에도 서리 내렸다

-『상강霜降으로 가는 오름 -아내의 머리에도 서리 내렸다』부문

문희주 시인과 나눈 대화 속에서 아내를 사랑하고 동역자로서 생각하는 진정성이 느껴졌다. 누군가를 사랑한다는 것은 끊임없이 상처를 받기도하고 주기도하면서 그것을 참회와 미안한 마음으로 용서를 구하는 일이라고 한다. 사람살이에서 어떻게 완전한 삶이 있으랴. 시인도 그런 연속성 속에서 살아왔을 것이다. 서리가 내린다는 상강에 산을 오르면서 아내를 생각하는 마음이 애잔하다. 세월을 이길 장사가 없다고 했던가? 아내의 머리에도 서리가 내리고 있음을 문득 깨닫고 그것을"철모르는 제주 상강"이라고 했다. 동역자로서의 아내는 아직은 마음도 젊고 할 일도 많은데"세월이 어느덧 이렇게 흘렀구나"라는 생각을 하고 있음이 느껴지기도 한다.

시인의 눈길을 따라 다시'오름'으로 간다. 제주의 시인치고 4.3이나'오름'에 대한 관심이 없는 사람은 없을 것이다. 많은 아직도 시인이 시를 쓰지 않은 경우가 드물 것이다. 그만큼 4.3은 현재진행형인 제주의 화두다.

물결치던 황새 베인 자리에
겨울 중반 따라비 아직 푸르다
부러진 억새 사이 솔박오름
동지를 맞는 날 바람도 잔잔하다

부드러운 목덜미 누우런 비탈
일찍 자고 깨어 활짝 웃는 산철쭉
아름답다 쌍쌍 젊은 연인들
사방을 둘러보니
조천
구좌
성산
표선
고운 오름, 오름들
한라의 젖을 먹고 그 품에 자란
누런 들 푸른 벌판 곱게 솟은 오름들
흐린 날도 눈부셔라 따라비 아가씨
눈 불러 겨울 옷 입으려는가?
사 시절 어느 때라 곱지 않으랴
무심한 따라비 두고 떠나 가나니

-『따라비 아가씨 -따라비오름에서』전문

'따라비오롬'은 368개의 제주 오름 중에서도 가장 아름다워서 '오름의 여왕'이라 불릴 만큼 능선이 곱다. 서귀포시 표선면 가시리에 자리하고 있는 이 오름에 대한 슬픈 시가 많다. 제주4·3의 광풍 속에서 가시리 주민 500여명이 그곳에서 떼죽음을 당했기 때문이다. "너무나 아름다워서 슬픈 오름"이라는 말이 생긴 것도 그 때문이다. 그러나 문희주 시인은 그 슬픈 역사를 직설적으로 드러내지는 않는다. 다만 담담한 서술로 "따라비 아가씨"를 노래하고 있을 뿐이다. 그는 서정적 실체를 확보함으로써 내용성과 표현성, 사상성과 예술성을 확보하는 방법을 택했다.

문희주 시인의 시편들은 현대시가 권유하는 작법을 따르기보다는 자기만의 결을 드러내기 위해 '오름'이라는 특화된 주제를 통하여 그것이 우리에게는 어떤 의미인가를 실체적 접근을 통해 서술위주로 펼쳐 보이고 있다. 이렇게 오름에 대한 연작시는 시대의 기록이므로 가치 있는 작업이며 그것에는 인간 공동체적인 생명사상의 고양을 위한 노력을 담고 있다.

또한 그의 시에는 많은 경우 종교적 상상력이 발현되고 있다. 그에게 있어서 신앙이란 정신적 구원을 성취할 수 있는 강력한 힘으로 작용한다. 인간적 갈등이 많은 세속에 발을 딛고 있지만 신성지향성을 갈망하는 정신의 내밀함이 곳곳에서 드러난다.

『오름 부르는 소리』는 문희주 시인의 여덟 번째 시집이다. 그는 평론과 수필과 시를 쓰고 있다. 다양하고 활발한 문학 활동을 하고 있는 그에게 해설을 덧붙이는 것 자체가 어쩌면 필요 없는 사족이다. 그는 자기만의 문학의 영토를 기경하고 넓혀가고 있기 때문이다. 그럼에도 이렇게 '제주오름'에 대한 연작시의 오솔길을 걸어본 경험은 필자에게도 의미 있는 공부였고 일이기에 축하의 박수를 보내는 것이다.

문희주 시인의 자선 평론과 같은 다음의 시를 소개함으로써 이 평설의 결론으로 맺고자 한다.

> 송당아!
> 삼백육십여덟 아이 그중 마흔하나
> 너는 제주마을 중에 다산의 왕이구나
> 펼친 부채 구좌읍 가운데 있으니
> 그중 산 아래 열여섯 형제
> 스물다섯형제가 점점이 퍼졌으니
> 동서남북 곳곳 오름이구나
>
> 사람아!
> 네 아픈 과거를 어찌 다 전할까
> 산중 오름에 봉홧불 볼 때
> 빌레 위에 강같이 말피 흐르고
> 말고기 빌레 위에 펼쳐 널었으니

애기수영 가슴찔러 붉게 박히고
까마귀 울어서 벗을 부른다.

산山사람들
염풍鹽風 불기 기다렸으니
널어 논 말고기가 염기鹽氣 뿌려 식량삼네
테우리 못 피해 숲으로 숨고
숨지 못한 아주망들 땅을 치는데
철모르는 아이는 겁먹어도 못 운다.

높은오름아!
사백미 높이가 낮지 않으나
마흔하나 형제를 눈 아래 바라보니
너를 일컬어 고악高岳이라 했던가?
애달파 네 아픔이 고악苦岳이구나
네 짐이 무거워 등이 휘었고
네 슬픔 사스레피 좁쌀 눈물 맺혔구나
높은 하늘 종다리 솔소리 바람
아지랑이 펴올라 손짓 하나니, 내 아픔은
네 슬픔 다 못 전함이라

시절 모른 사람들 기쁜 노래 들린다
뻐꾹 뻑뻐꾹
그 누가 알랴 너희 애달픔을
강산이 몇 번 바뀐 이 세월에도

오롬아!
그래도 구름 사이 해가 떠오른다

– 『애닯픈 오름왕국 – 오롬아! 네 아픈 과거를 어찌 다 전할까』

심미적 다의성과 문화이해_月朗評論集III

시와실천 실천총서 060

초판 1쇄 발행 | 2021년 11월 10일

지 은 이 | 月朗 문희주
펴 낸 곳 | 도서출판 시와실천
펴 낸 이 | 장한라
엮 은 이 | 이어산
디 자 인 | 디자인포인트
표지디자인 | 이예운 실장
제 작 처 | 서울 중구로 충무로7길 17. 새롬문화
등록번호 | 제2018-000042호
등록일자 | 2018년 11월 27일
편 집 실 | 서울 중구 충무로 7-1 해봉BD 302호
전　화 | 064) 752-8727
전자우편 | jhla22@daum.net

ISBN 979-11-90137-62-1 (03810)

값 15,000원

* 이 도서의 국립중앙도서관 출판도서목록은 서지정보유통지원시스템
  홈페이지(http://seoji.nl.go.kr)와 국가자료공동목록시스템
  (http://www.nl.go.kr/kolisnet)에서 이용하실 수 있습니다.